ソヴィエト・デモクラシー

非自由主義的民主主義下の
「自由」な日常

ソヴィエト・デモクラシー

松戸清裕
Matsudo Kiyohiro

岩波書店

序

現在では、ソ連はナチスドイツと並ぶ抑圧的で非民主主義的な全体主義国家だったというのが「常識」となっている。ソ連には自由が無かったというのも同様である。この「常識」は事実無根というわけではないが、少なくとも次の二点で歴史上の事実が無視されている。

第一に、ソ連では民主主義が重視されていた。現在では民主主義は自由主義的民主主義と同義とみなされがちだが、民主主義と自由主義は異なる理念である。歴史上、両者の矛盾や対立に関する指摘も少なくない。ソ連の政権も自由主義を否定し、それ故に自由主義的民主主義を「偽りの民主主義」と批難したが、民主主義は重視していた。書名に掲げた「ソヴィエト・デモクラシー(Советская демократия, Soviet democracy)」とは、ソ連の政権が「真の民主主義」と主張した「非自由主義的民主主義」である。この主張の当否については争いがあったが、自由主義的民主主義とソヴィエト民主主義(以下、「ソヴィエト民主主義」と記す。)(または社会主義的民主主義)という二つの民主主義が存在するとの認識は二〇世紀半ばの世界に広く存在した。この歴史的な事実を無視することは、ソ連に関してのみならず二〇世紀の世界のあり方に関する歴史認識も歪めることにつながるだろう。

ソヴィエト民主主義が自由主義を否定したのは何故か。ソヴィエト政権は社会主義国家の建設と共産主義社会の実現を目指した政権であり、人間による人間の搾取を否定し、平等な社会を作り上げることを目標に掲げていた。このためソヴィエト民主主義は政治的のみならず経済的社会的にも実現されるべきものだった。これによって経済的社会的な平等も実現され、社会全体の利益と個人の利益の齟齬がなくなる。こうして、利害の不一致を前提とする自由主義も不要となるというのがソヴィエト民主主義の論理だった。

無視されている歴史上の事実の二点目は、ソ連では自由主義が否定されたことに伴って自由も制限されていたが、当然ながらあらゆる自由が存在しなかったわけではないということである。否定された自由は「体制に反対する自由」や「社会の利益に反する自由」であって、これ以外の自由は国民の権利として広く認められていた。たとえば一九七七年制定のソ連憲法第五〇条は、言論、出版、集会、会合、街頭行進および示威行動の自由が保障されると明記していた。ただし、この条項には「人民の利益に従い、社会主義体制を強化し、発展させる目的で」との限定が付されていた。この限定によって自由が制限されていたことは、いわゆる「異論派」の言動が取り締りの対象とされたことから明らかである。このため、国民が実際にどれほどの自由を享受していたのかは、ソヴィエト民主主義の性格とこの体制下での人々の生活について考えるうえで重要な問題である。

ソ連における自由について考える際に無視することができないのは、日常生活には多くの「自由」が存在していたということである。このカッコつきの「自由」は文字通りの自由ではなく、公認されたものでもなく、統制が行き届かないところで人々が享受したり行使したりしていたものだった。ソヴィエト民主主義と社会主義計画経済の下での生活には「自由」が不可欠であり、他方で「自由」なしにはおそらくこの体制は存続し得なかった。このため、このような「自由」がどれほどの広がりを持っていたかという問題もまた、この体制の性格を考えるうえでも、この体制の下での人々の生活を考えるうえでも重要である。

本書では、非自由主義的な「もう一つの民主主義」の国で人々が「自由」も行使しながらそれなりに自由に暮らしていた様子を描くことを目指した。(1) おそらく一般にはあまり馴染みのない本書の記述は、ソ連の印象を変えるとともに、二〇世紀半ばの世界に関する歴史認識を相対化することにもつながるだろう。そして、冷戦に勝利した自由民主主義と資本主義の西側諸国が貧富の格差の拡大による国民の分断とポピュリズムの伸長に直面し、民主主義の危機さえ語られている現状を捉え直すための視座を獲得する助けともなることだろう。

(1) その結果、体制を公に批判して抑圧された「異論派」への言及は少なくなったが、「異論派」の存在を軽視したためではない。「異論派」とは無縁だったり距離を置いたりしていた大多数の人々にとってのソ連の様子を描こうと努めたためである。

目次

序

第一章　ソヴィエト民主主義とは何か

第一節　「リベラル」でないデモクラシー

「序」でも述べたが、ソヴィエト民主主義とは、ソ連の政権が「真の民主主義」と主張して実現を目指した「非自由主義的な民主主義」である。

あらかじめ筆者の評価を述べておこう。ソ連ではソヴィエト民主主義の実現が目指され、それなりに機能していた制度もあったが、全体として見るならばソヴィエト民主主義は「真の民主主義」とはならなかった。このように評価したうえで筆者は、「政権の自己認識としては「真の民主主義」の実現を目指していた」と捉えることがソ連という国家を理解するには欠かせないと考えている。非自由主義的民主主義によって「真の民主主義」を実現することはできなかったのだ。このように捉えることは、民主主義とはどのような理念であり、制度であるかを考えるうえでも重要となるはずである。

ここで参照に値するのが、ヒトラーのドイツに関する佐藤卓己の次の指摘である。佐藤は「ファシズム体制もまたそれなりに民意を反映した参加型政治、ある種の民主主義と理解しなければならない」と指摘した。「……議会制民主主義のみが民主主義ではない。ヒトラー支持者には彼らなりの民主主義があったのである。……何を決めたかよりも決定プロセスに参加したと感じる度合いがこの民主主義にとっては決定的に重要であった」とも指摘し、その政治参加の儀礼と空間を「ファシスト的公共性」と呼んだ。「ファシスト的公共性は非自由主義であっても、反民主主義ではない」。「民主主義はファシズムの歯止めとはならないばかりか、非国民(異民族)に不寛容な「民族共同体」の構造とさえも結託できる。そうした民主主義の危うさをファシスト的公共性という概念から読み取るべきなのである」(佐藤 2018: 5–6, 58–59, 128)。

ソ連の体制も、反民主主義ではなく「それなりに民意を反映した参加型政治」であり、「ある種の民主主義」だった。ただし、ソ連の民主主義もまた非自由主義だったのであり、それ故に民主主義の名の下に「異論」が抑圧されたり排除されたりした。異論に対する不寛容さと民主主義は両立し得たのである。

このようなソヴィエト民主主義は、民主主義思想の系譜で重要な位置を占めるルソーの思想から導かれたものだった。そして、ルソーの思想自体に異論を排除する面があった。

宇野重規は「ルソーは、仮に一般意志と自分の意志が食い違った場合、一般意志を強制されることで個人は自由になるとします。しかし、これは悪質な同調化圧力にほかならず、このような論理こそが全体主義につながったという解釈さえあります。このような解釈によれば、ルソーとは「全体主義の祖」にほかなりません」と指摘している。ルソーを批判するバンジャマン・コンスタンの主張を紹介して、「民主主義と自由主義は矛盾する可能性がある、あるいは少なくとも両者の間には、一定の緊張関係があることが明らかになった」とも述べている。さらに、自由主義と民主主義は本質的に異なり、民主主義の本質は「同質性」だとするカール・シュミットの主張も紹介して、「ルソーの一般意志とは全員一致の支配を意味し、国民を分裂させるあらゆる特殊利益は否定されます。このような同質性があるからこそ、民主主義においては、治者と被治者の同一性がいえるのです。……民主主義の同質性を維持するためには、「異質なるものの排除あるいは殲滅」が必要です」、「シュミットのように極端なかたちで自由主義と民主主義を区別するのではないとしても、両者の間に緊張があることを前提に、どうすれば自由を否定することなく、民主主義を十全に実現できるか、という課題は私たちに残されています」とも述べている(宇野 2020: 125, 141, 186-188)。

自由主義を否定したソヴィエト民主主義は、ルソーの思想の一面を徹底しようとしたものだと捉えることもできる。だからこそ筆者は、ソヴィエト民主主義もまた民主主義だったと認めたうえで、民主主義の名において自由が制限され、異論が排除され、時には過酷な抑圧さえ生じたと捉えることが重要だと考えている。こうした認識こそが、自由と人権を保障する民主主義とはいかなるものかを考えることにつながるのではないだろうか。

1　自由主義的民主主義と社会主義的民主主義

一党制で知られるソ連の体制を民主主義と捉えることには疑問や違和感があるかもしれないが[1]、民主主義には複数の政党が必須だと歴史上常に考えられてきたわけではない。

待鳥聡史は「現代の民主主義国家では、政党は必ず複数存在します」、「政治学では、政党が実質的に一つしかない国家を民主主義とは呼びません」としつつ、「政党が複数あることを望ましいとみる考え方は、思いのほか新しいものです」、「国益とか公益は社会全体の利益なのだから一つのグループが追求するほうがいい、社会全体を代表するような一つの集団や権力者がいて、国益や公益を実現していく方が当たり前だという考え方が一般的」だったと指摘している(待鳥 2018: 13-16)。待鳥は「民主主義とは、社会を構成する人々の考えや望んでいることにもとづいて政治が進められ、政策が決められることだと、抽象的には定義できます」とも述べている(待鳥 2018: 1)。この定義によるならば、「政党が実質的に一つしかない国家」であっても「社会を構成する人々の考えや望んでいることにもとづいて政治が進められ、政策が決められる」のであれば、民主主義たり得るのではないか。後述するように、実態はともかくソヴィエト民主主義の考え方にはこの定義に通ずるところがあった。

そして、二〇世紀半ばにはソヴィエト民主主義の存在は広く認められていた。河本和子によれば、ソヴィエト民主主義こそが「真の民主主義」だとの主張は「決して無視されてきたわけではなく、反対に第二次世界大戦での戦勝を頂点として、戦後ある時期までは真剣に受け止められてきた」(河本 2012: 5)。河本は、一九四八年にユネスコが組織した「民主主義に関するイデオロギー対立を調査するプログラム」に着目し、世界中の研究者および専門家八五人の回答を基に作成された報告により浮かび上がるのは、「二つのタイプの民主主義がイデオロギー的に対立していたことである。自由主義的な民主主義と、社会主義的なそれである」とも指摘している(河本 2017: 113)。ソ連は自由民主主義の「自由主義」をもっぱら批判したため、「それに対抗するべく、自由主義と民主主義の結びつきを理論的に強固なものとしようと、アメリカでトクヴィル研究が盛んになされたという指摘もある」ことも河本は紹介している(河本 2012: 5)。

このように、二〇世紀半ばの世界では自由主義的民主主義と社会主義的民主主義という二つの民主主義があると理解されていた（社会主義的民主主義とソヴィエト民主主義については本節の2と3で述べる。ここでは後者は前者の一類型と考えておいてほしい）。冷戦期に実現した米ソの「平和共存」は「平和競争」でもあった。この競争は、資本主義市場経済と社会主義計画経済の競争であると同時に、自由主義的民主主義と社会主義的民主主義の競争でもあった。結果としては、ソ連は社会主義計画経済も社会主義的民主主義も放棄することになった。社会主義計画経済が資本主義市場経済との競争に敗れただけでなく、社会主義的民主主義も自由主義的民主主義との競争に敗北したのである（松戸 2017b）。

この歴史上の事実は、自由民主主義こそが目指すべき民主主義だと主張する根拠となるだろう。だからこそ、社会主義的民主主義もまた民主主義と認められ、自由主義的民主主義と対立し競争していた歴史を踏まえるべきだろう。

これは筆者独自の主張ではない。塩川伸明は二五年も前に次の指摘をしていた。社会主義政権の「ブルジョア民主主義のような偽物の民主主義と違って、われわれの体制こそが真に民主的だ」との主張は、「今日では単なる虚偽として打ち捨てられ、顧みられることもないが、……かつてそのような主張がなされ、ある程度まではまともに受けとめられることもあったということは歴史的事実であると認めないわけにはいかない。……社会主義体制が拒否していたのは民主主義一般というよりも、民主主義の一類型としての自由主義的民主主義だったというべきである」。塩川は、ソ連の民主主義が形骸化していたことにも触れつつ、この現象は、ソ連の民主主義が「偽りの民主主義」に過ぎなかったことを示すのか、それとも「民主主義」自体が自己を裏切りやすい逆説的性格をもっていることの一例なのかという深刻な問題があると指摘し、「後者の可能性を考慮するなら」、ソ連の民主主義を「広義の民主主義の中に含めた上で、その運命をたどる作業が必要になる」とも述べていた（塩川 1999: 53–54, 傍点は原文）。

そして塩川は次のように指摘した。自由主義と民主主義が同じでないように、「自由主義の否定」と「民主主義の否定」は同義ではない。社会主義政治体制は自由主義とは親和しないが、大衆参加という限りでの「民主主義」は採用し得る。社会主義の問題性は、非民主的だったというよりも民主政の病理を体現していたことにあった。「一般意思」が実現されているとみなされるなら、それへの反逆は「民主的国家への反逆」とみなされ、厳しく封じ込められる。「民主主義が民主主義を抑圧する」逆説がここにはあり、「ソヴェト的（あるいは社会主義的）民主主義」はその一典型だったのである（塩川 1999: 138–140）。

ヤン＝ヴェルナー・ミュラーの次の指摘も参照に値する。民主主義をめぐって「長い間激しい論争が行われてきた」。「スターリン主義者やナチスのように、われわれがはっきりと反民主主義者だと見なす人びとも……民主主義の固有の価値を実現していると主張していた」。「しかも、こんにちでは大部分が忘れ去られているけれども、入念な理論的正当化を行って、そうしたのであった」。「両体制とも民主主義に連なる共通の価値の完全な実現を約束していた。平等、それも法の前の平等という形式的なものよりも、実質的な平等、あるいは政治共同体への真の抱摂、さらに実際の、進行中の運動への政治参加、わけても共通の運命を支配できる集団的政治主体の創造……などである」。「そうした抽象的な価値に向けられた情熱こそが、自由民主主義からの大がかりな脱出を活気づけ、政治的に大きな役割を果たしたのである。この点を理解しなければ、歴史に対して純朴無知ということになるだろう。われわれ西側の人間に抜きがたい自由主義への自己満足もそこに胚胎することになる」(ミュラー 2019: vii, 7-8)。

塩川の問題意識が広く共有されることはなかったが、ミュラーの言う「純朴無知」を避けることは今からでもできる。「自由主義への自己満足」も孕まずに済むかもしれない。ソ連の体制は「真の民主主義」ではなかったが、自由民主主義よりも実質的な民主主義だと主張し、その実現を目指す体制だったという歴史上の事実を忘却してはならない。

2 ルソーの思想と社会主義的民主主義

民主主義には自由重視と平等重視の二つの潮流があり、ジョージ・H・セイバインによれば「そもそもの初めから、デモクラシーの理論では、自由と平等という二つの理想が一つにつなぎ合わされていた」が、この二つの理想が容易には結びつかないことが非常に早い時期にはっきりした。「すなわち、自由であれば平等の度合いが減少し、平等であれば自由でなくなる、のであった」(セイバイン 1977: 10-11)。

社会主義的民主主義の考え方は、平等重視という点でルソーの思想と社会主義が結びついて生まれた。一九九一年に英国で刊行された論文集『社会主義と民主主義』(デヴィド・マクレラン、ショーン・セイヤーズ編著)の訳者吉田傑俊《まさとし》は「解説にかえて――自由民主主義・民主主義・社会主義の現在」で次のように述べている。「ロックの思想は、ブルジョア的近代市民の所有権の国家・社会からの自由とその防衛に重点を置くものであり、平等はこの所有権的自由の個々の市民における平等でしかなかった」。「ルソーの思想は、人民主権の確立に重点をおく点でロックと大きく異なる」。人間の不平等や「抑圧と貧困」的社会の根源を「私有財産制」に求めたルソーが提起したのは、「一般意志」にもとづく「共同体」の創設だった。ここで目指されたのは「人民間の自由な結合契約による平等社会の形成であった」。「ロックの「自由主義的」民主主義とルソーの「平等主義的」民主主義は、ともに近代民主主義の基本的内実となりつつ、かつその対立的契機をなすものであった」。「実際に、ロック的方向は、マクファーソンのいう「防御的民主主義」を経由して自由民主主義に向かい、ルソー的方向は、「発展的民主主義」とも重なる側面をもちつつ社会主義の方向に向かったといえよう[2]」(吉田 1996：204–205)。

社会思想史家の田中正司は「今日のソヴェト・デモクラシーの観念は……西欧民主主義の観念と無縁のものではなく、……一般意志ないし自然的秩序の観念を媒介として、西欧民主主義と共同の源泉から分岐したものであった」と述べている。そして、自由の問題が社会的効用という観点から捉えられるとき「自由よりも平等の方が尊重されることになるのは理の当然である」、「今日の共産主義者の自由観は……社会全体の総意への意識的服従(それへの積極的自己一体化)のうちに、人民大衆の積極的な自由の実現(疎外からの解放、実質的自由の回復)の条件を見い出すものに他ならない」とし、これはルソーの考え方に基づくと指摘した。ルソーは「社会全体の一般意志が実現されるためには、ときには一般意志への服従強制も止むをえないと考えていた」。「換言すれば、市民は自由であるべく強制」されなければならない。今日の社会主義社会に体制に異議を唱える権利や異端思想への寛容という観念が存在しないのは「国家の全体目的(一般意志)への反対を反逆(罪)と考えるルソー以来の革命的民主主義の伝統に立脚するもの」である(田中 1983: 126, 172, 185, 209, 239, 傍点は原文)。(3)

前述の論文集『社会主義と民主主義』でショーン・セイヤーズは、社会主義者は歴史的に「選挙権の拡大や民主主義的権利や自由の拡大のための永い闘いに中心的な役割を果たしてきた」一方で、自由主義的な民主主義概念を「狭い制限された、不十分で不満足なものとして批判してきた」と指摘した。「自由主義的な立場は、民主主義を形式的かつ手続的な関係において捉える。つまり、民主主義を純粋に政治的・法的事象とする」。支配層は政治的・法的制度を自らの目的に利用し得るが、貧しく抑圧された者には選挙権や法的救済権は無きに等しい場合が多い。こうして社会主義者は「真の民主主義は政治的・法的な調整の範囲を越えでるものであり、階級的不平等の経済的・社会的な根源に取り組まねばならないと主張してきた」。こうした態度が「自由主義的代議制とはことなる、民主主義のより真正でより充実した社会主義的形態」につながった(セイヤーズ 1996: 1-3)。

この論文集ではアンドリュー・ギャンブルも「社会主義と民主主義との歴史的関係はきわめて密接である。社会主義者たちは、すべての市民の選挙権をふくむ市民権の拡大要求の先頭に立った」、「民主主義のための闘いと社会主義のための闘いは、同一視されることが多かった。……普通選挙の要求は、同時に社会主義の導入の要求でもあった」と記している(ギャンブル 1996: 21-22)。

フランク・カニンガムも一九八七年刊行の『民主主義理論と社会主義』で、一九世紀の社会主義の理論家は「社会主義と民主主義とが同種の現象であるとする点で、自らの最強の論敵たちと考えを共通にしていた。社会主義は、その主唱者たちによって、フランス革命の果たされなかった約束を成就するものとして、また一八四八年の諸運動の民主主義的潮流として構想された」と指摘している(カニンガム 1992: 3)。

このように、ルソーの平等を重視する民主主義が社会主義と結びついて社会主義的民主主義が生じたとの理解や、社会主義とは真の民主主義の実現を目指した運動であるとの認識は二〇世紀末に至るまで広く見られた。

3 「人民の権力」としてのソヴィエト民主主義

ソヴィエト民主主義は社会主義的民主主義の一類型である。一九一七年の十月革命で政権を獲得したボリシェヴィキ(のちにロシア共産党、ソ連結成後には全連邦共産党を経てソ連共産党)は、ソヴィエトに拠って社会主義的民主主義を実現することを目指した。ソヴィエトは一九〇五年革命時に主に工場労働者によって設立され、一九一七年には労働者、兵士、農民の組織となって二月革命と十月革命で重要な役割を果たした。十月革命後にはボリシェヴィキはソヴィエト権力を称し、原理的には立法権力と執行権力を区分しないソヴィエトを階層的に整備して国家の権力機構とした。こうして、ロシア・ソ連における社会主義的民主主義はソヴィエト民主主義と称されるようになり、次のようなものだと主張された。

たとえば一九六四年に出版されたM・Б・ミチン編集の『ソヴィエト社会主義的民主主義』によれば、「「デモクラシー」という言葉は古代ギリシア語の demos すなわち人民、kratos すなわち力、権力からきており、文字通り人民権力、人民の権力を意味している」。「人民の多数派にとっての、広範な勤労者大衆にとっての、本当の、真の民主主義は人類史上初めて世界初の社会主義国ソ連で実現された」。社会主義的民主主義は「言葉によってではなく実際に」国の経済的政治的および文化的な活動の指導への広範な勤労者大衆の直接かつ決定的な参加を保障している（Митин 1964: 6, 9）。T・M・シャムバは一九八五年刊行の著書で「社会主義は民主主義をこの言葉の真の意味で、すなわち人民の権力として発展させている」、「民主主義は社会主義の不可分の特質であり、社会主義は民主主義の実現の現実の基盤である」、「社会主義的民主主義は、働く人々に国家と社会の活動の管理に参加する現実の可能性を史上初めて保障している」と主張した（Шамба 1985: 50, 52, 54）。

こうした主張にも見られるように、ソヴィエト民主主義は「参加民主主義」の性格を備えていた。参加には様々な形態があるが、最も代表的な参加はソヴィエトの代議員に選出されることと言えよう。ソヴィエトの代議員は、当初は最下級のソヴィエトのみ直接選挙で選ばれ、これより上級のソヴィエトの代議員は一段下のソヴィエトが選出する積み上げ式の選挙制度だったが、一九三六年に制定されたソ連憲法の規定で全てのソヴィエトが直接選挙に改められた。本書の対象時期の代議員は全て直接選挙で選ばれている。

「人民の権力」との理念に基づき、ソヴィエトの代議員は「職業政治家」ではなく他に主たる職を持つ市民が「兼業」で務めることが原則とされた。この原則については、代議員が自身の職務を誠実におこなわない可能性に対する「保障」であるとの主張もなされていた。すなわち「主要かつ継続的に機能する監督手段として役立つのは、わが国では代議員であることが職業にはなり得ないということだ」。代議員はソヴィエトの会議で様々な重要性の問題を決定した後、「自身の集団へ、自身の労働へ戻る。労働者は工場へ、コルホーズ員は農場へ、研究者は研究所へ。代議員を取り巻く同志たちは、代議員の政治的な活動について公平な意見をいつでも述べることができる」(4)というのである(Шахназаров 1960 : 52)。

「参加民主主義」の観点からは、多様な職種と属性の人々が代議員に選出されることが望ましいとされていた。一九八五年に刊行された『ソヴィエト選挙制度の民主主義的性格』でも「ソヴィエト選挙制度の民主主義的性格についてはソヴィエトの社会的構成も証明している」とされ、代議員の構成の多様さを示す次の例が挙げられている。ソ連最高会議の代議員一四九九人のうち労働者が五二七人、コルホーズ員が二四二人、女性が四九二人、非党員が四二八人、三〇歳未満が三三一人であり、地方ソヴィエトの代議員二三〇万四七〇三人の四四・五%が労働者、二四・八%がコルホーズ員、五七・二%が非党員、五〇・三%が女性である。ソ連最高会議に六三民族の、連邦構成共和国と自治共和国の最高会議に七一民族の、地方ソヴィエトに一〇〇を超える民族の代表が選出されている(Зиновьев 1985 : 9)。

これに加えて、代議員は一定の割合で更新されるのが望ましいとされていたこともあって、選挙のたびに多くの「素人」代議員が出現することになり、代議員自身にとっても、代議員の活動を支えるよう求められた組織と人々にとっても大きな負担となった。

このため、一九六〇年代以降、地方ソヴィエトの任期をそれまでの二年から三―五年に延ばす案が、共和国最高会議幹部会、地方ソヴィエトの執行委員会勤務員、研究者、さらには一般市民からも提起されていた。こうした問題提起は、七七年制定のソ連憲法で地方ソヴィエトの任期が二年半と定められることにつながった(松戸 2017a : 181–182)。

それでも「素人」代議員が多く存在したことに変わりはなく、ペレストロイカの過程で再び問題視されるようになった。たとえばB・Л・エンチン(ソ連科学アカデミー国家と法研究所上級研究員)は一九八九年刊行の論文集で、かつては代議員と住民の接近は「俗流社会学的方法で」おこなわれ、代議員に多くの労働者・コルホーズ員・女性・青年がいるならば、これらの集団の利益が自動的に反映されると考えられていたと指摘した。そして、八八年一一—一二月のソ連最高会議における憲法改正と人民代議員選挙に関する法律の制定(代議員を直接選挙で選出するソ連人民代議員大会を設けるとともに常設の新たなソ連最高会議も設置し、その代議員を人民代議員大会が選出することを定めた。)についてその意義を次のように述べた。最高会議は常設機関で、人民代議員の多くが五年の任期中に継続してその任に就く。「換言すれば、職業的な政治家となる」。以前は、一方では職場の同僚の尊敬と支持を得ている立派な人々が、他方では役職についている政治活動家が候補者に推薦された。しかし立法者という職業は「勤勉さと熱意だけでなく能力も必要とする」(Энтин 1989: 246–248)。すなわち、代議員は「職業的な政治家となる」ことが望ましいと主張したのである。

その一方で、モスクワ大学法学部で修士(マギストル)の学位を得たイリヤ・ストレカロフによる最近の研究にも、代議員が生産活動から離れなかったことに「ソヴィエト民主主義の意味があった」との評価は見られる。代議員が生産活動を続けて現場を知っていたため、最も死活的な実践で確かめられた決定をソヴィエトの定例会で採択することができたというのである(ただし、「定例会の期間が限定され、代議員は主たる仕事で忙しく、ソヴィエトは常に活動する職員機構を持たない」ことも指摘されている(Стрекалов 2018: 204))。

二〇一三年に刊行した『ソ連における民主主義（一九七八―一九九一年）』においてC・B・チェグリネツは、代議員の選挙では一般市民も候補者を評価したのであり、「彼らの意見が無視されたと言うことはできない」と述べている。そして、「国の社会生活における人々の活発な参加の事実はあった。一九八〇年の地方ソヴィエト選挙では候補者の登録後に選挙人の提案によって候補者の一部が拒否された。七七選挙区で候補者が過半数を得られず、選出されなかった」と指摘し、「社会主義的民主主義の本質は、国家管理への市民の参加のより良い形態の追求にある」、「社会における民主主義の主要な指標と考えられるのは、あらゆる国家的事業と社会的事業の審議にも決定にも全市民が参加する可能性である」として、ソ連の民主主義が参加を重視していたとの評価を示している（Чегринец 2013: 8-9, 23, 48）。

4　経済的社会的な民主主義

平等重視の民主主義と社会主義が結びついて生まれたソヴィエト民主主義は、人間による人間の搾取を否定し、搾取階級を根絶し、生産と経営の管理に勤労者が参加し統制することを通じて、経済的社会的にも実現されるべきものだった。その主張をいくつか紹介しよう。

前述した『ソヴィエト社会主義的民主主義』によれば、「生産手段の社会的所有とこれに即した経済システムこそが、社会主義での個人の状態における二つの主要な側面――真の自由と真の平等――を規定する物質的な基礎である」。人間による人間の搾取が支配的で人々が有産者と困窮者に分けられる世界では、自由と平等の要求に基礎を置く公正さの理想は現実との許し難い不一致に至る。ソヴィエト社会の「真の民主的性格の証拠は、社会主義によって現実に保障されている労働の権利である」。この権利は人間が実際に自由であるための不可欠な条件だ。「これなしには他の全ての権利と自由は、空虚な言葉に、人間に対する侮辱に転化する」。「自由であるためには生活のための手段を有することが必要」である[(5)](Митин 1964: 40, 48)。

Л・B・ニコラエヴァによれば、「社会主義は、社会主義的財産に対する人々の平等、平等な働く権利と義務を確立している……。人間による人間の搾取とは両立しないこのような平等は人々の物質的豊かさの条件を作り出している」。「社会主義社会の経済的平等は、社会における個人の政治的な状況を規定している。個人は、どんな勤労階級、いかなる民族と性に属していても政治的に平等な条件にあり、多方面にわたる国家活動の直接の参加者である」(Николаева 1964: 257, 261)。

一九八〇年代半ばには社会主義的民主主義は一層の広がりを見せたと多くの論者が主張した。たとえばT・M・シャムバによれば、「社会主義社会の民主主義的な実践によって作り上げられた最も価値あるものは、まさしく生産における民主主義の形態である」。「十月革命の結果、人間による人間の搾取を終わらせた社会が作り出された。……歴史上初めて、市民の同権のための、人間の全面的発展のための条件が生じた」。社会主義以前に存在したどの社会にも見られない真の民主主義が「最も広範な勤労者大衆に社会的経済的、政治的、文化的および私的な権利と自由を与えた」(Шамба 1985: 57, 109-110)。Э・Л・クズィミンは「社会主義的民主主義は、搾取からの自由であり、労働、住居、無償の教育および医療サービス、老齢および労働能力を喪失した場合の物質的保障、民族問題の公正な解決への権利である」、「社会主義の民主主義は、経済的、社会的、政治的、精神的な全ての社会生活に広がっている」と主張した(Кузьмин 1987: 15, 111)。

一九八七年三月一四日に発表された「ソヴィエト人民へのソ連共産党中央委員会の訴え」でも次のように主張されていた。「偉大な十月が、社会主義が、現在も世界の多くの国々の人民の人生を台無しにしている病と困苦から祖国を解放した。わが国には人間による人間の搾取が存在しない。失業が存在しない。民族の抑圧が存在しない。極貧と文盲が存在しない。働く人々は社会的に保護された状況で明日への確信をもって暮らしている」。「このために十月革命はおこなわれ、このために社会主義は存在している」。「ソヴィエト政治体制には民主主義と人民の発意の最大限の発展のための全ての前提が存在する」(Справочник 1988: 6, 太字は原文)。

ソヴィエト民主主義が自由主義を否定したのはこの点とも関わっていた。自由主義は搾取の自由を保障するに過ぎないと考えるならば、経済的社会的な平等を達成するために自由主義は否定されなければならなかった。田中正司によれば、近代国家は私的所有を合法化し、各人に財産を獲得し処分する自由を与えたが、「現実に不平等の存在する社会で優越した力の所有者に「かれらの所有物をかれらの好むままに処分する絶対的な権力」を与えることは、実際には搾取の自由を意味するものにすぎない」のである(田中 1983: 107)。

経済的社会的民主主義こそが平等と政治的民主主義を実現する条件だとも主張されていた。たとえば平館利雄は「ブルジョア社会のもとでは、平等権も政治的参加権も自由権も、搾取制度による貧困と窮乏のもとでは市民大衆はこの権利を事実上行使することができない」、「政治的自由も平等も、経済的不自由と経済的不平等を前提としており、そのためにこれらの民主主義的諸権利は、形式的なもの、欺瞞的なものとさえなっている」と指摘した。形式的な自由や平等を実質的なものとするためには「搾取制度や階級制度の廃棄、資本主義の廃棄、つまり社会主義革命が必要である」。「革命こそは、搾取制度と資本主義を廃棄して、経済的自由と経済的平等を実現し、この基礎の上に真の実質的な民主主義を作り出す」のであり、「勤労大衆ははじめて広汎な政治的参加権を行使することができ、国家行政のあらゆる面に参加する」(平館 1961: 51–53)。

こうした主張がそのままソ連で実現していたわけではないが、経済的社会的な民主主義の訴えは人々の意識にも反映され、「勤労者は民主主義について……紙に書かれていることによってではなく、それが実際に物質的精神的生活において与えるものによって判断する」ようになったと指摘されていた。「人民は、社会主義的民主主義を彼らの経済的文化的需要を満たすものと見たいのである」(Коток 1967: 8)。

このため、一九六〇年代半ば以降に顕著となった経済成長の停滞は、ソヴィエト民主主義に対して人々が厳しい評価を示す一因となった。

第二節　本書の対象時期

本書の対象時期は、独裁的権力者ヨシフ・スターリンが死んだ一九五三年三月からミハイル・ゴルバチョフがソ連共産党書記長に就任した八五年三月までとなる。このように時期を設定する理由は次のようなものである。

ソ連では自由主義は否定されたが、民主主義は重視されていた。スターリン期も「紙の上」では例外ではなく、一九三六年には「世界で最も民主主義的」と称する憲法(「スターリン憲法」)が制定された。しかしスターリンの下では民主主義に関する規定も適法性に関する規定も遵守されず、凄惨を極める「大テロル」さえ起こった。

スターリン死後の政権は、スターリン期のこうした状況を「逸脱」と位置づけ、「正常化」を目指した。一九五六年二月の第二〇回党大会では、ソヴィエト民主主義の発展と社会主義的適法性の遵守が強調され、「秘密報告」による個人崇拝批判(「スターリン批判」)がおこなわれた。一九六一年一〇月の第二二回党大会では「第二次スターリン批判」がおこなわれ、スターリン期の「逸脱」は公に指摘されるようにもなった。たとえば一九六四年に出版された『ソヴィエト社会主義的民主主義』では「個人崇拝は、勤労者の活発さと自主性の成長を抑え、社会主義的適法性ならびにソヴィエト市民の民主主義的な権利および自由の重大な侵害につながった」、個人崇拝とこれに関連した社会主義的適法性の侵害は「市民の権利と自由の重大な侵害を意味した」と指摘された(Митин 1964: 54)。

ソヴィエト民主主義の一環として政権は、人々が苦情や要望を伝えることを奨励し、苦情の原因の除去と要望の実現に取り組んだ。人々の側も、政権に苦情や要望を伝えるのを恐れなくなっていった。こうして、政権と人々の間で疑似的な「対話」がおこなわれるようになった。政権の呼びかけに応じて、ソヴィエト民主主義を実現するための様々な活動に積極的に参加する人々も現れた。

このように、ソ連の政権が「世界で最も民主主義的」と謳った一九三六年憲法の制定後も、実際にソヴィエト民主主義を実現する取り組みがなされるにはスターリンの死を待たなければならなかった。(6)

このため、本書の対象時期はスターリン死後とする。

　スターリン批判を主導し、民主主義の発展と適法性の遵守を訴えた党中央委員会第一書記ニキータ・フルシチョフは次第に独善性を強め、党の最高幹部たちによって一九六四年一〇月に辞任に追い込まれた。それでも、ソ連消滅後におこなわれたアンケートでフルシチョフ引退を残念に思ったと答えた人々は、「民主主義の兆し」があった、「民主主義を導入した」、「民主主義的な指導者だった」、「恐怖からわれわれを解放し、自由を感じる可能性をわれわれに与えた」などと答えたという（Аксютин 2004: 471）。

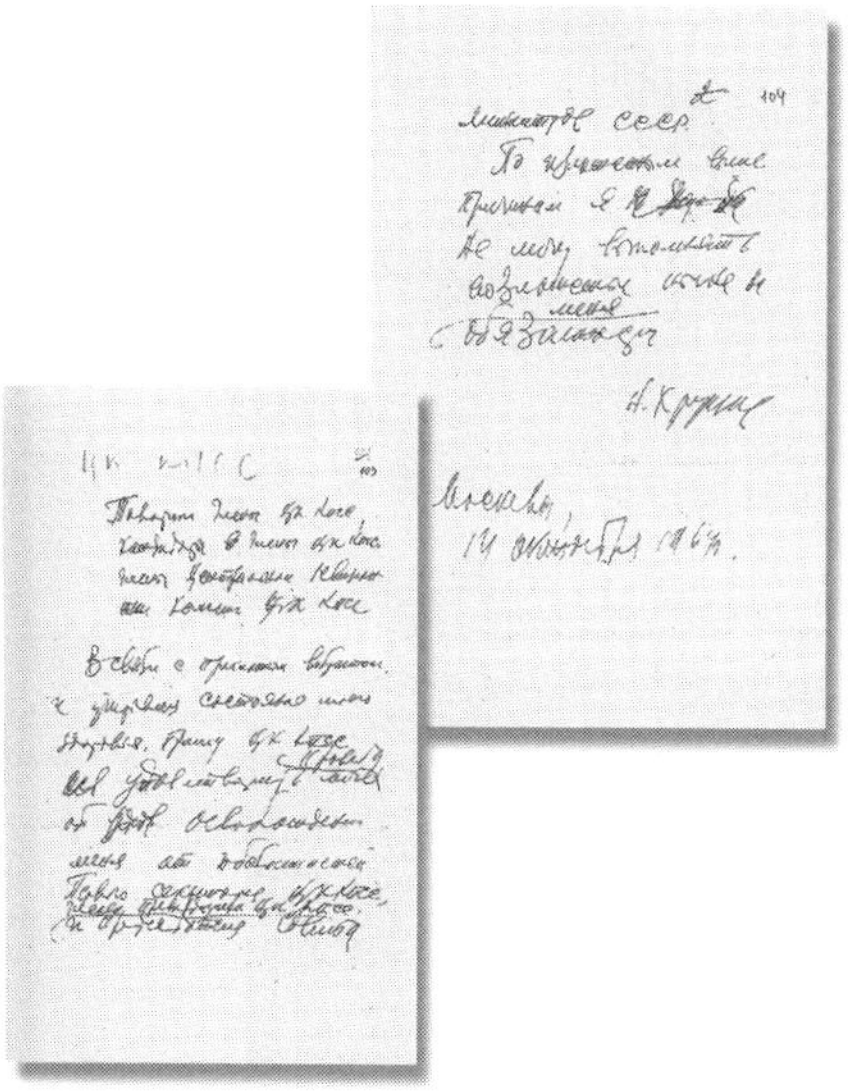

年齢と健康状態を理由にソ連共産党中央委員会第一書記とソ連閣僚会議議長の職から解くよう求めたフルシチョフの手紙
Хрущев. К 120-летию со дня рождения. Каталог историко-документальной выставки. М., РОССПЭН, 2015, с. 211.

　フルシチョフ失脚後には自由の制限が強化された。一九六八年にはソ連の政権はチェコスロヴァキアの「プラハの春」を軍事介入で押し潰し、ソ連国内での自由の制限も一層強化していったが、スターリン期を「逸脱」とする評価は維持された。新たなソ連憲法の案を審議した七七年五月の党中央委員会総会で党書記長レオニード・ブレジネフは「現行憲法採択後の何年かは、不法な抑圧、社会主義的民主主義の諸原則の侵犯、党活動と国家活動のレーニン的基準の侵犯によって陰鬱だった……。これは憲法の規定に反しておこなわれた。党はこうした実践を断固として非難した。このようなことは二度と繰り返されてはならない」と述べた(Брежнев 1978: 382)。ここで言う「現行憲法」は三六年制定の「スターリン憲法」であり、その「採択後の何年か」とは「大テロル」の時期を指している。

政権は自由を制限しつつ「真の民主主義」を目指し続け、人々の参加を実現しようとした。ソヴィエト民主主義の考え方では、自由を制限することと「真の民主主義」を実現しようとすることとは両立したのである。人々の多くも、政権の掲げた理想を善きものと考え、その実現を望んでいた。一九五〇年代半ばまでの困難な戦後復興を経て六〇年代には生活水準の向上を実感することもできたため、人々はそれなりに満足して暮らしていた。

政権にとって深刻な問題となったのは、一九六〇年代に入ると経済成長率が低減し、七〇年代後半にはほとんど停滞したことだった。栖原学の推計では、二八—六〇年のソ連の工業生産の伸びは米英独仏日よりも大きく、六〇—七五年の年平均は四・九%で西側先進国とほぼ同じ成長率だったが、七五—九〇年には一・二%にまで落ち込んだ(栖原 2013: 563-568)。

生活水準の向上を実感できなくなった人々は体制への不満を強めた。フルシチョフ期の抗議行動を研究したエリック・クレヴィグは、一九五〇年代末には「初めて大衆消費財が十分なだけ一般市民に届き始めた」、都市では「住宅問題がゆっくりと解決に向かっていた。これに加えて、年金、最低賃金、母親手当などに関する改革がなされた。これら全てが政治指導者にも人民大衆にも楽観を抱かせた」と評価した一方で、「成果はどんどん約束にそぐわなくなった。特にフルシチョフの治世の後半には指標は明らかに低下し始め、大衆の不満は声高に語られ始めた」と記している(Кулевиг 2009: 69; Kulavig 2002: 52)。八七年三月一四日に発表された「ソヴィエト人民へのソ連共産党中央委員会の訴え」も、「七〇年代から八〇年代初頭の時期にわれわれの社会には停滞の傾向が生じ、困難、解決されない問題、社会主義に無縁の現象が増え始めた。党が、全てのソヴィエト人民がこれを感じ、これを苦にした」と認めていた(Справочник 1988: 8)。

一九八五年三月に党書記長に就任したゴルバチョフは八七年刊行の著書で、経済の停滞の結果、現実と宣伝、言葉と実際が乖離した状況で「演壇から語られ、新聞や教科書に記されたことへの信頼が低下し始めたのは理解できる」、「日常の現実の世界と見せかけの豊かな暮らしがますます互いに食い違っていった」と記し、「わが国で民主主義的な過程が正常に発展していたならば多くの困難を避けることができただろう」と認めた。そのうえで「民主主義を通じてのみ、民主主義のおかげでのみペレストロイカ自体も可能だ」、「……経済のメカニズムと管理の改革を含めて民主化以外に他の道は存在し得ない」と訴えた。繰り返し言及された民主主義はなおも社会主義的民主主義だった。「ペレストロイカの本質はまさにペレストロイカが社会主義と民主主義を一つにするということにもある」、「ペレストロイカのわれわれの全てのプログラムは……「もっと社会主義を、もっと民主主義を」の原則に完全に基づいている」、「われわれはより多くの社会主義を欲しており、これ故により多くの民主主義を欲している」(Горбачев 1987: 16–17, 27, 31–33, 太字は原文)。

しかしわずか数年のうちに社会主義は放棄されることになった。このため本書の対象時期はゴルバチョフの書記長就任までとしたが、ペレストロイカ初期の「社会主義と民主主義を一つにする」試みはいくつか紹介する。ソヴィエト民主主義の目指す方向が改めて明確にされたためである。

第三節　理念を実現する努力

ソ連の政権はソヴィエト民主主義を実現しようとしていた。政権自身がソヴィエト民主主義は経済的社会的な民主主義でもあると主張したため多くの問題が民主主義と結びつくことになり、生活に関わる不満を人々が政権に伝え、政権が応答することもソヴィエト民主主義の重要な要素となった。人々は、賃金、年金、職場の環境、教育、医療、消費財の販売、役所の対応、交通機関の活動、社会資本の不備など実に多様な事柄について現状を厳しく批判し、改善を求めた。政権はこうした批判を奨励し、批判に対応しようとした。人民との「対話」を通じて参加を実現し、ソヴィエト民主主義を発展させようとしたのである。

苦情や要望への応答は、体制への満足度を高めて統治を安定させるうえでも重要だった。生産手段の私有と私的な営利活動が禁止され、生産、商業、交通およびその他の生活に関わるサービスの事実上全てに政権が責任を負っていたのであり、生活に人々が満足するか否かは政権にとって死活的なまでに重要な問題だった。これもあってソ連の政権は、掲げた理念の実現に努めていた。一例として「女性解放」の努力を見よう。

1 「女性解放」の努力

人間による人間の搾取を根絶する点でも、平等を重視する点でも、女性を「解放」して男女平等を実現することは政権にとって重要な課題だった。このため政権は革命直後から女性に参政権を認めるとともに、女性の自立を可能とするため就労を促す措置を講じた。「女性解放」と男女平等を実現するための方策は、法文上は明確に保障されていた。

一九三六年制定のソ連憲法では第一二二条第一項で「ソ連において女性には、経済生活、国家生活、文化生活および社会的政治的生活の全ての分野で男性と平等の諸権利が与えられる」と明記され、同条第二項で「女性のこれらの権利を行使する可能性は、労働、労働への報酬、休暇、社会保険および教育に対する男性と平等の権利の女性への付与、母と子の利益の国家による保護、多子の母および独身の母への国家の援助、女性への妊娠中の有給休暇ならびに広範に設置された産院、保育所および幼稚園の提供によって保障される」と定められた(Конституции 2021: 46)。

一九六一年にソ連共産党の新綱領が採択されると、新憲法の制定作業が始められた。フルシチョフ失脚も影響してようやく七七年に制定された新憲法は、第三五条第一項で「女性と男性はソ連において平等の諸権利を有する」と明記し、同条第二項ではこれらの権利の行使を保障する方策として次のものを列挙した。すなわち、教育と職業訓練、労働、労働への報酬および労働による昇進ならびに社会的政治的活動および文化的活動における男性と平等の機会の女性への提供、女性の労働と健康の保護のための特別の措置、母であることと労働を女性が両立させることを可能とする条件の創出、妊娠している女性と母に対する有給休暇およびその他の特典の供与、幼い子を持つ女性の労働時間の漸次的短縮を含む母と子に対する法的保護および物質的精神的な支援、である(Конституции 2021 : 57)。

法文上だけでなく「史上初めて女性と男性の実際の平等が達成された。これは、社会的に有益な労働への女性の参加によって定まっている」、「平等の労働に対する平等の賃金が定められている」と主張され、「現在、全勤労者の四七%が女性」であり、「教員の七〇%、保健部門で働く者の八五%が女性である。高等教育を受けた知識層の四九%が女性である」と指摘された(Николаева 1964 : 212)。

女性の就労率が男性と大差なく、男女を問わず平等な労働に対する平等な賃金が定められていたことは事実だが、女性は相対的に賃金が低い職に就いていることが多かった(女性の多かった教育・医療関連の職業も、社会的地位は比較的高かった一方で賃金は高いとは言えなかった)。夫婦共働きの女性が家事の負担も強いられるという問題もあった。

このため政権は、女性の政治・経済・社会参加と出産・育児を両立させられるように産前産後の長い休暇を認め、保育所と幼稚園の整備を進め、安価な外食を提供しようとした。食事の世話をできない母親はしばしば子供を食堂に行かせたため、安価な外食は一般に収入の少ない独身の母にとって特に重要だった。三度の食事を全て外食に頼らざるを得ない母親もいた(小児病院で働いている母親が子に一〇ルーブリを渡して「喫茶室で三回食べなければならないよ」と言った例が紹介されている(Запорожец 2008 : 328))。

独ソ戦による男性人口の大規模な喪失も影響して、戦後も長きにわたって独身の母が多く存在した。労働力としても重要だったため、政権は独身の母への多くの配慮をした。住宅の分配には独身の母のための割当があり、無償の保育所や幼稚園、無償の学校教育、無償の昼食もあった。労働組合はピオネール（一〇―一五歳の少年少女を組織した団体）のキャンプやサナトリウムの特典利用券を提供した（無料または割引となる）。一九七四年には収入の少ない家庭のための特別手当が導入された。こうした方策の中でも最も重要な特典の一つは子が一四歳になるまで解雇を禁じた家族法の条項だったとの指摘もなされているが、それでも独身の母への物質的援助は生活の質を改善するほどではなかったとの評価も示されている（Ярская-Смирнова 2008 : 22）。

政権の講じた措置は、女性労働者の多かった産業と地域で特に不十分に感じられた。そうした産業の代表例が繊維産業であり、繊維産業の盛んなロシア共和国イヴァノヴォ州がそうした地域の代表例と言える。女性たちの発言を紹介しよう。

一九五九年六月三日のロシア共和国最高会議幹部会（共和国の国会に当たる最高会議が選出する常設機関）では、幹部会員のルィコヴァが「イヴァノヴォ州には女性労働者が多い」、「独身の母がこれほど多く働いている州は他にない。著しい数の女性が戦後夫のいないままだ。このため主に母親と学校が子供を育てている。母親は皆働いていて、働いていない女性は実に少ない」、「ヴィチュガ市にはクラブが一つしかない。子供はどこへ行けばよいのか。母親は仕事へ行っている。良い若者が悪い影響を受けている。フルマノフ市にも市全体でクラブが一つしかない。少年はどこへ行けばよいのか」と訴えていた（ГАРФ : 13/1148/331, 333）。なお、クラブとは公民館のようなもので、地域の文化活動や娯楽の拠点となっていた。

一九七六年二―三月に開かれた第二五回党大会ではイヴァノヴォ州の混紡コンビナートの紡績工エロフェエヴァが「われわれイヴァノヴォの女性には、就学前施設の建設に資金をわずかしか向けない共和国省と連邦省への重大な苦情がある。イヴァノヴォ市だけで六〇〇〇人の女性が子供を幼稚園と保育所に入れることができるならば、追加で社会的生産に引き入れることができるだろう」と訴えていた。クイブィシェフ州の工場長シパコヴァは「同志エロフェエヴァの発言を支持したい」と述べた。「六年前に工場へ主として一八―一九歳の娘たちが働きに来た。今、彼女たちは若い母親になっている。残念ながら保育所と幼稚園がわれわれのところでは足りていない。これが原因でわれわれは高熟練の要員をしばしば失っている」。「これはわれわれの州だけの問題ではない」(XXV съезд 1976: 1/191, 2/215)。

その一方で、同じく第二五回党大会の代議員に選ばれていたドネンバエヴァは「女性解放」を体現した例と言えるだろう。彼女は党大会で「私の運命は多くの人々の運命だ。これは例外ではない。でも率直に言おう。ただのカザフ人の女性である私にソヴィエト権力が与えたものによって非常に幸せだ」と語った。「私の祖父と曽祖父は他人の土地で他人の家畜を放牧していた。彼らは……自由な労働の喜びとは何かを経験しなかった」。「隷属的な牧夫の孫である私がステップで強力なトラクターを運転するということ、最高権力機関であるソ連最高会議に選出されるということを以前に信じることができただろうか」。「私のささやかな労働に対して社会主義労働英雄の高貴な称号が授与されるのだ」。「われわれの国ではわれわれのうえには同じ空があり、太陽も同じなのだ!」(XXV съезд 1976: 1/440)。

もちろん全ての女性がこうした「成功」を遂げたわけではない。しかし、ドネンバエヴァは確かに例外というわけではなく、労働で優れた成果を挙げて連邦や共和国のレベルの党大会や最高会議の代議員に選出された女性は他にも多く存在した。

2　代議員の努力

政権の掲げた理念と目標を実現するために重要な役割を果たすことを期待されたのがソヴィエトの代議員である。[7] ソヴィエトは、日本の国会や地方自治体の議会と同様に、連邦・共和国・自治共和国・地方行政区画のそれぞれに設置されていた。行政区画は通例、共和国の下にクライや州（この区画のない共和国もある）、その下に市か地区、その下に居住区か村ソヴィエトが置かれた[8]（領域内に村や小村を含む行政区画としての「村ソヴィエト」があり、そこに置かれたソヴィエトも村ソヴィエトと言う）。連邦・共和国・自治共和国には最高会議[9]が置かれ、大臣を任命して行政府の活動を委ねるが、最高会議は同時に常設の幹部会も選出する。最高会議幹部会は最高会議の閉会中に最高会議と同等の権限を行使し、行政府や領域内のソヴィエトとその執行委員会を監督する。地方レベルではソヴィエトが執行委員会を選出し、この執行委員会が具体的な行政活動を担う部局を統括して県庁や市役所のような役割を担った。形式的には執行委員会議長がその行政区画の首長に当たるが、当該領域の最高権力者は党委員会第一書記である。

どのレベルのソヴィエトに選出されているかにかかわらず、代議員はソヴィエトの会議に参加するだけでなく、日常的に選挙区の人々と会って不満を聞いたり指示を受けたりし、人々の要望を執行委員会に伝え、部局に働きかけ、人々の要望を実現するための実際の作業に参加したりそのための活動を組織したりした。代議員は原則として他に主たる仕事を持っていたため、勤務時間外の「私」の時間を費やしてこうした職務に取り組まなければならなかった。具体例を以下に示そう。

代議員の活動の紹介や情報提供のために創刊された雑誌『勤労者代議員ソヴィエト』には各種の論評記事とともに代議員の様々な活動例が紹介されている。ここでは、一九六六年第一一号に掲載されたカザフ共和国アルマ・アタ市オクチャブリ地区ソヴィエトの代議員A・リ(A. Ли)の「困難だ。しかし実に必要だ!」と題する記事を紹介しよう。この記事には、代議員と選挙人の関わり、選挙人が代議員に求める内容、代議員の活動の困難、「自助」と「共助」による問題への対処など代議員の活動の多くの面が描かれている。

リは次のように記事を始めている。選挙人がほぼ毎日やってくる。ある人には家の修理のための木材を入手する助けが必要であり、ある人は幼児を幼稚園に入れる必要があり、家族の不和を訴える人もいる。「断ることはできない。人々はわれわれを、自身が選んだ者を当てにしているからだ」。このように述べたうえでリは、こうした日常的な世話よりもさらに大切なこととして選挙人の訓令を挙げる(Советы: 1966/11/31)。訓令とは、選挙人が代議員に与える「命令」で(ソヴィエト制度は命令委任を採用していた)、選挙前集会において選挙人の過半数の賛成によって採択される。採択された訓令は、内容に応じて管轄のソヴィエトの執行委員会に登録される。訓令を受けた代議員と登録した執行委員会はその実現に努めなければならなかった(松戸 2017a: 149–163)。

リは「初めての選挙前集会をよく覚えている」と記している。この集会でリに訓令を与えたのはトレネフ通りとコストロマ通りの住人だった。もう何年も通りの環境整備を求めているが、実現していない。雨天時には子供が学校へ行けないほど水が溢れ、「帰宅すると裸足で、靴は泥の中だ」。二枚の鉄板がワイヤーで結ばれた「歩道橋」が一つあるだけで、「迂闊な動き一つで水の中だ」。このように述べて住人たちは、横断歩道をいくつかと、通りにせめて一つずつの給水栓を要望した。リは「彼らはもちろん誇張しているのだ」と考え、通りを見せてくれるよう頼んだ。「人々は全くの真実を語っていた」(Советы: 1966/11/31-32)。

当時の状況について補足しておこう。アルマ・アタはカザフ共和国の首都だが、独ソ戦後の人口流入に都市の環境整備が追いつかなかった(アルマ・アタに限らず各地の中核都市は全般にそうだった)。上記のリの記述からは、住宅が建設されても道路は舗装されず、上水道の整備も遅れていた様子がわかる。

リは訓令が執行委員会の計画に含められるよう働きかけたが、計画に入ったのは通りの舗装だけだった。リは歩道橋と給水栓をなんとかするため電気機械工場の企業長、職業技術学校の校長およびその他いくつかの企業の指導者と会い、「あなたがたのところの多くの労働者はトレネフ通りとコストロマ通りに住んでいる」、「彼らが水たまりに嵌まるのを恐れずに仕事に行けるようにすることは果たしてできないものだろうか?」と求めた。電気機械工場の企業長は、レールとワイヤーを提供し、電気溶接工を送ると約束し、校長は橋の台座のコンクリートを流し込むのを職員と生徒が手伝うと述べた。リは木材を手に入れ、四本の歩道橋が建設された(Советы: 1966/11/32-33)。

「次は給水栓の設置だ。これはもっと困難だった。問題は、地区執行委員会には栓がなく、市水道局はにべもなく断ったことだ」。「人々に説明することはできた：しかたがない。待つ必要があると。……説明することは何であれ可能なのだ」。しかしリたちは「栓を見つけて設置しようと決めた」。唯一の希望である水供給工場の次長チャグロは「余分な栓はない」と答えた。リたちは代議員ゴルピネンコを「偵察」に派遣した。「代議員の活動でこれが許されるのかわからないが、策略は助けになった」。ゴルピネンコは工場の倉庫に栓を見つけ、チャグロは栓を二つ分け与えざるを得なかった。「数日後コストロマ通りの住人は自分たちの力でこれを設置した」(Советы: 1966/11/33)。

「率直に言って、私は喜んだ。訓令の、計画に入りさえしなかった部分が遂行されたのだから」。通りの舗装については「計画に記された以上、ある晴れた日に労働者がやってきて、全てが最良の状態となるだろうと幼稚にも期待していた。しかし時は過ぎ、労働者はやってこなかった。通りは以前と同様にひどい泥濘が埋め尽くし、これまで誰にも事が伝わっていないようだった」。リは舗装の計画を地区執行委員会道路部部長にどうにか思い出させた。部長は二つ返事で「取りかかる」と答えた。「いつ?」「地区公営企業部部長の同志チュチコフの指令を受け取り次第」。リがチュチコフに相談すると、彼も二つ返事で答えた。「指令を出す。中央の通りの舗装を終え次第すぐにあなたがたのところへ移る」。しかしリはその後もチュチコフと再三話し合うことになった。「最も驚いたのは一度たりとも断られなかったことだ。ためらわずに約束を連発することを学ばされた」。「選挙人に報告する時が近づいたが、通りは良い状態になっていない。……ここで私には、報告集会に同志チュチコフを招く考えが浮かんだ」。「選挙人は声を揃えて訓令遂行を要求した。……同志チュチコフは全てをおこなうと約束した」(Советы: 1966/11/33)。

「残念ながらこの約束も空疎な言葉だった」。「訓令遂行は許しがたく長引かされた」。「もう一度同志チュチコフを選挙人に引き合わせたかった。計画に記された訓令の遂行を阻んでいるのは何故か、通りの環境整備についに取り組むのはいつか言わせるのだ」。選挙人の追及を受けて「彼にはどこにも行き場がなくなった。数日後、彼は措置をし、通りの舗装が始まった」(Советы: 1966/11/33-34)。

リはこの記事を次のように結んでいる。「困難から逃れるのは容易であり、客観的な原因を引き合いに出すのも容易だ。善き事業をおこなうこと、無関心の壁を突き破ることは、より難しい」。しかし「障害が過去のものとなった時、……人々の顔を何も隠さずに見るのがどれほど心地好いことか」(Советы: 1966/11/34)。

この例に見られるように、選挙人は生活上の様々な問題で代議員を頼り、要望を伝え、時には訓令という公的な制度も用いて問題解決を迫っていた。代議員は、訓令を計画に加えさせる努力をするとともに、その実現を関係機関に働きかけた。計画に加えられなかった訓令も、企業等に物資や人の提供を頼み、住民自身も動員して実現しようとした。計画を遂行しない役所を動かすためにあの手この手で取り組んでもいた。

リの記事が『勤労者代議員ソヴィエト』に掲載されたことはこうした取り組みが推奨されていたことを示しているが、裏を返せば、全ての代議員がこのように努力していたわけではないことも意味しているのだろう。実際、代議員に選ばれたにもかかわらず、その職責を果たそうとせず、そのことを公言しさえする代議員が存在した。

3　職責を果たさない代議員

一九六七年一〇月一九日のロシア共和国最高会議幹部会では議長ヤスノフがチタ州執行委員会議長ドミトリエフに「代議員リコールの権利を何故使わないのか」と迫っていた(リコールについては次節

を参照してほしい)。ヤスノフは、チタ州で代議員が選出された時点で「ソヴィエトで働くことはしない」と宣言した例に言及し、この人物の選出にドミトリエフがどのように接したのか理解できないと批判した。「しかもこうした例は一つではない。もしあなたがたが誤りを犯したのであれば、そのときにはそのような代議員のリコールについて問題を提起し、仕事をする別の代議員を選出することが必要だ」。ヤスノフは、チタ州には五—六回連続でソヴィエトの定例会に出席しない代議員もいること、代議員が出席しなかったために定例会が流れる例も少なくないことも批判した(ГАРФ: 13/2767/74)。

これに対してドミトリエフは「定例会流会の事実は一つの地区であった」と述べ、「様々なレベルのソヴィエトに、チタ市ソヴィエトにさえ、自身の代議員の職責を誠実に遂行したくない代議員がいることについてあなたは正しく問題を提起した。われわれが代議員リコールの権利を使っていないことの指摘が正しくなされた」と認めた。ヤスノフは「何故あなたは今までこの権利を適用しなかったのか」と追及し、ドミトリエフは「あなたはわれわれを正しく批判している。この点ではわれわれに責任がある」と答えた(ГАРФ: 13/2767/75)。

ヤスノフは「あなたの答えに私は満足していない」とさらに迫った。定例会が流れたのは一例だけだったと言うが、「そうした例は一つではない。何故執行委員会は、仕事をしたくない代議員の責任を問わないのか。私が念頭に置いているのは、選挙後ただちにソヴィエトで働くことを拒否し、定例会にも選挙区にも常設委員会にも一度も現れなかった……チタ市ソヴィエト代議員のグドィムチュクだ。何のためにあなたは彼を選んだのか」。「代議員の活発さは何よりもあなたにかかっている。あなたが誤りを犯し、あれこれの同志を代議員に選んだならば、そのときはしかるべき組織と党機関とともにその代議員のリコールに関する問題を解決し、彼を別の人物に替えることが何故できないのか」(ГАРФ: 13/2767/75–76)。

この審議のまとめでヤスノフは改めて「すでに述べたように、代議員が仕事をしたくないときに、多くの同志が代議員リコールの権利を使っていない」と指摘した。「われわれはこの事実に甘んじ、次の選挙を待っている。代議員が二期目に選出されたが、彼は前回の会期に仕事をせず、今も仕事をしていない」。「われわれはこのことによって地方権力機関の評判を落としている。人々が働きたくなく、さらにはそのことを公言するとき、寛大に対応することがどうしてできようか」。「何らかの事情によって現地でこの問題を解決することができないならば、この件に介入する必要がある」(ГАРФ: 13/2767/85–86)。

この日のロシア共和国最高会議幹部会の審議ではヤスノフはチタ州の執行委員会議長を追及していたが、一九六七年一一月二二日付で出された幹部会決定には「ヴラヂーミル州とチタ州の一連のソヴィエトで一部の代議員が正当な理由なしにソヴィエトの定例会に出席せず、その他の代議員の職責を遂行していない事実は許し難い」との指摘があり(ГАРФ: 13/2767/11)、ヴラヂーミル州にもこうした代議員がいたことがわかる。幹部会決定は、ロシア共和国にある全ての自治共和国の最高会議幹部会とクライ・州・モスクワ市・レニングラード市の執行委員会に送付され、必要な対応をとることが求められるので、幹部会決定にこのように書かれたということは、おそらく同様の例が他の地域にもあったと考えることができる。

その一方で、幹部会の審議でヤスノフは「ここで名を挙げることはしないが、ロシア連邦最高会議にさえも自分の選挙区の居住区を定期的に訪れる代議員がいる。人々がいかに暮らしているか、何が悪いかに関心を持っている代議員と選挙人たちの会合の通知が出され、様々な問題が見つけ出されている」とも述べており(ГАРФ: 13/2767/88)、批判に際しては職責を果たそうと努める代議員の存在が意識されていたこともわかる。なお、「ロシア連邦最高会議にさえも」との発言には次の前提がある。一九七八年制定の選挙法ではロシア共和国最高会議の選挙区は九七五、共和国の領域は一七〇七万五四〇〇平方キロメートルなので、単純に割れば一選挙区当たり一万七五〇〇平方キロメートル程度となる(それでも一三〇キロメートル四方を超える)。しかも選挙区内の人口は同一と定められていたため、モスクワのような人口稠密な大都市の選挙区は狭くなる一方で、シベリアや北方の過疎地の選挙区ははるかに広大となる。ヤスノフの発言の「さえ」の含意がわかるのではないだろうか。

4　代議員の苦労と不満

少なからぬ代議員が、他に主たる仕事を持ちつつ代議員の職責も果たそうと努めていた。そのことを代議員たちはどのように考えていたのか。『勤労者代議員ソヴィエト』一九六六年第一〇号は「アンケートは何を語っているか」と題する記事を掲載した[10]。アンケートは「代議員の仕事のための時間は足りているか」、「選挙人の訓令を実現できているか」、「執行委員会からの助力に満足しているか」の三問で、回答者は同誌掲載のアンケートを読んで回答を郵送してきた人々である。二か月ほどの間に届いた回答は約三〇〇通で、その多くは「結果を必ず公表してください」と求めていたという

(Советы: 1966/10/41)。

この記事はまず三五歳未満の回答者は一五%だったことを紹介し、「このデータは特に興味深い」と述べる。「アンケートに回答する活発さは、代議員の全活動に直接拠っているわけではなく、代表機関での活動への参加の程度を必ずしも明確に反映するものではない」が、「若い代議員のアンケートへの反応が比較的少ないという事実は、最も活動的であるはずの人が年長の代議員に活力や積極さで劣っていることを示していないだろうか」というのである(Советы: 1966/10/41-42)。

記事によれば、「代議員の仕事のための時間は足りているか」との質問について回答者の六九%が「時間の問題」は存在しないと考えているが、その多くは苦労して時間を捻出していることも認めている。「おそらく年金生活者だけがこの点で何の苦労も感じていない。他の者にはそれほど容易ではない。それでも三分の二は、自身の社会的国家的責務を遂行する時間を見出だしている」。「多くの代議員は粘り強さ、根気強さ、……熱情によって必要な時間を見つけている」。その例として次の回答が紹介されている。「誠実な人間で、この世に顕著な足跡を残したいならば、人民の僕であるならば、代議員の活動のための時間は常に十分ある」。「望むならば時間は常に見つかる」。「時間はいつも見つけられる。必要なのはわれわれの仕事を愛し、より多くの願いを示すことだけだ。愛情と願望があれば時間は自ずとわれわれを見つける。われわれが時間を見つけるのではなく」(Советы: 1966/10/42)。

記事は「時間を見つけられないのは、選挙人に対する自身の義務を遂行したくない代議員だけだ」として、との「論争的な」回答も紹介し、この回答者との「論争のための根拠は実際少なからずある」として、約二七%の代議員が「時間は全く足りない」と記していることを挙げている。そのうえで記事は「こうした同志たちの大半を、「受動的な」、無関心な、自分の責務を忘れた者と数えることはおそらくできない。否、彼らは通例、心から残念に思いつつ、「時間の不足」について書き、この状況を自分の不幸だと呼び、どうあるべきかと問うている」と指摘した(Советы: 1966/10/42)。

代議員の仕事に時間を割けない理由はいくつかあり、「その一つは家事が多いことによる生活上のものだ」。記事は特に女性の代議員がこれに注意を向けていると述べて、カザン市ソヴィエトの代議員の回答を紹介している。「私には時間が足りない。全ての任務、代議員活動の全てを労働の後に、自分の自由時間を犠牲にしておこなうためだ。私は労働者で朝八時から四時まで生産労働をしている。仕事の後はいくつかの店に行き、食事を作り、家族に食べさせる必要がある。そのあと〔選挙人と会うため〕都市交通の停留所に立たなければならない(カザン市の交通機関の運営はよくない。「ラッシュ」時にはステップだけでなく屋根に乗る人までいる)。これら全ての後に疲れ果てて選挙人の前に出ると、もう言葉もちゃんと出ない。選挙人はしっかりした人々で、われわれ代議員に自分の権力の代表者を見ている。息せき切って彼らといるのはまさに気まずい」(Советы: 1966/10/42-43,〔 〕内は松戸)。

回答では「主たる仕事の時間と様々な組織と施設の活動時間の重複」も挙げられている。「事実上、私は一つの施設にも直接出向いて代議員の活動についてその職員と話すことができない」との回答を紹介して、記事は次のように指摘する。こうした「近寄りがたさ」を特に感じているのは常に朝番で働く代議員だ。解決策は「「仕事の」時間に職場を出る許可をもらうことにしかない」が、この方法は、利用することは難しく、生産の利益を侵害する(Советы: 1966/10/43)。

第一の質問「代議員の仕事のための時間は足りているか」に関する記述は次のように結ばれている。

代議員活動のための時間の問題は全く簡単ではない。多くは代議員自身の「責任感」にかかっているが、代議員の意志とは関係ない、客観的な原因も存在していることをアンケートは明確に示している（Советы: 1966/10/43）。

第二の質問「選挙人の訓令を実現できているか」に関する記事は省略し、「常に遂行されているわけではない」との回答が五七％、「全く遂行されていない」が一九％で計七六％になることへの懸念が示されていることのみ紹介しておく（Советы: 1966/10/43–44）。

第三の質問「執行委員会からの助力に満足しているか」に関しては、モスクワ州ソヴィエト代議員の「それにしても、州ソヴィエトの代議員にはいったいどんな権限があるのか。今でも確かなことは何も知らない。結局のところ私は何者なのだ。この点について何の指導も受けなかった。初めて選出された代議員のためのどんなセミナーも州執行委員会は開かなかった」との回答が紹介されている。記事は「この文章は幼稚に感じられる人もいるかもしれない。しかし同様の指摘が少なからずある。方法に関する援助と指導の弱さ、セミナーがなかったり、表面的だったりすることに各地の代議員が不満を述べている」と付記し、次の回答を示している。「わが国の様々な法律の解説のためのセミナーが実に足りない。われわれは代議員として生まれたわけではないのに。自分の生産活動はもちろんよく知っているが、法律の知識と理解はないことがしばしばだ。それを他の者に説明することがいったいどうしてできようか！　しかしわれわれの執行委員会がその授業をおこなうことは稀だ」。バシキール自治共和国の市ソヴィエト代議員ソコロフの回答によれば、訓令にあるバス路線の開設に成功したが、二週間後に廃止され、いかに働きかけても再開の約束は得られなかった。「執行委員会は代議員である私を裏切ったのだ。私は執行委員会を信じ、選挙人を裏切ってしまった。どうしてこんなことがあり得るのか！」。記事は「ソコロフに同意しないことは難しい」と付記している(Советы: 1966/10/44-45)。

『勤労者代議員ソヴィエト』が掲載したアンケートは上記の三問だけで、編集部は「詳細な回答や結論や建設的な提案を想定していなかった」が、「読者の回答は、与えられた質問の枠を越えていた。代議員の努力、喜び、そして悲しみの様々な面に触れた数十の分厚い手紙がアンケートとともに届いた」。「同志たちは質問に答えるだけ、あれこれの事実と現象を挙げるだけではなかった。典型的な欠陥が言及された時には通例、いかにこれを正すべきか、何をすべきか具体的な提案が示されていた」(Советы: 1966/10/45-46)。いくつか紹介しよう。

提案の一つは「代議員活動のためだけの日が月に一―二日あることが実に必要だ。市と州の多くの指導者や選挙人と会わなければならない。特別な時間が必要だ」(ペルミ州ソヴィエト代議員)というものだった。同様の提案は多かった。「週にせめて一日でいいので自由な日がほしい。組織や施設が活動しているのは一六時か一七時までなのだから」(ジダーノフ市ソヴィエト代議員)。サラトフ市ソヴィエト代議員、ヴォルゴグラード州の地区ソヴィエト代議員、カザン市の地区ソヴィエト代議員およびその他の同志たちが同様の考えを持っている(Советы: 1966/10/46)。

別の方法は、機関と施設を訪れやすくすることだった。「執行委員会の指導的職員は代議員を……順番を無視して受け入れるべきだ。これはソヴィエト、公営事業、住宅、生活およびその他のサービスの施設の指導者にも求める必要がある。代議員の資格は全ての扉を開けることができなければならない！」(Советы: 1966/10/46)。

「党委員会も含めて皆が一つの規則を有するようにする必要がある：ソヴィエトに選出されたならば、これがその人の最も重要な社会的課題である(党員にとっては党の課題でもある)。他の課題を与えるべきではない！　そのときにのみ、われわれに全ての責任を問うことができる」との提案も紹介されている(Советы: 1966/10/46)。

研修のための「代議員の日」に関する要望も紹介されている。「……自主性のない非現実的な要素を少なくし、切実で死活的な問題と情勢の検討、……実例による学習、自由な意見交換を多くすべきだ」、「……自由な同志的討論、生き生きした意見交換、批判と自己批判が頻繁にあるべきだ。論争が、探求の創造的な情熱がありますように。そのような学習、そのような状況が代議員に実に多くの有益なものを実際にもたらす。ああ、今のところこれはまだ多くの点で夢だ……」。編集部は「全く悪くない、そして重要なことに、全体に現実的な夢ではないか！　これは実際、賢明な提案だ」と付記している(Советы: 1966/10/47)。

最初に紹介したようにこの記事で参照されている回答は三〇〇ほどで、回答者はおそらく代議員の職責に自覚的な人々であることには留意すべきだが、彼らは選挙人のために職責をより良く果たしたいと願っていることがうかがえる。別の調査も見てみよう。

一九六〇—一九七〇年代にソ連科学アカデミー具体的社会調査研究所がロシア共和国タガンログ市でおこなった三〇を超える世論調査の中に代議員を対象とした次の調査があった(回答者五〇六人)。「代議員の職責遂行に際して何らかの困難にぶつかっているか」との問いへの回答は、「困難はあり、少なくない」が四三％、「困難はあるが、それほどではない」が五二％、「どんな困難もない」が二％、「回答困難」が三％で、「ぶつかっている場合、どんな困難か」との問いへの回答は、複数回答で「自由な時間が不十分」が七三％、「必要な権限の欠如」が四八％、「必要な経験、知識の欠如」が四七％だった(Грушин 2006: 726)。回答の傾向は『勤労者代議員ソヴィエト』のアンケートと似ているのではないか。

『勤労者代議員ソヴィエト』の記事でも指摘されていたように、執行委員会が代議員の指摘や要望に対応しない例は多く、問題視されてもいた。

一九六〇年二月二三日のロシア共和国最高会議幹部会で「ヴラヂーミル州の地方ソヴィエトの定例会開催と決定遂行の点検について」の審議がなされた際には、幹部会議長オルガノフが、代議員の批判的な指摘への応答についてこの議題に関する幹部会決定に書く必要があると述べていた。「批判が有効なものであれば、これに反応するならば〔代議員からの〕批判の水準を上げ、〔彼らの〕活発さの発展に資する。もし批判的な指摘をやり過ごすならば、これは批判の抑圧と同じであり、事実上〔代議員からの〕批判の縮小につながる。このため代議員の述べる全ての批判的な指摘の実現に注意が向けられるように〔幹部会決定に〕書く必要がある」(ГАРФ: 13/1179/361,〔　〕内は松戸)。

一九八〇年七月八日のロシア共和国最高会議幹部会に向けて作成された報告書では次の指摘がなされていた。チェチェン・イングーシ自治共和国ナズラニ地区ソヴィエトの定例会では住民へのサービスを改善する必要性を代議員たちが再三指摘し、「多くの決定が採択されたが、状況は変わっていない」。代議員の指摘に対するいいかげんな態度は、ナズラニ地区ソヴィエトの定例会で代議員ポゴロヴァが「地区ソヴィエトの代議員としてこの演壇から発言していて、私の指摘が考慮されるのか確信が持てない」と述べることにつながった(ГАРФ: 13/5146/49-50)。

こうした報告を受けて幹部会議長ヤスノフは幹部会の審議で、チェチェン・イングーシ自治共和国最高会議幹部会議長に対して「何故あなたのところでは……定例会で代議員が述べた提案と指摘の検討の期限が、現行法に反して独自に設けられているのか。……これは法に反している！ 何故だ」、「定例会で代議員が述べた指摘と提案は全般に検討されているのか」と詰問した。ヤスノフは「チェチェン・イングーシ自治共和国とキーロフ州では代議員の提案と指摘の検討および実現の活動になおも深刻な欠陥がある。ソ連憲法、ソヴィエトに関する法律、代議員の地位に関する法律の要請からの逸脱がある。最も真剣な注意をここに向けなければならない」とも指摘した(ГАРФ: 13/5147/13, 51)。[11]

熱心に活動する代議員が不満を抱くのも無理からぬ状況は各地で見られたようだ。

第四節　ソヴィエト民主主義における選挙

1　競争なき選挙

本書の対象時期のソ連では、連邦・共和国・自治共和国の最高会議と各行政区画に置かれたソヴィエトの全ての選挙が、定数一の選挙区に候補者一人の「競争なき選挙」だった。搾取階級が根絶され、社会と個人の利益が一致するようになったと想定されていたことに伴い、利害の対立を前提とする競争選挙の必要性自体が存在しないとされていたのである。

この点についてたとえば法学・政治学者のシャフナザーロフは次のように主張していた。「社会主義的民主主義の批判者のお気に入りの論拠は」ソ連の選挙人には選択がない、選挙に参加するのは共産党だけだというものだが、「形式的な観点からは」多くの非党員が代議員に選出されている事実によって反駁される。しかし「事の本質はそこにあるのではない」。ソ連には利益が対立する階級は存在せず、住民の全ての階級と階層の利益を一貫して擁護する共産党以外の政党が存在するための根拠がない。「選挙の際に重要なのは、当該選挙区の成年人口を構成している数万または数十万の人々から人民の利益を代表するのに最もふさわしい人を選ぶことではないのか。候補者の推薦と審議の過程で、投票の過程でまさにそのような選択がなされている」(Шахназаров 1960 : 51)[12]。ちなみにシャフナザーロフはのちにゴルバチョフ大統領の補佐官となる人物である。

こうした想定に立つ以上、「最もふさわしい」候補者を選出することが重視されていた。一九五六年二月にスターリン死後初めて開かれた第二〇回党大会はソヴィエト民主主義の一層の発展を訴えた。党大会後最初の選挙となる五七年春の地方ソヴィエト選挙についてロシア共和国最高会議幹部会議長タラソフが党中央委員会の雑誌『党生活』で次のように論評した。「選挙キャンペーンの過程で全ての市民が一緒に候補者を立てている」。「今回の選挙のおそらく最大の特徴は、候補者推薦への特別に注意深いアプローチだ。通例、各候補者はあらゆる面で審議された」、「選挙人は全てに関心を持った：推薦された候補者の生産への態度にも、政治的活発さにも、勤労集団との相互関係にも、道徳的性向にも。かつて代議員だったならば代議員の職責をいかに達成したかにも」(ПЖ : 1957/5/9)。補足しておけば、通例、代議員は他国の選挙に比して大きな割合で更新されたが、全ての候補者が「新人」

なわけではない。新人であれば資質が、すでに代議員を務めた候補者についてはいかに職責を全うしたかも問われたというのである。なお、候補者の推薦は、企業や生産単位ごとの党、コムソモール、労働組合の組織によっておこなわれ、各地の選挙人の集会で承認されることが多かった。

これに続けてタラソフは候補者審議の例を列挙していった。イヴァノヴォ計測器工場の集会では八人の候補者が議論なく推薦されたが、九人目の候補者については「彼を支持する者もいれば、彼が自分の経験を他の労働者に伝えていないことを指摘して、異議を申し立てる者もいた」。多数意見によって集会は彼を忌避し、別の者を推薦した。「赤いソルモヴォ」工場では非党員の技手を候補者に推薦する提案がなされたが、彼が批判に不適切に対応していると集会の参加者は指摘した。タラソフは「これは代議員の仕事と全く両立しない欠陥だ」、「このため、集会が一致してこの提案を斥けたのは理解できる」と評している。スターリングラード市では職長を候補者に推薦する提案を労働者たちが拒否した。彼が「社会的活動に参加せず、計画課題の達成を保障していないため」だった。ハバロフスク市の二つの企業の勤労集団の集会では、地区ソヴィエト代議員の候補者としてこのソヴィエトの執行委員会議長を推薦する提案がなされた。一方の勤労集団は提案を受け入れたが、他方は拒否した。拒否した勤労集団が正しさを証明した。この勤労集団は「執行委員会議長の不適切で官僚主義的な振る舞いの事実を握っていた」。この選挙区では新たな候補者が推薦された」。タラソフは、地区党委員会書記が「彼の前に提起された問題を解決しなかった」ことを理由に地区ソヴィエト代議員の候補者とするのを忌避された例も挙げ、「実際、問題の解決を避ける人物が代議員たり得るだろうか」とも述べている(ПЖ : 1957/5/9–10)。

こうした例を挙げてタラソフは「代議員候補者の広範な審議はソヴィエト民主主義の特徴の一つだ。これは偶然を避けることを可能とし、資本主義諸国の多くの人々に驚きを呼び起こす投票に際しての一致を保障する」、「それでも過ちが犯された場合は、過ちは秘密投票によって正される。複数の選挙区で、投票に付された候補者が絶対多数の票を得られず、代議員に選出されなかった」と述べた。「このように、わが国の勤労者は権力機関に彼らが望む人物を選出する可能性を有している」とも主張した(ПЖ: 1957/5/10)。

この選挙については『党生活』に別の記事も掲載され、「共産党員にとっても非党員にとっても重要なのは、候補者が党員か非党員かという形式的な指標ではなく、人物の政治的、実務的および道徳的性質であり、共産主義の事業への彼の献身だ」と主張された。このため、代議員だった党員の働きぶりが悪かったならば、「彼は選挙人の信頼を失い、彼を候補者とするのは拒否された」(ПЖ: 1957/6/12)。

こうした主張に見られるように、誰もが賛成することのできる候補者を選出することが必要かつ重要であり、選挙の投票は候補者選出で「過ちが犯された場合」に正すものだった。少なくとも政権はこれを目指し、そのための努力をするよう指示していた。たとえば一九五七年一月二二日付党中央委員会決定「勤労者代議員ソヴィエトの活動改善およびソヴィエトの大衆との結びつきの強化について」は、来る選挙では「代議員候補者は共産党員と非党員のブロックの共通の候補者でなければならない」、「候補者の推薦に際して性急であってはならず、職場ごとの労働者集会、ブリガーダ〔コルホーズ内の生産単位〕ごとのコルホーズ員集会で候補者について前もって審議し、合意し、共通の意見を表明し、そののちに集団の総会で統一候補を立てる必要がある」と指示していた(КПСС 1986a: 165, 〔 〕内は松戸)。ソ連には政党は共産党しか存在せず、候補者は各選挙区に一人しか立てられなかったが、社会全体の利益を代表する形をとるために「共産党の候補者」ではなく「共産党員と非党員の選挙ブロックの候補者」とするのが通例だった。来る選挙では必ず選挙ブロックの候補者とし、候補者の推薦に際して慎重な審議をおこなうよう指示したのである。

この決定の言う「来る選挙」とは、『党生活』での論評を紹介した一九五七年春の地方ソヴィエト選挙である。この選挙に際して上記のような指示がなされた理由の一つは、以下に見るように五五年の選挙で候補者の忌避や落選が相次いでいたことだと考えられる。

一九五五年三月四日付ロシア共和国管轄党機関部[13]のソ連共産党中央委員会宛て報告は、同年二月二七日におこなわれたロシア共和国の最高会議と地方ソヴィエトの選挙について「同志たちは代議員候補者に対して高度な要求をし、その実務的および政治的資質を全面的に検討した。代議員候補者の選択に際して党委員会が誤りを犯した場合には、労働者、コルホーズ員および職員はこれを正し、よりふさわしい人々を推薦した」と伝えていた。例としては、モロトフ州で二八五人、アルハンゲリスク州で一二二人の候補者が選挙前集会で忌避されたことが挙げられた。選挙では「何人かのロシア共和国最高会議代議員候補者が相当な数の反対票を得た」として、オリョール州執行委員会議長に五七四六人が反対したことを初めとして一〇〇〇―二〇〇〇程度の反対票があった五人の候補者が列挙された。「村ソヴィエトと居住区ソヴィエトの一部の代議員候補者は落選させられた」。その例としてサラトフ州で八人、ダゲスタン自治共和国で七人、ノヴゴロド州で五人、レニングラード州とカリーニン州で各四人、リャザン州とアムール州で各三人、プスコフ州、モスクワ州、クイブィシェフ州、スモレンスク州、クラスノヤルスククライ、ハバロフスククライで各二人が落選させられたことが紹介されている(РГАНИ: 34/6-7)。スモレンスク州党委員会からの報告では「最も多くの反対票を得た州ソヴィエト代議員候補者は、スモレンスク市ソヴィエト議長同志フェドロヴァ(七八六五人の選挙人のうち二七八人が反対)とスモレンスク市党委員会第一書記同志ヴァルエフ(八三四〇人の選挙人のうち一〇四人が反対)」だったことも伝えられていた(РГАНИ: 34/83)。

おそらくはこうした事態が繰り返されるのを避けるためにも、さきほど見たように一九五七年一月二二日付党中央委員会決定は、選挙ブロックの候補者とし、その推薦には慎重な審議をおこなうよう指示していたが、五七年の選挙の際にも候補者が忌避されたり落選させられたりした例があった(先に見たタラソフの論評でも言及されている)。五九年の選挙でも六一年の選挙でも同様の例はあった。

一九五九年二月二三日付ロシア共和国管轄党機関部の党中央委員会宛て報告では「いくつかの州で党委員会によって推薦された候補者を勤労者が集会で斥け、新たな候補者を推薦した」と伝えられた。例としてクラスノダールクライで二〇四人、スターリングラード州で一三八人、ダゲスタン自治共和国で九九人の候補者が交代させられたことが挙げられ、「この他にロシア共和国最高会議幹部会は、地方ソヴィエト代議員の候補者登録期限が過ぎた後に、忌避された候補者に代わる新たな候補者四二人を登録することを許可せざるを得なかった」ことも指摘された。選挙では「村ソヴィエトの選挙に関する一三七の選挙区、地区ソヴィエト選挙に関する二つの選挙区、居住区ソヴィエトの選挙に関する一つの選挙区で立候補した候補者が投票の絶対多数を得られず、代議員に選出されなかった」ことも報告されている(РГАНИ: 147/56, 64)。

一九六一年二月二五日付ロシア共和国管轄党機関部の党中央委員会宛て報告では「トゥーラ州アレクシン縫製工場の労働者と職員の集会で、市の勤労者の文化生活サービスの改善に配慮を示さず、商業の巨大な欠陥の除去、児童施設網の拡大に向けた不可欠の方策をとらなかったためにアレクシン市党委員会第一書記同志セドフが州ソヴィエト代議員の候補者から外された(14)」こと、代わりの候補者として工場の生産班の職長が推薦されたことが伝えられた。「同様の事実はいくつかの他の州、クライおよび自治共和国でもあった」とされ、キーロフ州で一一九人、ヤロスラヴリ州で八〇人、トゥーラ州で四四人の候補者が忌避されたことが挙げられた。「この他にロシア共和国最高会議幹部会は代議員候補者の登録終了後にトゥーラ州で二人、チェリャビンスク州で二人、カリーニングラード州、クルスク州、プスコフ州、サハリン州で一人ずつの計八人の候補者の交代に許可を与えざるを得なかった」(РГАНИ: 191/19–20)。これに加えて、ヴラヂーミル州党委員会からの報告によれば、代議員候補者選出のための集会で選挙人は地区ソヴィエトの候補者三人、市ソヴィエトの候補者一五人、居住区ソヴィエトと村ソヴィエトの候補者五三人を支持しなかった(РГАНИ: 191/76)。

一九六一年三月五日におこなわれた選挙ではダゲスタン自治共和国で一三人、バシキール自治共和国とスモレンスク州で各八人、オレンブルグ州で七人、プスコフ州、サラトフ州、イルクーツク州で各六人、ヴォログダ州、モスクワ州、ペルミ州で各五人が落選させられたことも中央委員会に報告されている(РГАНИ: 191/65)。

この選挙については同年二月一〇日のロシア共和国最高会議幹部会で「クルスク州とスターリング

ラード市における地方ソヴィエト選挙の準備について」の審議がなされていた。任期中の活動に関する報告集会についてスターリングラード市執行委員会議長ドィンキンが「今年、代議員の報告、特に執行委員会と個々の管理局の報告が著しく活発におこなわれている。われわれはそうした報告を、工場の職場で、住民の居住地ごとで、大きなクラブでおこなった。集会には、時には一〇〇〇人、五〇〇人が参加する。選挙人たちは実に多くの提案をしている」と述べた際に幹部会議長オルガノフが「候補者忌避の事実はあるか」と問うた。ドィンキンは「われわれのところでは二例あった」、クルスク州執行委員会議長代理スヴィリドフは「われわれのところでは今のところない」と答え、ドィンキンが次のように続けた。「われわれのところでは州ソヴィエトの候補者が推薦されたが、別の集会は彼をよく知らなかったというだけの理由で支持しなかった。今では選挙人は候補者が何を示すかに大いに関心を持っている。彼らはしばしば、候補者が集会に来て、演説し、自身について語ることを求める。代議員との会合の後に、彼に再び立候補するよう選挙人たちが要請する多くの例があった」(ГАРФ: 13/1227/211)。

この審議では幹部会副議長アハゾフが、選挙前集会にどれくらい多くの人が参加しているかと訊ねた。「私はたまたまこの質問をするのではない。われわれのところでは基本的に同じ人たちがやってきて、大半の場合に住民は来ない」と述べたのに対し、クルスク州のスヴィリドフが「集会の一つに出席しなければならないことがあった。話題は州の指導者の推薦で、四〇〇人ほどが出席した。集会は活発におこなわれた。全ては選挙区の一連の条件に拠る」と応じるやりとりもあった(ГАРФ: 13/1227/213)。

こうした一連の発言からは、選挙前集会が形式的におこなわれる例があった一方で、選挙人が候補者選出に積極的に関わろうとした例があったこともわかる。

選挙前の候補者選出を重視する考え方は一九八五年になっても維持されており、たとえば次のように主張されていた。「各選挙区で一人の候補者だけを登録する慣行は、敵対する社会勢力および競争する政党がわが国に存在しないことによってもたらされている」。代議員の前には単一の主要な目的と課題があり、問題は、最良の形でこれらを実現する能力を備えた者を代議員として選出することにある。「すなわち、われわれの主要な注意は候補者の数にではなく質に向けられている。代議員候補者の数はいかなる時もその質の保障とはならなかったし、なり得ない」(Зиновьев 1985: 16–17)。

実際にも「最良の形でこれらを実現する能力を備えた者」が候補者に選出されていると主張されていた。たとえばロシア共和国最高会議の選挙に関する中央選挙管理委員会の書記は、一九七九年一二月二一日の委員会の会合で「わが国の選挙制度のこの深い民主主義は、代議員候補者推薦の実際に現れている。推薦され、選出される権利は、勤労集団の信頼と尊敬を得た、優れた人々が授かっている」と述べた。この書記は八〇年二月八日の会合では「重要な政治的成果は、労働者階級、コルホーズ農民、人民知識階級の最も立派な代表者がロシア共和国の最高権力機関の代議員候補者として推薦され、登録されていることだ(15)」、「深い民主主義、共産党員と非党員の揺るぎない団結の明らかな例は、三二五人の候補者、すなわち三分の一が非党員だということだ」とも述べた。そして彼は言う。候補者として四〇を超える大小の諸民族の代表者を登録し、ソ連邦英雄〔国家的偉業を称える最も権威ある称号〕と社会主義労働英雄〔経済・文化領域での顕著な功績を称える称号〕が一一二七人、八〇三人はソ連最高会議幹部会の授与する勲章とメダル〔各種の功績を称えるもの〕を受けている。「これらの数字全てが、わが国では実際に最も立派な、最も尊敬されて、権威を有している人々、祖国の優良な息子と娘、祖国の全ての住民の層の代表が候補者として推薦されていることを説得的に証明している」(ГАРФ: 13/4839/14, 147, 149,〔　〕内は松戸)。

同じ選挙管理委員会の一九八〇年二月八日の会合ではパヴロヴォ選挙区の選挙管理委員会議長が同選挙区の候補者について紹介していた。この候補者のパヴロヴォ機械工場での労働歴は六〇年に始まり、第八次五か年計画の遂行に対して「社会主義労働英雄」の称号を授与された。候補者の登録には「彼を推薦した勤労集団、党機関とコムソモール機関、現地の新聞とラジオの代表が参加した」。セヴェロウラリスク選挙区の選挙管理委員会議長は、セヴェロウラリスク・ボーキサイト鉱山の勤労集団がコヴァリョフを推薦したと述べた。「彼は若者の教師で、遅れた班に三度移り、進んだ班へと導いた。選挙区で多大な権威と尊敬を得ており、選挙人が一致して同志コヴァリョフに票を投ずるとわれわれは確信している」。「完全なる一致の雰囲気で、選挙人と候補者の複数の会合がおこなわれた」。一五〇〇人を超える人々が参加した(ГАРФ: 13/4839/122, 127–128)。

これらは「最も立派な、最も尊敬されて、権威を有している人々」が推薦された例と言えるだろう。常にこのような候補者が選出されていたかはともかく、少なくとも候補者選出集会に選別の機能があることは同時代の西側のソ連研究者も認めていた。たとえばテオドール・フリードガットは一九七九年刊行の『ソ連における政治参加』において、集会で当初の候補者が拒否されて別の人物が推薦される例は「比較的稀な、自発的で自律的な参加の現象の一形態」であり、「われわれが一般的に予想するよりもいくぶん高度なレベルの自発性と政治的興奮を示唆している」と述べている(Friedgut 1979: 86, 91–92)。西側のステレオタイプ的なソ連像では人々が政治的な自発性や自立性を発揮することなどないとされがちだが、そうした一般的な予想よりも高度な自発性や政治的活発さが存在したと指摘しているのである。

2　投票する意味

一方、一九六〇年にソ連で生まれ、ソ連消滅直前にアメリカ合衆国にわたって人類学者となったアレクセイ・ユルチャクは「選挙に参加した大半の人にとって、誰に一票を投じたかはどうでもいい。多くの場合、候補者はまるで知らない人で、投票の段になって初めて目にしている」と述べている。そのうえでユルチャクは「投票儀礼の参加者にとって重要なのが、候補者への意思表示よりも投票行為への参加の方だという状況を思い浮かべて欲しい。……この場合、投票行為に加わることが極めて重要になり、誰に投票するかは二の次となる」(傍点は原文)、「こうした投票は決して無意味な行為ではないし、単なる擬装でも大勢への順応でもない。なぜなら、こうした投票を通じて権力構造が再生産されるだけでなく、権利や可能性や自由も再生産され、権力の意に反して行動する自由も生まれるからだ」と指摘している(ユルチャク 2017: 20, 29–30)。

投票行為自体に重要な意味があると考えるならば、誰が候補者かは確かに重要ではなくなるだろう。投票行為自体の持つ意味について否定するつもりはない。

しかし、前節で見たように、代議員は人々の苦情や要望を当局に伝える重要な回路であり、人々の要望を実現する担い手でもあった。フリードガットは「代議員の地位は、一般の市民には得られないローカルな意思決定と当局者へのアクセスを代議員に与える。……代議員は、選挙の際の活動家や異論派よりも、政策に影響を与えるか変化させるずっと多くの現実のチャンスを有している」とも指摘している(Friedgut 1979: 155–156)。

日々の暮らしを改善するうえでは代議員はどうでもよい存在ではなかったのであり、多くの人々は代議員に無関係でも無関心でもあり得なかった。実際、候補者選出集会や選挙前集会に熱心に参加した人々は存在したのであり、ユルチャクの上記の指摘には投票行為自体の重要性を強調するための誇張があると筆者は考えている[16](ただし、熱心に参加する人々が限られている場合もあることは、先に紹介したロシア共和国最高会議幹部会副議長アハゾフの発言からもうかがえる)。

その一方で、フリードガットは、投票を忌避した人もいたと推測している。不在者向けの期日前投票の制度はなく、投票日に本来の選挙区で投票できない場合は、事前に投票権証明書を受け取り、投票日に出先の任意の投票所で投票することになっていた。フリードガットは、証明書を受け取れば本来の選挙区で選挙権を有する者ではなくなり、投票しなかった者のリストに載ることもない点に注目した。投票を忌避するために投票権証明書を受け取って投票はしない人がいただろうし、投票率を挙げたい選挙管理委員会が、投票に来ていない人物を「投票権証明書の発行を忘れた」とみなして証明書を発行し、選挙人名簿から除くこともあったというのである(Friedgut 1979: 116–117)。

この指摘はインタビューに基づくとされているが、こうした例が実際にあったとしても少数だったと考えることができる。その理由としては、ロシア共和国最高会議選挙に関する中央選挙管理委員会での一九八〇年二月二二日のやりとりを挙げることができる。委員会書記が「今回の選挙キャンペーンの最大の特徴は、選挙が冬におこなわれることだ。この結果として、発行された証明書の数が激減した。私の記憶違いでなければ、夏の選挙キャンペーンでは約七〇―八〇万の証明書が発行されていた。正しいか？」と述べたのに対し、モスクワ市執行委員会書記が「正しい。今はわずか四万九〇〇〇通の証明書が発行されている」と応じていた(ГАРФ: 13/4839/182)。投票を忌避するための発行が相当に多かったならば、夏と冬でこれほどの差が生ずることはないだろう。実際に投票したかは確認できないものの、大多数の人は選挙当日に外出先で投票するために証明書の発行を求めたと考えることができる。

フリードガットは、選挙人登録をしなかった人々の推計もおこなっている。一九七〇年一月一五日現在での選挙権年齢の人口が約一億五八五〇万人だったのに対し、七〇年六月の選挙での選挙人は一億五三二三万七一一二人だったことから、登録できない人を除いても四〇〇万人またはそれ以上が登録せずに選挙を忌避したという。この推計が妥当であれば、フリードガットの言うように、反対票を投じた三九万六三四三人、投票用紙を汚した四二〇人、投票しなかった六万四九〇一人を上回る「最大の反対現象」だが、それでも彼自身も認めるように全体の二・五％に過ぎない(Friedgut 1979: 117)。また、こうした人々は候補者に関心がなく、投票行為自体にも意味を見出ださなかったということになるだろう。

これに対し、候補者に無関心ではない選挙人は確かに存在した。先に紹介したように一九六一年二月一〇日のロシア共和国最高会議幹部会で「クルスク州とスターリングラード市における地方ソヴィエト選挙の準備について」の審議がなされた際には、スターリングラード市執行委員会議長が「今では選挙人は候補者が何を示すかに大いに関心を持っている。彼らはしばしば、候補者が集会に来て、演説し、自身について語ることを求める」と述べていた(ГАРФ: 13/1227/211)。ロシア共和国最高会議の選挙に関する中央選挙管理委員会へ届いた苦情についての六三年三月四日付報告書は「候補者が選挙人と会う選挙前集会に参加する可能性がないことに苦情を述べている市民がいる。彼らはこうした面談の場を可能な限り広く組織するよう求めている」と述べ、モスクワ市のセデンコフが手紙で、候補者と選挙人との面談を「直接に企業で、工場の職場で、一箇所ではなく数箇所の、主な選挙人である労働者階級のいるところで」おこなうべきだと書いた例を挙げている(ГАРФ: 13/1681/6)。

その一方で、選挙人が候補者を知らないことが常に問題になるとは限らない。ユルチャクの指摘とは別の意味で、候補者が誰であるかよりも投票する行為自体が重視されることがあり得た。先に紹介した第二〇回党大会後最初の地方ソヴィエト選挙に関する『党生活』での記事には「党に対する人民の愛が選挙時に表現されるのは、ほぼ全ての選挙人が投票に参加して共産党員と非党員のブロックの候補者に票を投ずることにおいてだけでなく、投票用紙への無数の書き込みにおいてもだ。この書き込みは匿名だということによって一層貴重である」との指摘がある。例としては「共産党と愛する祖国に投票する」、「自分の最初の票を共産党に対して、戦争がないようにということに対して投ずる」、「新たな年金法に対して祖国の政府に感謝している」、「党に、祖国に、ソヴィエト権力に対して票を投ずる」、「私は二四歳、ソヴィエト権力は私を人間にした。私は喜んでソヴィエト権力に対して自分の票を投ずる」といった書き込みが挙げられている(ПЖ: 1957/6/13)。

「党に対する人民の愛」を示す書き込みが選択されていると考えるべきだが、匿名でなされたのであれば本心からの書き込みである可能性は否定できない。少なくとも見返りは期待されていないので、匿名のこうした書き込みは確かに「一層貴重」だろう。そして、「党に、祖国に、ソヴィエト権力に対して票を投ずる」場合は、「共産党員と非党員のブロック」の候補者であれば誰でもよいということになるだろう。

3 投票用紙への書き込み

投票用紙に書き込みをしたり、メモを投票箱に入れたりする例は広く見られた。政権はその内容に関心を持っており、開票の際に選挙管理委員会が記録して中央選挙管理委員会へ伝えたり、地方党組織が選挙管理委員会から情報を得て党中央へ伝えたりしていた。上記の『党生活』の記事は「投票用紙への書き込みを政権が注視している」ことを伝えるメッセージともなったことだろう。こうして、投票の際の用紙への書き込みやメモも人々と政権の間の「対話」の回路となっていた。この「対話」で注目すべきは、政策や政権に批判的な内容の場合でさえ自身の名を記す例、さらには住所や職業も記す例が少なくなかったということである。

各地の党組織が党中央に伝えてきた内容を具体的に見てみよう。一九五五年二月二七日におこなわれたロシア共和国の最高会議と地方ソヴィエトの選挙についてロシア共和国管轄党機関部が党中央委員会に宛てた報告は「ソ連共産党の州委員会とクライ委員会の報告によれば、投票日に多くの選挙人が投票用紙に書き込みをした。これは主に党と政府の政策が熱烈に賛同されている愛国的な書き込みで、自身の代議員に対する要望が述べられている」と伝えている。挙げられた例の一つは「投票して、私は言いたい。言葉ではなく実際に人民に奉仕してください。その道にある困難について語り、その克服を人民に呼びかけてください。同志フルシチョフは苦い真実について人民に語るのを恐れなかったし、それ故に人民は彼を愛している。偽りの美しい絵を描く者を人民は遅かれ早かれお払い箱にする」というものだった(РГАНИ: 34/7–8)。

その一方で、この報告によれば「投票用紙への書き込みの中には、食料品の商業の改善、住宅、学校、児童施設の建設の加速化、年金の増額、賃金の整序、都市と地区中心地の環境整備に関する実に多くの願い、提案、要望がある」。「投票用紙への書き込みでは、商店で砂糖、肉、バターを買えないこと、パンのために長い行列ができていることによる厳しい不満が述べられている」。レニングラード市の投票用紙には次の書き込みがあった。「高揚感なしに初めて投票する。たぶんこれは、行列、お粗末な供給、生活水準の低下全般と関係している」。「レニングラード市民は封鎖を生き延び、肉と砂糖を行列なしに受け取る権利に値する」。「肉と砂糖の供給が円滑にならないならば、そのときには全ての代議員は何の役にも立たない」。クイブィシェフ州では選挙人たちは書いた。「われわれはあなたを選ぶが、暮らすのは困難だ」。「茶番は終わりにして、人民を食べさせてくれ」。「日毎に全てが悪くなる。至るところで行列だ」。コストロマ市では「私の娘は三歳になったが、バターとは何か彼女はまだ知らず、もう一か月も砂糖を口にしていない。砂糖とバターをください」との書き込みがあった(РГАНИ: 34/8–9)。

補足しておけば、過酷な独ソ戦で国民生活は困窮を極めた。特にレニングラード市はドイツ軍によって包囲され、約九〇〇日にわたる「封鎖」に苦しめられた。戦闘に加え、飢えと寒さでも多くの人々が死に、人肉食さえ生じた。死者は六〇万人とも一〇〇万人とも言われる。この「封鎖」を生き延びたレニングラード市民が、肉も砂糖も満足に入手できない状況に強い不満を抱き、自身の「権利」を唱えたのである。戦後復興は急速に進んでいたにもかかわらず一九五〇年代前半になってもこのような状況だったのは、スターリンの下では対米不信と新たな戦争への恐れから軍備増強と重工業の再建が最優先され、人々の生活は後回しにされたことが影響していた。スターリン死後、新指導部は国民生活の改善も重視し始めたが、多くの人々が生活水準の向上を実感できるようになるのは五〇年代後半になってからだった(松戸 2015 も参照してほしい)。

党機関部の報告に戻ろう。この報告は続けて指摘した。「住宅建設の増加の必要性、住宅配分の整序および困難な環境で暮らしている人々への優先的な住宅提供に関する書き込みが少なからぬ投票用紙にある。一部の選挙人はこの理由で候補者に反対票を入れ、そのことを投票用紙に書いている」。「レニングラード市、チカロフ市、ヴラヂーミル市、チェリャビンスク市およびその他の市では、厳しい住環境および地方ソヴィエト機関の側からのこれへの冷淡な態度を理由に選挙人たちが投票を拒否する例があった」(РГАНИ: 34/9)。

この報告によれば、複数の書き込みで疾病証明書の支払い方式の変更による不満が述べられていた。一例が挙げられている。「反対票を投じて、政策への不満を表明したい。病人から一ルーブリが奪われるとき、いったいこれは勤労者の生活改善の政策なのか。疾病証明書の支払いに関する最近の方策について言いたいのだ。これは、私が言いたかったこと、そして私だけでなく普通の労働者の大半が言いたかったことの一部に過ぎない。もしもこれをフルシチョフ自身が読むならば結構なことだ。しかしこの書き込みを彼に送るには、委員会には勇気が足りない」(РГАНИ: 34/10)。現地の党委員会を動かすためのレトリックかもしれないが、「勇気が足りない」と断言していることは注目される。

タムボフ州コトフスク市ソヴィエト執行委員会議長が立候補した選挙区では投票用紙の彼の名が線で消され(17)、次の書き込みがなされたことが報告されている。「勤労者の苦情の検討に秩序をもたらしてください。市執行委員会議長であるのはもとより、真の市民であってください」。「官僚主義者」、「怠け者」、「ふさわしくない」。カリーニングラード州レーニン地区執行委員会議長が「住民の要求について配慮せず、彼と会うのが困難だ」と批判されていることも指摘された。この報告では「いくつかの投票用紙の書き込みは敵対的性格を帯びていた」こと、一部の都市では「反ソ分子」がビラを撒き、「そこには、わが国への非難と、共産党員と非党員のブロックの候補者に賛成の投票をしないようにとの呼びかけがあった」ことも指摘されていた(РГАНИ: 34/11)。

一九五五年三月二日付のモスクワ市党委員会の中央委員会宛て報告は「投票箱では愛国的な性格のメモと投票用紙への書き込みが多数見つかった」とし、その代表的な例として「われらが愛する祖国の威勢に喜びとともに賛成投票する」「全世界の平和万歳!」「党と政府よ、幸せな生活をありがとう!」などを紹介した(РГАНИ: 34/15)。

続いて著名な政治指導者の選挙区での書き込みを紹介している。ゲオルギイ・マレンコフに代わってこの年の二月にソ連首相となったニコライ・ブルガーニンの選挙区では「多くの投票用紙に選挙人は、同志ブルガーニンに実りある仕事、健康と長寿を願う書き込みをした」とされ、最も代表的な内容の例として次の書き込みが挙げられている。「同志ブルガーニンに賛成投票することで私は、わが国における共産主義の勝利へとソヴィエト人民を導くわれわれの偉大な共産党に賛成の投票をしている!」(РГАНИ: 34/16)。

第一副首相兼外相ヴャチェスラフ・モロトフの選挙区での書き込みも紹介されている。「親愛なるヴャチェスラフ・ミハイロヴィチ! 平和に、ソ連共産党員の団結に、ソ連共産党中央委員会とソ連政府の構成員の長くて実りある人生に、そしてあなた個人に賛成して投票する」(第五投票所、デミヤンキン)。「同志モロトフ、ロシア共和国最高会議にあなたを選出し、年老いた人々の物質的条件の改善について配慮することをお願いする。われわれにささやかな息抜きを与える時だ」(ヴァクレンコフの署名)(РГАНИ: 34/16–17)。

党中央委員会第一書記ニキータ・フルシチョフの選挙区では「多くの選挙人が投票用紙の書き込みとメモでН・С・フルシチョフへの感謝を表明した」という。その一例は「親愛なるニキータ・セルゲエヴィチ、あなたに三度賛成投票することで私は多大な幸せを得ている。われわれのソヴィエト祖国について、全ての勤労者についてのあなたの配慮と働きに対して、あなたに心から感謝している。私はあなた、親愛なるニキータ・セルゲエヴィチに、勤労者の幸福についても配慮してくれること、内外の全ての敵から国を守ることをお願いする。第八投票区の選挙人ウシャコヴァ　Т・А」というものだった(РГАНИ: 34/17)。

その一方で、「いくつもの投票用紙に否定的および敵対的な性格の書き込みがある」ことも伝えられた。その例の中には、マレンコフの首相辞任に関する次の書き込みがあった。「マレンコフは葬られた。次は誰だ？」「政府の改組に反対票を投ずる。マレンコフがこなせなかったのならば、ブルガーニンもそうした課題をまとめはしない」。体制全般を否定するような書き込みも紹介されている。「このような選挙に反対だ。代議員は雑魚だ。人民が国を統治しているというのは偽りの宣伝だ」。「今までは「賛成」の投票をしていたが、今回は反対投票をする。原因は、悪夢のような条件で暮らしていることだ」。「一八年党員と非党員のブロックの候補者に賛成投票し、二〇年寮に暮らし、働いている。コネ、ごますり、賄賂が蔓延しているおかげで」(РГАНИ: 34/20-21)。

一九五五年三月一日付のトゥーラ州党委員会の報告は「いくつかの投票用紙および特別に投函されたメモには、不満を表明した記述、明らかに反ソ的な内容の記述があった」と指摘している。そうした書き込みの中には次のものがあった。「思わしくないと感じているときに投票することにどんな意味があるのか。あんたたちはアメリカについて、そこでは票が買われていると語るが、あんたたち統治者はアメリカよりひどくて、選挙間近にやはりわれわれを買収した。どこでも選挙までに賃金が支払われた。しかし肉の支給は少なく、馬肉さえもない。それでもあんたたちに投票するなんてことがあるものか。供給を改善し、行列をなくしてくれ。候補者は選挙までは御立派だが、選挙後は姿を消す」。「この選挙は何を与えるのか。住民への食料品の供給を良くし、労働者の生活を改善する必要がある。紙の上で改善するのではなく」。「同志スターリンの死後、年々全てがどんどん悪くなっている。商店は空だ」(РГАНИ: 34/42-43)。

ヤロスラヴリ州党委員会の一九五五年三月一日付報告も「肯定的な書き込みと並んで否定的な内容の書き込みもあった。その大半は住民への物資の供給に関わるものだ」と伝えている。例としてはる。「人民の物質的な豊かさについてもう少し心配する必要がある。資本主義諸国では買う物はあるが、労働者に金がない。わが国では反対だ」、「私は投票しない。砂糖、石鹸、マーガリンがない」、「より多く投票すればするほど生活はより悪くなる。もう一度投票するだけでハンガーストライキを宣言することができる」などの書き込みが挙げられている(РГАНИ: 34/65)。

スモレンスク州党委員会からの一九五五年三月三日付の報告は「高度な愛国心と共産党への献身について多くの投票用紙への書き込みが物語っている」として、「票を捧げる。必要であれば命も捧げる」との書き込みを例に挙げている。「しかし一部の投票用紙には批判的・否定的な書き込みもあった」として、次の書き込みが挙げられている。「無駄口を叩くのではなく、人々について真剣に考慮することが必要だ。わが国で起こっていることは実に悪い。人々の解雇、不満、これは実に悪く、戦争という結果になるかもしれない。反対票を投ずる」(РГАНИ: 34/83–84)。

他の地域からも様々な否定的または「反ソ的」な書き込みが伝えられている。「私の子供たちが凍え、寒い貸間で病むことがなくなれば、そのときは選ぼう」(アルハンゲリスク州)。「肉、魚がもっと必要だ。何もない」「あなたがたに投票するが、何故今でもパンのための行列があるのか」「われわれの権利は紙の上だけにある」「真実のために投票するが、真実はない！　民主主義はなく、手に入らない」(スヴェルドロフスク州)。「反対票を投ずる。何故なら商店には食料品がなく、生活必需品がなく、市電はまともに走らず、照明は恣意的に消えるからであり、さらには人民の敵と宣言されるリスクなしにこれについて訴えることができないからだ。労働者」(サラトフ州)(РГАНИ: 34/98, 126, 129, 149)。

こうした書き込みが一九五五年二月末の選挙でなされていた。スターリンの死からほぼ二年が経った、「雪どけ」と呼ばれる時期ではあるが、驚くべき率直さである。新指導部が生活水準向上に躍起になった一因をここに見ることもできよう。

この後も選挙のたびに投票用紙には肯定的・否定的双方の様々な書き込みがなされた。第二一回党大会で国民経済発展の七か年計画が採択されてからほぼ一か月後の一九五九年三月一日におこなわれたロシア共和国の最高会議と地方ソヴィエトの選挙では、「喜びとともに、祖国の共産党、レーニンの中央委員会、党員と非党員のブロックの代議員、全世界における平和、七か年計画、輝かしい未来に賛成して投票をする」、「レーニンの事業の継承者である同志フルシチョフに賛成票を投ずる。われらの党万歳！」、「第二一回党大会で定められた七か年計画に賛成して投票する。共産主義に賛成票を投ずる」といった書き込みが報告されている(РГАНИ: 147/66, 75)。

この選挙に関するカリーニン州党委員会からの報告は「過去の年と違って今年はほぼ全ての投票所で、投票用紙に敵意または悪意のある性格の書き込みが一つもなかった。多くの選挙人は愛国的感情を表現して次のような書き込みをした」と伝えている。紹介されたのは、「ソ連共産党と祖国の政府に賛成投票する」、「全世界における平和のために」、「我が国の輝かしい明日のために投票する」、「党と同志フルシチョフ個人にありがとう」、「党のために投票する。ソ連共産党に栄光あれ」といった書き込みである。ダゲスタン州党委員会からの報告でも「党員と非党員のブロックの候補者に投票する」、「ソ連共産党のために自身の票を捧げる」といった書き込みが紹介されている(РГАНИ: 147/84–85, 103)。

一方、トムスク州党委員会の報告は「トムスク市で敵対的な内容の書き込みが複数発見された」と伝えている。例示された書き込みには次のものがあった。「私はあんたたちの権力に反対だ！　全ての共産党員はペテン師だ！　私は投票に動員されている」。「政策は結構だ。人民が乞食のように暮らしている様子を見てください。他の者たちはあまりに贅沢だ。あんたたちを選ぶのにうんざりした。これでわれわれは楽にならない」。「私は神のために投票する」(РГАНИ: 147/153)。

一九六一年三月五日の選挙の際にはモスクワ市党委員会が「指摘しなければならないことには、前回の選挙と較べて否定的な性格の書き込みは著しく少なかった」と報告している。しかし不満が表明されなかったわけではなかった。プスコフ州党委員会によれば、次の書き込みがあった。「同志共産党員たちよ、一六年わが国では戦争がないが、食料品は安くならず、反対に高くなっている。価格引き下げをおこなう時だ」。「これらの代議員は何だ？　肉とバターをください」。「われわれの票は価値がない。あなたがたは自分たちで選んでいる」。ノヴゴロド州党委員会は「ノヴゴロド市でレオンチエフの三人家族は、アパートが与えられなかったので投票には参加しないと書いた手紙を投票所に送った」ことを伝えている(РГАНИ: 191/78, 124, 130)。

なお、ノヴゴロド州党委員会はこの報告を「党州委員会、地区委員会および市委員会は、投票用紙に書かれた批判的な指摘を概括し、これに関して必要な方策をとっている」と結んでいた。レニングラード州党委員会も「党地区委員会と市委員会は、選挙人の批判的指摘、提案および要望の全てについて検討し、方策をとっている」と伝えている(РГАНИ: 191/131, 157)。実際にどのような方策がとられたのかは不明だが、中央委員会に対してこのように報告したということは、書き込まれた不満や要望に対応することが前提とされていたのであり、投票用紙やメモを通じた「対話」には実際に「対話」の要素が、すなわち人々が不満や要望を伝え、政権側がこれに応えるという双方向的な面があったと考えることができる。

4　人々の批判と改革

ソヴィエト民主主義の考え方では「競争なき選挙」は正当化されたが、理念と現実の乖離もあり、誰もが満足していたわけではなかった。前項で紹介したように、投票用紙への書き込みの中にも「このような選挙に反対だ。代議員は雑魚だ。人民が国を統治しているというのは偽りの宣伝だ」、「真実のために投票するが、真実はない！　民主主義はなく、手に入らない」、「われわれの票は価値がない。あなたがたは自分たちで選んでいる」といったものがあった。「雪どけ」期の地方ソヴィエト選挙を研究したスミルノヴァは、真の民主主義的な選挙が存在しないことへの不同意を選挙人が投票用紙に書く例はよく知られていたと指摘している(Смирнова 2012: 182)。

ソ連の政治制度と実情に詳しいアレクサンドル・プィジコフによれば、スターリン死後に多大な非難を呼んだのはソヴィエトの活動と選挙方法だった。選挙は茶番であり、ソヴィエトはいかなる役割も果たさず、多くの代議員は総じて活動せず、ソ連最高会議は実質的には何もしていないと指摘されたという。複数の候補者を推薦する必要性が述べられ、義務的に非党員を候補者に推薦することが提案された。党中央委員会への手紙で「われわれの選挙制度の基礎に「全ては比較において認識される」という真理を置くことが必要だ。これに反する場合は「選挙」という言葉はその真の意味を失う……。もしこれを今おこなわないならば、そのときにはわれわれは進歩の巨大な推進力を逃すことになる」と書いて競争選挙の必要性を訴えた者もいた（Пыжиков 2002: 68, 134–135）。

第二〇回党大会でのスターリン批判を周知するウズベク共和国タシケント市第三六学校に勤める党員の集会では校長が「ソヴィエト権力機関への選挙制度を変えるべきだ。できるだけ多く民主主義を発展させることが不可欠だ」と述べた（Пыжиков 2002: 62）。別の党組織の集会では「わが国では民主主義は紙の上だけにある。全ての指導的機関への選挙は形式上だけ民主的におこなわれ、実質的には投票する権利だけがある。〔われわれは〕批判することを依然として恐れている。投獄される可能性が排除されていないためだ。われわれはユーゴスラヴィアやハンガリーといった社会主義諸国の経験を見極め、社会主義を建設することを彼らに学ぶ必要がある」と述べる者がいた（Кулевиг 2009: 37–38; Kulavig 2002: 25–26,〔 〕内は松戸）。

一九六一年に新たな党綱領が採択され、新憲法の制定作業が始まると、人々は手紙で自分の考えを憲法委員会に伝え始めた（第二章第三節参照）。ピィジコフによれば、各選挙区で二人以上の候補者を登録し、五〇％より多くの票を得た者が勝者となると憲法に書くことを多くの人々が提案した（Пыжиков 2002: 310）。複数政党制も提案された。ストレカロフは次の手紙を紹介している。「わが国に六〇年存在している一党制は人民にとって深刻な結果につながった。その一つはスターリニズムの時代だ。憲法では二党制が想定されなければならないと考える。国を統治するのは、選挙で過半数の票を得た政党だ」（モスクワ市のチェルトフ）。「同一の社会主義的な体制のために、すなわち同じ政治的経済的基礎を持ち、選挙で互いに対抗する二つの政党を国に設けなければならない」（ドジャムブル市のリトヴィノフ）。「自分の政治的権利を実現するためソ連市民は、社会主義の政綱に立脚し、市民の権利と自由を認める政党を組織する権利を有する。政党は全ての選挙制の職に自身の候補を立てることができ、自身の機関紙を持つことができ、ラジオとテレビの放送に持ち分を有することができる。党は党員の資金で存在する。外国からの資金を得ることは許されない。国家における指導的な役割は、選挙で過半数を得た政党に、新たな選挙までの期間、与えられる」(住所姓名不詳)(Стрекалов 2018: 137-138)。

ウクライナ共和国ドネツク州ジダーノフ市のシードロヴァは憲法委員会への手紙で「たった一人の候補者から代議員を選出する今の現実においては、投票の秘密が完全に侵害されている」と述べた。彼女によれば、唯一の候補者が代議員となることを全ての選挙人が知っている。事実上いかなる選出も存在せず、「あるのは指名、唯一の代議員候補者の承認だけだ」。「選挙」の日の承認の儀式は「選挙の高価な模造品」だ。「われわれと正反対のアメリカ合衆国においてさえ、六〇%の選挙人が買収されたり選挙への参加をやめさせられたりしているが、誰が選ばれるかは誰も知らない。わが国では誰もが知っている」。ドイツ民主共和国では代議員は五人の候補者から選ばれる。一人の候補者が一人の代議員を生むわれわれの「選出」方法は「地球上の一三〇—一四〇の国家における全ての選出方法の中で最も忌まわしく最も反民主主義的だ」(Смирнова 2012: 99)。

プィジコフは「現行の選挙制度の深刻な欠陥に関する人々の考えは完全に無視された」と述べているが(Пыжиков 2002: 134)、定数より多い候補者を立てるべきだとの人々の要望は寄せられ続けた(松戸 2017a: 37)。一九六〇—一九七〇年代には「選挙人の活動の発展や代議機関の改善に役立っていない」との指摘が公にもなされていた(ヒル 1984: 30)。

このためペレストロイカが始まると選挙制度改革が試みられた。一九八七年一月に開かれた党中央委員会総会の決議は、社会生活の民主化の決定的な方向の一つは選挙制度の改善だと述べ、「ソヴィエトの代議員候補者の推薦と審議の実際を形式主義の要素から解放すること、より多い数の候補者に対する自身の態度を表明し、全ての段階で選出プロセスに効果的に参加する可能性を選挙人に与えることが重要だ」と指摘した(КПСС 1989 : 357)。

これを受けて、一九八七年春の地方ソヴィエト選挙では実験的に「大選挙区」での選挙もおこなわれた。こうした選挙区に推薦された候補者の数は定数を上回り、選挙人の過半数の票を得た候補者が当選とみなされた。当選者の数が定数を上回った場合は、より少ない票を得た者は予備の代議員とされ、任期中にソヴィエトから代議員が抜けた際に、その議席は当該選挙区で最多の票を得た予備の代議員に移るとされた(Кузьмин 1987 : 66)。

一九八七年六月のソ連最高会議では最高会議幹部会議長アンドレイ・グロムイコが、民主主義を一層深化させる道における重要な一歩はソヴィエトの権威と役割の向上であり、「最近おこなわれた地方ソヴィエト選挙はこれを大きく促した」、「定数を複数とした選挙区のある実験をおこなったソヴィエト選挙の実践は、わが国の選挙制度に重大な変更をおこなう必要性を裏づけている」と述べた。キルギス共和国選出の代議員は次のように述べた。複数の定数でおこなわれた選挙は「人民の発意と活発さの多大な高揚を引き起こした。選挙の新たな手順はわれわれにとって民主主義の本物の学校だった」。われわれの地区では地方ソヴィエトに五二〇人の代議員と一四〇人の予備代議員が選出された、「これは、自身がペレストロイカの熱狂者であることを示した、ふさわしい人々だ」(ВС 1987 : 144, 176)。

この選挙についてチェグリネツは「この本質は、市民に、彼らの考えによって複数の候補者の中から代議員を選択する可能性が与えられる点にある」と指摘している(Чегринец 2013: 128)。それまでの「競争なき選挙」と較べるならば、この試みが実際に「人民の発意と活発さの多大な高揚を引き起こした」面もあったのかもしれない。

しかし、この実験的な試みが続けられることはなかった。ペレストロイカの急進化に伴い、複数政党制が認められ、一挙に競争選挙へと移行したのである。

5　代議員のリコール

ふさわしい候補者の選出とともにソヴィエト政権の成立当初から「特別な意義を有する」とされていたのが代議員のリコールだった(Николаева 1964: 223–224)。一九一七年一一月二四日付全ロシアソヴィエト大会布告「代議員のリコールの権利について」では、選挙人によるリコールの権利が存在しないならば、選挙による機関の一つたりとも真に民主主義的とみなされることはあり得ないと謳われた。二八年七月二三日付全ロシア中央執行委員会特別決定「代議員のリコールについて」でも「選挙人による代議員リコールの権利はソヴィエト民主主義の最重要形態の一つである」と述べられていた(Смирнова 2012: 155–156)。

この頃は最下級のソヴィエトだけが直接選挙で、より上級のソヴィエトは一段下のソヴィエトが選出する積み上げ式の選挙だったが、一九三六年制定のソ連憲法とこれに基づく選挙規程によって全てのソヴィエトが直接選挙となった。三六年憲法は第一四二条で「法律で定められた手続に従い」、いつでも代議員をリコールすることができるとも定めた(Сборник 1975: 23)。

しかし、スターリン期にはこの手続を定める法律が制定されず、リコールの権限は行使されていなかった(Коток 1967: 59)。スターリン死後初めて開かれた一九五六年二月の第二〇回党大会でフルシチョフは「与えられた信頼に応えなかったソヴィエトの代議員は、選挙人によってリコールされ得ると憲法で定められている。選挙人の信頼に応えなかった代議員に対してこの規定は常に適用されているわけではない」、「憲法で定められた全ての規定を厳格に遵守しなければならない」と指摘した(XX съезд 1956: 92)。五七年一月二二日付党中央委員会決定は、憲法で定められたリコールの権利が「所定の手続の欠如故に事実上用いられていないことを考慮し、連邦構成共和国および自治共和国の最高会議幹部会は、地方ソヴィエトの代議員のリコール手続を定めた規程を近いうちに策定しなければならない」と指示した(КПСС 1986a: 161)。五九年一〇月三〇日付でソ連最高会議代議員のリコール手続に関する連邦法が制定され、ロシア共和国では共和国最高会議代議員のリコール手続法が五九年一一月二六日付、地方ソヴィエト代議員のリコール手続法が六〇年一〇月二七日付で制定されるなど各共和国でも代議員のリコール手続法が制定されていった。「当該選挙区の選挙人の過半数の決定」という要件を満たして実際に代議員がリコールされる例も各地で見られるようになった(松戸 2017a: 76–77)。

こうして、一九六四年に刊行された『ソヴィエト社会主義的民主主義』では、手続法の制定によって「社会主義的民主主義の基本的な定めの一つ、ソ連における真の人民権力の表現、すなわち選挙人に対する代議員の現実の責任を保障する代議員リコールの権利が完全に実現された」と指摘された

(Митин 1964: 12)。六六年の第二三回党大会ではソ連最高会議幹部会議長ニコライ・ポドゴルヌイが「自身の選出者に対する勤労者の要求はますます高まっている。人々は代議員について、何よりも彼がいかに共産党の計画を実現する手助けを実際にしているかということで評価している」と述べ、人民の要求を物語っているのが「推薦された候補者の忌避および信頼に応えなかった代議員の選挙人によるリコールの例だ」として、昨年は全てのソヴィエトから三五〇人を超える代議員がリコールされたと指摘していた(XXIII съезд 1966: 242)。

二〇〇万人ほどもいた代議員全体と較べればリコールされた代議員はごくわずかだが、数の問題ではないと指摘されていた。たとえば上述の『ソヴィエト社会主義的民主主義』は、ベロルシア共和国最高会議代議員であるコルホーズ議長がいんちきと詐欺をおこなっていたことを知ったコルホーズ員がリコールを訴え、一二九の集会が開かれて、票決に参加した一万二〇八〇人のうち四人が反対、一〇人が棄権し、一万二〇六六人が賛成した例などリコール成立の例をいくつか紹介した一方で、一九六〇年のリコールの例は代議員総数の〇・〇〇五%だったと指摘し、「選挙人は実際に、最良中の最良の生産者、原則に忠実で人民の利益の擁護に確固たる態度を示す活発な社会活動家をソヴィエトに送っている」ため、リコールされる数は「ごくわずかだ」と述べている(Митин 1964: 12, 101)。おそらくハリコフ法科大学所属のロスロフも「代議員総数と較べると、リコールされた代議員の数は実に些細なものだ」と指摘したうえで、「問題は、リコールされた代議員の数にあるのではなく、社会主義的民主主義の機能している制度として選挙人が代議員をリコールする権利が実際に行使されているところにある」と述べていた(Рослов 1985: 35)。前述のフリードガットも、代議員のリコールの例はわずかではあるが、地方当局との関係においてある種の権限を市民が与えられる手段の一つとみなされなければならないと述べていた(Friedgut 1979: 137)。

このように、リコールの例は多くはなかったものの、全てのソヴィエトの代議員に対するリコールの権限を選挙人が有し、実際にその権限が行使されてもいたことは「人民の権力」たるうえで決して無意味ではなかった(リコールやその後の補欠選挙については『ソ連という実験』(松戸 2017a: 75–79)も参照してほしい)。

6 「参加民主主義」としての選挙

「選挙における民主主義はその組織にある。選挙の準備と実施に、社会団体、勤労集団および市民が直接参加している」と主張されていたように(Рослов 1985: 32)、ソヴィエト民主主義では人民自身が選挙を運営することも重視されていた。選挙のたびに、選挙区には選挙区選挙管理委員会が、選挙区の中に設けられる投票区には投票区選挙管理委員会が設けられ、代議員総数をはるかに上回る膨大な数の委員が選挙人の中から選出されて活動していた(松戸 2017a: 43–62)。ここでは一例だけ紹介しよう。

ロシア共和国最高会議選挙に関する中央選挙管理委員会の一九八〇年一月一一日の会合では共和国最高会議幹部会書記が、全九七五選挙区の選挙管理委員を任命したこと、前回の選挙より約五〇〇〇人多い一万四六二五人が社会団体と勤労集団から推薦されたことを紹介し、「このことはわれわれの選挙制度の深い人民的な性格について今一度説得力を持って証明している」と述べていた。選挙管理委員に選出されたのは、党員・党員候補が七一八六人、非党員が七四三九人、女性が七三一一人、三〇歳未満が五五五〇人、労働者とコルホーズ員が七九六二人であることも紹介された(ГАРФ: 13/4839/71-72)。

この委員会の一九七九年一二月二一日の会合では中央選挙管理委員会書記が「わが国の選挙制度のこの深い民主主義は、選挙の準備と実施のための活動へ広範な人民大衆——数百万人の勤労者を引き入れていることに何よりも現れている」と述べ、「その証拠はわれわれの委員会の構成だ」として次の指摘をした。中央選挙管理委員会の二九人の委員のうち一四人が労働者とコルホーズ員、六人が科学・文化・教育の従事者、一一人は非党員、社会主義労働英雄が七人で、「このように人民自身が、その権威ある代表者が自身の全人民選挙の実行を指導している」。同じ会合で「私はただの織女工だ」と述べた委員会副議長ゴルベヴァは「私は、私を自分たちの代表として中央選挙管理委員会の構成員に推薦した職場の同志たちに心より感謝している。この委員会の副議長に任ぜられたことで私には多大な信頼が示された」、労働者たる私にこのような高位の機関での仕事が任されているとき、「私が思うに、ここには真のソヴィエト民主主義もある」と語った(ГАРФ: 13/4839/9-10, 13-14)。

同じ委員会の一九八〇年二月二二日の会合では機器製作工場で働くラムピロヴァが「私はこれほど高い水準〔の組織〕で発言したことは一度もなかった。このため私はとても興奮している」と発言していた(ГАРФ: 13/4839/174,〔　〕内は松戸)。

ゴルベヴァとラムピロヴァの発言を言葉通りに受け取ることができるならば、選挙管理委員会への参加が「民主主義」を強く実感させた例と言えるだろう。

先に紹介したように、プィジコフは新憲法制定の際に「現行の選挙制度の深刻な欠陥に関する人々の考えは完全に無視された」と指摘したが、選挙管理委員やソヴィエトの代議員として大勢の市民を引き入れた点については「ここに真の人民民主主義の最も広範な展開が見られた」との評価を示している(Пыжиков 2002: 134)。

(1) 筆者自身も前著『ソ連という実験』では、一党制で政権交代の可能性がないことの重大さを指摘し、「ソ連の政治制度を何の留保もなしに民主主義的と呼ぶことはできない」との評価を示してソ連の民主主義を「一党制民主主義」と呼んだうえで、論争的な問題提起をした(松戸 2017a: 32-37)。本書ではソヴィエト民主主義の理念をより忠実に示すことを目指し、こうした留保をしていない。もちろんこれは、ソヴィエト民主主義が「真の民主主義」だったと認めることを意味していない。

(2) 「マクファーソン」については終章の第三節も参照してほしい。

(3) この著作の旧版は一九六四年刊行で、田中は「新版刊行にさいしては……六〇年代前半……に書かれた旧著の問題意識と認識をそのまま再現する……」と記している(田中 1983: v)。このような著作の新版が八三年の日本で刊行されていたということも、ソヴィエト民主主義に関わる歴史的事実の一つと言えよう。

(4) 一九二〇年代末からの「全面的集団化」を経て、原則としてソ連の農業・農民は協同組合であるコルホーズ(集団農場)と国営のソフホーズ(ソヴィエト農場)に集団化された。コルホーズの組合員は一般に「コルホーズ員」「コルホーズ農民」と呼ばれた。

(5) 宇野重規は「個人が経済的・社会的に隷属した状態では、どれだけ公共的議論による政治が存在しても不十分です。……人々の経済的・社会的解放なくして民主主義はありえないのです」と述べている(宇野 2020: 60)。この指摘は、本文で紹介した『ソヴィエト社会主義的民主主義』の主張と重なるように見える。

(6) 一九三六年憲法が「大テロル」の妨げとならなかったことは重大な問題である。ソ連でもペレストロイカの進展に伴い、憲法の宣言が「無法と専横を阻止しなかっただけでなく、これらの効果的なカムフラージュの役割を果たし、同時に、邪悪な悪業をおこない、無実の人々を虐待し、殺害すること……を許した」ということがどうして起こり得たのかとの指摘がなされていた(Яковлев 1989: 212)。この問題についてはひとまずウェンディ・ゴールドマンの論文を参照してほしい(ゴールドマン 2017)。

(7) 期待されただけではなく、本文でも見るように実際に少なからぬ役割を果たしていた。シベリアの都市オムスクに関する研究は、同市にいた一万人を超える代議員は、重要な政策決定に関わることはなかったとはいえ、文化・生活上の差し迫った問題の解決に際して住民を支援していたと認めるべきだとの評価を示している(Сизов 2003: 19)。

(8) 一九五八年一月一日現在で共和国一五、自治共和国一八、自治州一〇、クライ(地方、道、辺区との訳もある。)六、州一一七、市一六四一、農村部の地区四〇五三、市内の地区四一三、居住区二七七五、村ソヴィエト四九七一六が置かれていた(СССР 1958: 5)。

(9) 最高ソヴィエトとの訳も見られる。連邦・共和国・自治共和国における最上位のソヴィエトという点では最高ソヴィエトとの訳のほうが一貫していると言えるが、最高会議との訳が定着しており、筆者も長くこの訳を用いてきたので、本書でも最高会議とする。

(10) この記事は中澤精次郎も紹介している(中澤 1992: 296–298, 314–319)。

(11) 一九七二年九月二〇日付で制定された連邦法「代議員の地位に関する法律」は代議員の職責や権限などを定めたが、必ずしも遵守されてはいなかった(松戸 2017a: 140–148)。

(12) 競争選挙ではなく、無投票での選出こそが望ましいとする「論理」は他に例がなかったわけではない。

青木康によれば、イギリスでは「一八世紀の下院議員の多くが、今日の私たちの感覚からすれば選挙とは呼びにくい「無投票」当選という形で選出され、しかも、しばしば、そのような形の選出こそが望ましいと感じられていた」。議員の選挙は「地域共同体としてのひとつのまとまった意思を表明する機会」であり、「競争選挙」は「地域共同体の内部に見解の分裂があることを露呈するもので、むしろ好ましいことではなかった」(青木 1997 : 229)。ソ連には利益の対立する階級が存在せず、個人と社会の利益が一致しているとの前提に立つならば、全員の利益を代表する候補者を全員一致で選出することが望ましいというソヴィエト民主主義の論理も成立し得るだろう。代議員候補者の忌避、交代、落選については『ソ連という実験』も参照してほしい(松戸 2017a : 67–75)。

(13) 当時ソ連共産党中央委員会には、各地の党機関を統括する部局としてロシア共和国管轄党機関部と連邦構成共和国管轄党機関部(ロシア以外の共和国を管轄)が置かれていた。

(14) 市党委員会第一書記は事実上市の最高権力者である。そのセドフが「市の勤労者の文化生活サービスの改善に配慮を示さず、商業の巨大な欠陥の除去、児童施設網の拡大に向けた不可欠の方策をとらなかったために」アレクシン縫製工場の労働者と職員の集会は州ソヴィエトの代議員候補者から外すことで「不信任」を突きつけたと見ることもできる。

(15) これが「重要な政治的成果」とされるのは、ソ連憲法第一条で「ソヴィエト社会主義共和国連邦は、労働者、農民および知識階層ならびに国の大小全ての民族の勤労者の意思と利益を表明する社会主義的全人民国家である」と定められているためだろう。

(16) ユルチャクは、インナという女性の「私たちは一度も投票に行きませんでした。選挙やデモ行進などは無視したのです」との発言も紹介している(ユルチャク 2017 : 174)。学生時代のことのようで、学生だったために代議員と関わらずに暮らせたのかもしれないが、事実であれば、ユルチャクの主張とは異なり、投票行為自体にも意味を見出だしていなかったことになる。ユルチャクの指摘については筆者による書評

(松戸 2019)も参照してほしい。

(17) 選挙規程・選挙法の規定は競争選挙の可能性を排除しておらず、投票用紙に候補者全員の名が記載され、賛成票を投ずる候補者の名を残して他の候補者の名を線で消す方式だった。実際には候補者は一人しかいなかったため、その候補者の名を消したことで反対票を投じたことになる。なお、報告書の地の文では「ソヴィエト議長」とあるが、書き込み例には「執行委員会議長」とあり、「官僚主義者」との書き込みもあるので、市長に当たる執行委員会議長が正しいと判断した。

第二章　公認された自由は実現されたか

第一節　憲法が保障した自由

ソヴィエト民主主義は自由主義を否定したが、自由全般を否定したわけではない。一九三六年制定のソ連憲法では第一二五条、七七年制定のソ連憲法では第五〇条で、言論、出版、集会および会合、街頭行進および示威行動の自由が保障されると明記されていた。ただし、これらの条文には「勤労者の利益に従い、社会主義体制を強化する目的で」(三六年憲法)、「人民の利益に従い、社会主義体制を強化し、発展させる目的で」(七七年憲法)との限定が付されていた。ソヴィエト民主主義の論理では、「勤労者や人民の利益に反する自由」や「社会主義体制に反対する自由」は、政治的経済的社会的に実現されたことになっている民主主義を損ね、人間による人間の搾取を復活させるおそれがあるため当然に否定されるべきものだった。

自由民主主義の考え方ではこの論理は受けいれられるものではない。このため、ソ連では上記の自由は実際には認められていないとの批判が主に西側諸国で見られた。

社会主義に共感を抱く人々の中にも、体制や政権を批判する自由が認められていないことは問題だと考える人がいた。たとえば「ブルジョア民主主義的自由が形式的擬制的であるに反して、プロレタリア民主主義的自由がすぐれて実質的現実的である」と述べる平館利雄は次の自問自答もしていた。多くの書物で資本主義諸国との比較がおこなわれ、ソ連では「政府や党に反対することはもちろんできないし、思想の自由すらない。……言論、出版、集会、示威行動の自由は擬制にすぎない」とされる。「政府に反対する自由があるかないかが、自由の価値を測定する上で最後のきめ手のようである。そしてソ同盟では現在、政府や党の決定に反対する自由がないのであるから、この点でまことに悪い立場にあるといえる」(平館 1961: 61, 166–167)。

平館は「これを弁護することができる」として「社会主義社会は……階級対立のない社会であるから、政府は国民全体を真に代表する、それで市民はこれに反対することができない」と述べるが、「この弁護論は階級観念のない人やうすい人を説得することができない」と認める。また、時々の政府が国民全体の利益を真に代表するかが問題であり、今日ではスターリン政府が真に国民の利益を代表したといい切れる人はないだろう、「だからソ同盟の市民にも政府に反対する権利があってもよいということになる。弁護論は反対に否定論になる」とも言う(平館 1961: 167–168)。

ここで平館は「立論の出発点に立帰ってみよう」として、「真の自由は国家が消滅したときはじめて実現される。……この自由は市民的自由のいっさいをふくむだろう。言論、思想、集会、結社の自由が共産主義的基礎の上に新しい内容をもって再現するのは、この時である。この時には政府反対の自由も実現される。と同時に、もはや政府反対の理由も存在しなくなるだろう」と述べるが、政府に反対する権利は反対の理由が存在する時こそ必要であり、反対する必要がなくなった時にその権利が与えられても何にもならないとの反論に言及して、「たしかにこのことは、たんにブルジョア的自由の代弁者の反論としてだけではなく、社会主義国として真剣に考うべき問題である」と認める。平館は「社会主義国の政策は党および最高会議において充分批判をつくし、討議をつくして決定されるから、誤りを犯すことは滅多にないだろう」と述べつつも、それでも重大な誤りが犯されることは歴史が実証している、「それならば、このような誤りを正す最後的保障を何に求むべきかといえば、市民的自由以外にはないだろう」と自答するに至った(平館 1961: 167–169。平館の自問自答は「それでは、過渡期における市民的自由はどの程度許容さるべきであるか」と続くが、省略しよう)。

一方、ソ連の政権の認識はこれと真っ向から対立するものだった。新憲法案を審議した一九七七年五月の党中央委員会総会で書記長レオニード・ブレジネフは「「各人の自由な発展が万人の自由な発展の条件である」という『共産党宣言』の有名な言葉は実際にわが国の基本原則となった」、「案にはソ連市民の政治的な権利と自由がより完全に定式化されている」(太字は原文)、「現行憲法にも記されている言論、出版、集会、会合、街頭行進および示威行動の自由が完全に確認されている」と述べたうえで、次のように続けた。「市民の権利と自由は、われわれの社会体制に反して、ソヴィエト人民の利益を損なって行使されることはできないし、行使してはならないということに憲法案は立脚している」、このため憲法案には「市民による権利と自由の行使は社会および国家の利益ならびに他の市民の権利に損害を与えてはならないこと、政治的自由は勤労者の利益に従って、社会主義体制の強化のために与えられること」が書かれている。「必要なのは、自分の権利の主要な保障は祖国の力と繁栄だと各自が自覚することである。そのためには、各市民は社会に対する自分の責任を感じ、国家と人民に対する自分の責務を自発的に果たさなければならない」(Брежнев 1978: 380–381)。

新憲法を採択した一九七七年一〇月のソ連最高会議ではブレジネフは「ソ連市民が、自身の権利と自由を、その行使の道と方法をよく知るよう、市民がこれらの権利と自由を共産主義建設のためにうまく用いることができるよう、自身の市民としての義務の良心的遂行と権利および自由との不可分の結びつきを明確に理解するよう、われわれは望んでいる」とも述べていた(Брежнев 1978: 545)。

権利や自由を義務と一体のものとする指摘はソ連で一貫して見られた。たとえばシャフナザーロフは一九六〇年刊行の著書で「広範な社会的および政治的な権利を市民に付与すると同時に、社会主義国家は市民に、それなしには社会が存在し得ない一定の義務を課している。すなわち、誠実に働く義務、法を遵守する義務、軍役に就く義務、軍事侵攻された場合に祖国を守る義務を」と述べていた(Шахназаров 1960: 95)。

権利と自由に限定が付されたうえに義務と結びつけられさえすることは不自由に見えるが、ソヴィエト民主主義の考え方に基づけばそうではない。シャフナザーロフによれば、「各人の利益が全員の利益と一致する社会では……人間は、自身の個人的な利益と社会的な利益との一致を深く意識すればするほど、その振る舞いにおいて完全に自由となり、同志たちのため、集団のため、社会全体のために振る舞うよりも他の、あり得べき個人的な自由の現れを見ないし、思い起こさない」(太字は原文)(Шахназаров 1960: 95)。

こうした主張は一九八〇年代になっても見られた。たとえば八三年六月一六日のソ連最高会議ではバシキール自治共和国選出の代議員が、同自治共和国では企業の討議集会で参加者の多数が「ソ連の人間の権利と義務が不可分であることへ注意を向け、多くのものが与えられている者からは多くのものが求められもすることについての考えを述べた」と語っていた(BC 1983: 129)。この代議員または討議集会の参加者が「公式見解」を述べていた可能性もあるが、権利と義務が不可分という考え方を受けいれていた人々はおそらく少なからず存在した(第三節参照)。

第二節　公的回路を通じた「対話」

ソ連では狭義の政治活動は制限されていたが、人々が不満や要望を国家機関や党機関に伝えることは認められていた。人民の権力というソヴィエト民主主義の理念からも、民意を汲み取って統治を安定させる必要からも、政権は人々の不満や要望に応答することを重視し、人々と政権の間に疑似的な「対話」がおこなわれていた。

「対話」の主な回路には、選挙、手紙と面会、全人民討議があった。第一章第四節で扱ったように、選挙の際には選挙前集会での候補者の推薦または忌避によって、候補者への賛成または反対の投票によって、投票用紙への書き込みや投票箱に投ぜられたメモによって、選挙人の意思が表明された。政権側もこうした意思表示に注目し、何らかの対応もしていた。こうして選挙は「対話」の重要な回路として機能していた。全人民討議については本章第三節で取りあげるので、本節では手紙と面会による「対話」について述べる。

1 「個別救済の制度化」

ソ連における手紙や面会による「対話」については『ソ連という実験』でも紹介し(松戸 2017a: 190–215)、「個別救済の制度化」として整理したこともある(松戸 2018)[1]。これらも利用しつつ、手紙と面会への対応が制度化されていった様子を簡単に確認しておこう。

一九五六年二月の第二〇回党大会がソヴィエト民主主義の発展を訴えたのち、五七年一月二二日付ソ連共産党中央委員会決定「勤労者代議員ソヴィエトの活動改善およびソヴィエトの大衆との結びつきの強化について」は、執行委員会とその部局の指導者は定期的に面会をしておらず、「市民の正当な要望は多くの場合に解決されていない」と指摘した。五八年八月二日付党中央委員会決定「勤労者の手紙、苦情および訴えの検討における深刻な欠陥について」は、勤労者の苦情と訴えの検討に形式的、官僚主義的に対応し、この重要な問題にしかるべき政治的な意義が与えられていないことは許されないと批判した(KПСС 1986a: 161, 251–254)。

しかし状況は改善されず、一九六七年八月二九日付で党中央委員会決定「勤労者の手紙の検討および面会の組織に関する活動の改善について」、六八年四月一二日付でソ連最高会議幹部会令「市民の提案、訴えおよび苦情の検討手続について」が発せられた。順に簡単に紹介しよう。

一九六七年八月二九日付党中央委員会決定では「多くの党機関、ソヴィエト機関、労働組合機関および経済機関が手紙の本質と性格を分析せず、住民の苦情を呼んでいる原因と状況の除去のために有効な方策をとらず、価値ある提案の時宜を得た検討に十分な配慮をしていない」こと、要望と苦情へのいいかげんな対応が書き手の不満を呼んでいることが指摘された。面会の日時を定めず、勤労者の勤務時間外での面会をおこなわず、面会する職員が問題解決の権限を持たないことも批判された。そして、手紙に対する活動を最重要活動の一つと考えなければならないこと、訴えと苦情の検討に指導者自身か幹部職員が参加すること、手紙への不適切な対応に責任のある人物を厳しく罰すること、勤労者の批判的な指摘と提案を活動改善のために利用すること、手紙は原則として一か月以内に検討し、面会の日時を厳守すべきことが定められた(КПСС 1986b: 267–269)。

一九六八年四月一二日付ソ連最高会議幹部会令も、苦情と訴えを適切な時に検討せず、形式的な回答をする例があること、提案、訴えおよび苦情に関して採択された決定の遂行に対する監督が不十分なこと、国家機関、企業、施設および組織の指導者がしばしば提案、訴えおよび苦情の解決を忌避し、面会をしていないこと、苦情の原因が調査されず、その克服に向けた方策がとられていないことを指摘した。そして、活動の改善提案や欠陥の批判、苦情申し立ての権利の行使に不可欠な条件を市民に保障しなければならないと定めた。諸機関の指導者およびその他の公務員は自ら市民と面会すべきこと、面会は市民に都合の良い時間、必要な場合には夜間に勤務地と居住地でおこなうこと、諸機関の指導者は面会の実施に個人的な責任を有することなども定められた。訴えと苦情の解決期間も、問題を解決すべき機関に届いた日から一か月以内、追加の調査と点検を要さないものはどんなことがあっても一五日以内と定められた。さらに、手続違反、官僚主義的態度、事務遅滞、市民の迫害は法令に従って責任を問われるとしたうえで、国家もしくは社会の利益または市民の権利および利益に対する本質的な害の原因となる公務員の行為は刑事責任を問われると明記した(Сборник 1975: 354–357, 359)。

しかし、この幹部会令が「いくつかの省庁で」適切に適用されていないことが一九七〇年六月一日付ソ連最高会議幹部会決定で指摘された(Сборник 1975: 360–362)。七六年四月二八日付党中央委員会決定も「提案、要望および苦情の解決へのいいかげんで無関心な態度」がなおも存在していることを批判した(КПСС 1987a: 93)。

一九八一年に開かれた第二六回党大会における中央委員会報告では「市民の手紙、要望および苦情に対する敏感で注意深い態度を、全ての党の働き手、全ての指導者が人民の前、党の前での自身の義務と見なければならない」と指摘され、党機関の事務執行を監査する中央監査委員会報告では「市民の法的な権利への形式的で軽視した態度、要望の根拠のない拒否、手紙への時機を失した回答と方々で出くわさざるを得ない」、「欠陥への勤労者の批判的な態度は、時に何人かの指導者に……正当な指摘の書き手たちを迫害したいとの欲求を生んでいる」と指摘された(XXVI съезд 1981: 1/92–93, 106–107)。

こうした指摘と批判がなされた一方で、第二六回党大会に宛てて多くの手紙が送られていた。大会では「ソ連共産党第二六回大会宛てに届いた勤労者の手紙と訴え、共産党員のアピールの著しい部分が大会書記局によって検討され、不可欠な方策が取られたことを通知する。……大会に宛てられた勤労者の手紙と訴え、共産党員のアピールの検討を完遂し、これらに関してしかるべき決定を採択することを、ソ連共産党中央委員会に委任する」との決議が採択された(XXVI съезд 1981: 2/229–230)。一九八六年の第二七回党大会でも同様の決議がなされた(XXVII съезд 1986: 293)。

こうした様子からは、制度化されていったにもかかわらず手紙や面会への対応は政権が求めたようには実現していなかったこと、それでも多くの人々が手紙を送り、面会に足を運んでいたことがわかる。手紙や面会での訴えの内容や対応の様子をさらに見てみよう。

2　手紙による訴え

クレヴィグは、党中央委員会が党員の手紙を受けつけたり党員集会での発言について詳しい報告を受けていたりしたことを「党が社会を監視するシステムの一環」と捉えつつ、それでもこの回路を通じて人民の意見が中央権力の決定に何らかの役割を果たし得た可能性を排除することはできない、社会との「双方向の結びつき」に党指導部は多大な注意を向けていたと指摘した(2)(Кулевиг 2009: 35; Kulavig 2002: 23)。アレクサンドル・フォーキンは、クレヴィグのこの指摘を紹介しつつ「ソヴィエト社会は同質ではなく、政権への態度が多様な、様々なグループから構成されていた。安定を保ち、彼らを動員するため、党と国家は巨大な努力をしなければならなかった」と主張した(Фокин 2017: 98)。河本和子は「手紙の差出人は手紙を書くことによって政策形成過程に参入することを理解している。こうした参加のあり方は政権が呼びかけたものであり、これに応ずる人々が少なからずいたということである」との判断を示している(河本 2012: 192)。

このように手紙は政権と人々の間の「対話」の回路となっており、人々は率直に不満や要望を政権に伝えていた。一例として、プィジコフの著書に拠って、スターリン批判について周知した際の各地の人々の反応を見よう。市民ポベドノスツェフ(エレヴァン市)は手紙で「ソ連共産党中央委員会決定「個人崇拝について」を読んで、私は何度も憤慨した。この決定は、スターリンを卑しめようとフルシチョフによって書かれた。しかしスターリンは歴史の中に、進歩的な人間の心の中に永遠に生きる」と書いた。党機関紙『プラウダ』への手紙で市民クルィロフ(モスクワ市)は「これはなんたる党だ？ まだ「共産党」を名乗るのか？ これは共産党員の党ではなく、偽善者と腰抜けの群れだ！人民とのどのような「切っても切れない結びつき」についてこんな党が説明するというのか。党が人民によって理解されないことを恐れるならば、この恐れのために真実を語るのを恐れるならば、偽善をし、偽善をし、偽善をするのであれば、どんな「結びつき」についてだ」と書いた。党中央委員会の理論・政治雑誌『コムニスト』へ送った手紙でソコロフとビルィクは「農民に勤労の自由、休息の自由が与えられていると信じることは難しい。われらの恥だが、嫌悪を催す彼らの生活条件を見るならば、コルホーズには勤労農民にとっての生活の自由な息吹がないことがただちに明らかとなる」、「これはソヴィエト人民ではなく、あらゆる形態において囚人のようなもの、ただそれだけであり、彼らは実際には全てにおいて、勤労の自由、休息の自由、文化的生活〔の享受〕において拒まれている」と指摘した(〔 〕内は松戸)。市民アレクシンも『コムニスト』へ「人間の発展のための実際の保障を社会主義が与えていないとき、ソ連の人々に対してなんらかの社会主義的イデオロギーを要求することがどうしてできるのか。……国家統計を取り上げるのではなく、大部分のソ連の人々の実生活を取り上げよう。ソ連の人々の「具体的な経済」を取り上げよう。……これは全くの極貧なのだ」と書き送った。フィジコフによれば、同様の考えは多くの他の手紙でも示されていた(Пыжиков 2002: 58, 60, 64, 128)。

『プラウダ』『コムニスト』を初めとする新聞や雑誌も「対話」の重要な回路で、多くの手紙が送られていた。第二〇回党大会(一九五六年二月)と第二二回党大会(六一年一〇月)の間に『プラウダ』は二〇〇万通を超える手紙を受け取った[3](PKK: 1962/5/25)。ソ連政府機関紙『イズヴェスチヤ』は一九五八年に五万二〇〇〇通を受け取った。当時は焦眉の問題を避けるつまらない紙面だったので手紙が少ないのは当然だと指摘されていたが、五九年に紙面が大きく変わると同年に七万六〇〇〇通、六〇年に二一万一〇〇〇通、六一年に三二万八〇〇〇通と急増したという(PKK: 1962/3/66)。コムソモール中央委員会機関紙『コムソモーリスカヤ・プラウダ』は六六―六七年に平均して一日に約九〇〇―一一〇〇通、年間三〇万通の手紙を受け取り、その書き手は約八―一〇万人だったと指摘されている

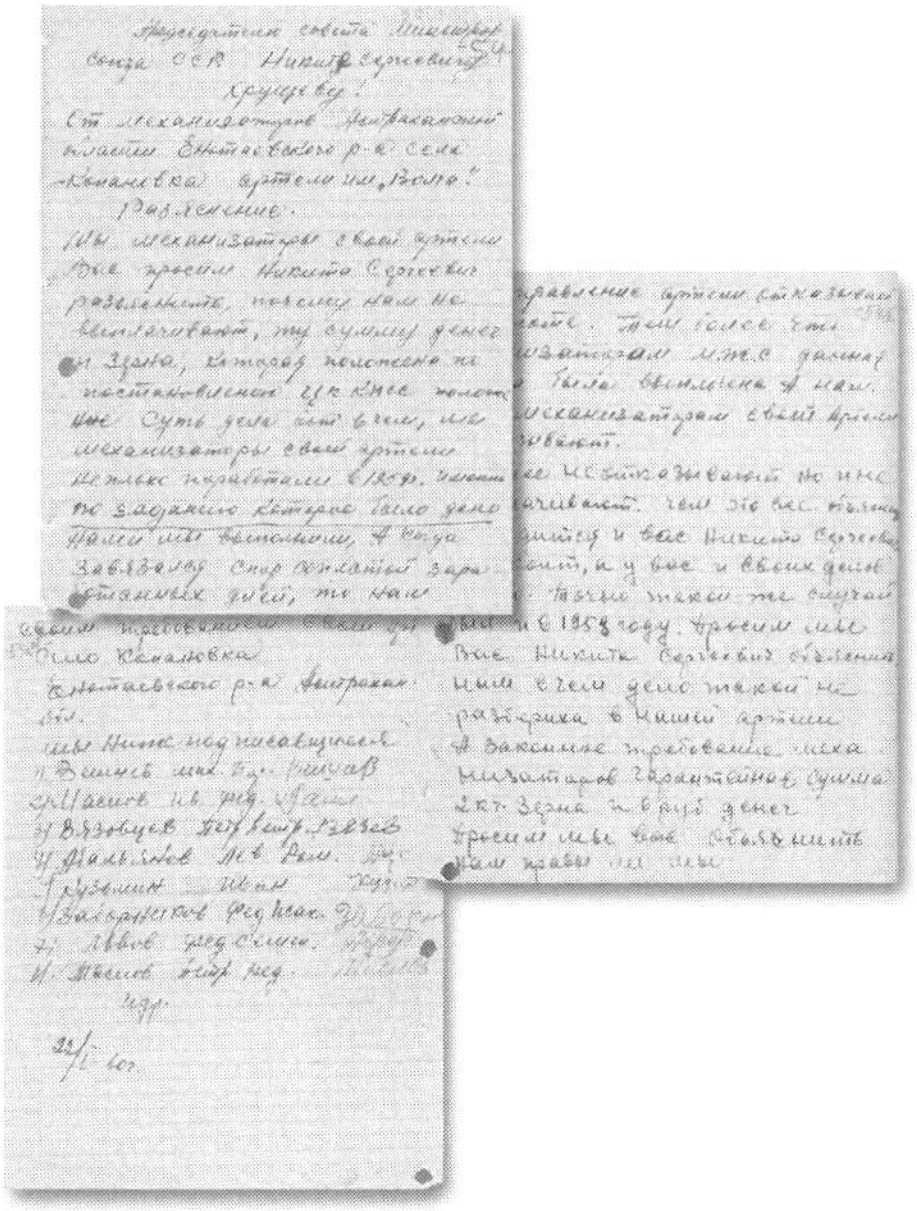

協同組合の管理部による賃金等の不払いの理由を説明するよう求める協同組合の機械化技術人員たちのソ連閣僚会議議長フルシチョフ宛て手紙
Хрущев. К 120-летию со дня рождения. Каталог историко-документальной выставки. М., РОССПЭН, 2015, с. 116.

(Грушин 2003: 178)。

手紙を受け取った編集部は、事実関係を調査して紙面に掲載したり、関係機関に対応を促したりしていた。シャフナザーロフによれば、紙面での批判的言及に「回答無し」ということはない、「これらが誰に訴えていようと、普通の労働者であれ、大臣であれ、その各々に説明が与えられ、欠陥克服のためにとられた方策について知らされなければならない」のだった(Шахназаров 1960: 58)。この主張に沿う一例を挙げよう。『コムソモーリスカヤ・プラウダ』は一九六四年末に「あなたは良好なサービスを受けているか」との調査を紙面でおこなった。読者六一二七人が手紙で回答し、商業・交通・生活サービス・文化・保健の分野の現状に重大な懸念を示して、その活動や従事者を厳しく批判した。『コムソモーリスカヤ・プラウダ』は、ソ連商業相、ソ連軽工業相、ロシア共和国自動車交通・道路相に調査結果を知らせ、各大臣とのインタビュー記事を掲載した(Грушин 2003: 416)。

手紙の検討をおざなりにすることは厳しく批判された。たとえば一九八〇年七月八日のロシア共和国最高会議幹部会で「ロシア共和国自動車交通省における市民の手紙の検討と個人面会の組織について」の審議がなされた際には、実情を点検した幹部会面会室〔幹部会の面会業務を担い、各地の執行委員会の面会業務等の監督もおこなう部局〕の室長代行が、同省では手紙で示された問題が事実上検討されないままとなっていること、解決策がとられていないにもかかわらず訴えと苦情が法の定める事務手続から抹消されていることを指摘した。そして、大臣と次官が昨年平均して月に三通ずつしか手紙を検討しなかったことに言及し、「手紙の多くは省の指導者を素通りしていく」と批判した。室長代行は、省の幹部会議が八〇年四月三〇日付決定で「市民が手紙で提起した問題は毎年毎年繰り返されている」と記したことを紹介し、「これは正しい。市民は毎年毎年手紙で同じ問題を提起している。市民の正当な要望を満たすための方策が現場で常にとられているわけではないためだ。欠陥の克服は遅れており、欠陥は繰り返されている」とも指摘した。この批判の後に発言した幹部会副議長の一人は、市民の訴えの検討や住民との面会は「民主主義の現れの諸形態の一つ」だと述べていた(ГАРФ: 13/5147/89, 91–92,〔 〕内は松戸)。

手紙の検討や面会に民主主義の現れを見るのはソ連の「公式見解」というわけではない。チェグリネツは二〇一三年刊行の著作で「手紙は国の管理への市民の参加の重要な形態の一つとなった」、手紙による市民の大規模な参加は「真の民主主義という雰囲気を作り出している」との評価を示している(Чегринец 2013: 16–17)。

3　苦情を訴える「戦略」

苦情や要望に関する研究では、成果を得るには「特別の知識を要する」と指摘されている。たとえば、責任があるとされる者を非難する「責任者摘発の戦略」、様々な地位を利用する「象徴的資本の利用の戦略」、問題を一般化する戦略、「苦難表明」の戦略、状況はいつまで続くのかと問う戦略などを用いる必要があるというのである(Чуева 2008: 99–101)。書き手が共産主義のレトリックによって党との一体性に光を当てようとしていたとの指摘もある(Кулевиг 2009: 61; Kulavig 2002: 46)。いずれも著名なソ連史研究者のスティーヴン・コトキンは、スターリン期の「社会主義建設」の過程で多くの人々が「ボリシェヴィキ語を話す」ことを修得していったと指摘し(Kotkin 1995: chapter 5)、シーラ・

フィッツパトリックはこの指摘に言及して、一九六〇年代以降の人々は「ボリシェヴィキ語のネイティヴ・スピーカー」だったと述べた(Fitzpatrick 2005: 25)。苦情を伝える上記の「戦略」を身につけることも「ボリシェヴィキ語を話す」一環だったと言えるかもしれない。

その一方で、特別な「戦略」を用いずとも、訴えには根拠があると確認されることによって訴えが認められた例もあった。その端的な例として、病的な常習飲酒者として強制治療を受けさせられた人々の訴えを紹介しよう。以下の記述は、ロシア共和国最高会議幹部会の面会室による一九七五年四月一〇日付「治療・労働診療所におけるアルコール中毒の強制治療に関する問題についての市民の訴えに関する通知」[4](以下、「通知」)に基づく。

通知はまず、市民の訴えが届くようになった経緯を説明している。一九六七年四月八日付ロシア共和国最高会議幹部会令「悪質な酔っ払い(アルコール中毒患者)の強制治療と労働再教育について」によって、内務省管轄の治療・労働診療所(以下、「診療所」)が設けられた。七四年三月一日付同幹部会令「常習的アルコール中毒患者の強制治療と労働再教育について」は、懲戒または社会的もしくは行政的感化の方策にもかかわらず治療を忌避したか、治療後に過度の飲酒を続けて労働規律、社会秩序または社会主義的共同生活の規範を侵すかした常習的アルコール中毒患者は強制治療と労働再教育のため一—二年の期限で診療所に送られると定めた。この幹部会令に基づいて診療所に送られた市民やその家族からの訴えが届き始めた。訴えは年々増え、六八年に五四、六九年に一〇三、七〇年に一一一、七一年に一四〇、七二年に一五九、七三年に一八七、七四年に二六〇となった。七四年に届いた訴えは主に、期限前の診療所からの解放、強制治療の決定の見直し、治療期間延長の決定の見直しに関する要望と、診療所での待遇への不満だった。訴えについて検察が点検したところ、裁判所は概して法の定めを遵守し、強制治療と労働再教育の決定を根拠に基づいて発していたと確認された（ГАРФ：13/4810/252-253）。

その一方で通知は、根拠のない決定がなされた例もあると指摘した。根拠のない一年間の強制治療の決定にストゥピシンが苦情を申し立て、人民裁判所の決定を上級のモルドヴァ自治共和国最高裁判所幹部会が破棄した例では「人民裁判所の結論は法に基づいていなかった」。ストゥピシンが強制治療の要件である「社会秩序や社会主義的共同生活の規範を侵したこと、社会的感化の方策が適用されたことに関する証拠はない」。「彼が家庭内で騒動を起こしたとの結論は確認されず、彼の妻は裁判所へ呼ばれなかった」。彼が酒盛りのかどで職場で戒告処分を受けたとの人民裁判所の指摘は「現実に即していない」。「労働規律の悪質な違反者だとの論証は虚偽だと確認された」（ГАРФ：13/4810/257-258）。

チモフェエフは、医師が強制治療は必要ないと結論したと訴えた。検察の点検によれば、「一九七三年一一月三〇日ノヴォシャフチンスク市人民裁判所によってチモフェエフは二年間の強制治療へ送られた。送致の必要性に関する決定はノヴォシャフチンスク市〔の警察を管轄する〕内務部によって一九七三年八月三〇日に作成された」。決定の根拠として引用された医療協議委員会の証明書が作成されたのは「一九七三年一一月三〇日、すなわち人民裁判所で資料が検討された日で、警察職員による資料作成から三か月後だった」。チモフェエフを常習的アルコール中毒患者とする医療協議委員会の結論は「根拠がなかった」。「精神病院の一九七三年九月四日付証明書によれば、チモフェエフはアルコール中毒の治療中で、強制治療は必要なかった」。チモフェエフが「治療を忌避したか、または治療を終えたのちに過度の飲酒を続けたことに関する証拠はない」。ロストフ州裁判所幹部会は市人民裁判所の決定を破棄した(ГАРФ: 13/4810/258,〔 〕内は松戸)。

クレメンチエフは、診療所での労働への不適切な賃金支払いと懲罰房への根拠のない収容について苦情を申し立てた。診療所副所長の決定によってクレメンチエフは、職長の指示を遂行せず作業を混乱させたかどで懲罰房に五昼夜入れられた。ムルマンスク州検察庁の点検では「違反は確認されず、このためこの決定は破棄され、診療所副所長の懲戒責任に関する問題が提起された」。「作業量に対する労賃の不適切な加算についても確認された」。「賃金の再計算を速やかにおこなうこと、クレメンチエフが実際におこなった作業を考慮して彼に支払うこと」が診療所所長に提案された(ГАРФ: 13/4810/260)。

通知の説明を読む限りではこれらの苦情は特段の「戦略」を用いてはいないようだが、検察の点検によって訴えには根拠があると判断され、当初の決定が上級の裁判所によって破棄されている。他方で、通知によれば、診療所に送られた人々が自分に都合の良い内容の苦情を送ることも多かった。たとえばチェルヌィショフは強制治療の決定への苦情で、病気の妻と七―一三歳の三人の子を養っていることを挙げた。アルタイクライ検察庁の回答では、チェルヌィショフは常習的にアルコールを過度に摂取し、酔って妻と子を侮辱し、殴打し、定職を持っていなかった。診療所へ送られたが、戻ると過度の飲酒を続け、軽微な無頼行為で二度責任を問われ、一度ならず泥酔者収容所に入った。妻は裁判所の決定に賛成で、チェルヌィショフと一緒に暮らし続けることは望まないと述べた(ГАРФ: 13/4810/255)。なお、軽微な無頼行為とは行政罰を科される違法行為である(第四章第三節を参照してほしい）。

こうした根拠のない苦情も多かったが、それさえも無視はされず、検察が点検をおこなったうえで事実無根と判断されていた。

4 面会による訴え

市民との面会を組織的におこなって苦情や要望を汲みとる努力もなされていた。たとえばモスクワ市のレーニン地区とフルンゼ地区では全ての組織で月曜日が「住民の統一面会日」とされ、一〇—二〇時に幹部職員による面会が事前の予約なしにおこなわれるようになり、この対応は「モデルとなる」とされていた。こうした対応に加えて、「市民による苦情と訴えの提出にとって最も都合の良い条件を作り出すため」多くのソヴィエトの執行委員会で面会時間外にも個別に面会がおこなわれていた（Козлов 1959: 30–31）。

ロシア共和国アルタイクライ執行委員会での面会は、祝日と休日も含めて毎日一〇—一八時におこなわれた。移動が困難な老人や障碍者の訪問に支障がないよう一階に面会室が配置され、訴えを書く筆記用具も備えられていた。執行委員会の議長、副議長、書記、委員、部局の幹部が面会を担当し、担当者の姓名と役職を記した面会日時の予定表が掲示・ラジオ・テレビ・新聞で周知された。一九六八年と六九年の六か月間に訪れた市民の八一％とは執行委員会議長、副議長、書記、委員が面会した〔残りは部局の幹部が面会した〕。四半期ごと、一年ごとに提案や苦情が分析され、執行委員会議長は部局の幹部と作戦会議を開いて、活動で怠慢を示した者の説明を聴取し、改善を具体的に勧告した。こうした方策の結果、クライ執行委員会の全部局への提案等は、六六年の三二〇四のうち提案が一一三、訴えが二六七三、苦情が四一八だったのに対し、六八年の二六四六のうち提案は四五一、訴えは一九八〇、苦情は二一五となった(Гордеев 1969: 35, 38, 40,〔　〕内は松戸)。

キルギス共和国トクマク市の執行委員会でも面会の日時は「住民に最も都合よく、訴えた者の合法的な要求の充足のため最大限の注意が向けられるように定められている」と指摘されていた。二交代の勤務に就いている住民のことを考慮して、執行委員会議長の面会は金曜の一四―一九時、副議長は火曜の一四―一九時および木曜の九―一三時と一四―一九時、書記は月曜の一四―一九時と定められていた(Аксянов 1968: 6–7)。勤務形態は一概には言えないが、八―一六時と一六―二四時のような二交代勤務が考慮されている。

ロシア共和国最高会議幹部会の面会室の一九七一年七月―一九七五年四月の活動報告によれば、一二万四四〇〇人が面会室を訪れ、五万一八八〇人が手紙を送り、合計で一七万六二〇八の市民の訴えがあった〔下二桁が合わないが、〇八か八〇のいずれかだろう〕。内訳は、恩赦の請願が四万八六六〇(面会のみ)、住宅問題が五万四四九八(面会三万三三二三、手紙二万一一七五)、社会保障問題が一万四八四〇(面会六七八八、手紙八〇五二)、裁判所と検察の決定への苦情が一万二六一七(面会七九六九、手紙四六四八)、居住許可の申請〔居住許可が必要な都市があった〕が一万〇一四九(面会七八四三、手紙二三〇六)、労働問題が八三六八(面会五六七五、手紙二六九三)だった。問題解決のため関係機関に六万五五六七通の手紙が送られ、二万二九〇七通の回答を得た。六二四七通の回答によれば、要望は肯定的に解決された(ГАРФ: 13/4810/278–280,〔　〕内は松戸)。幹部会面会室から手紙が送られたことによって現地当局が問題解決に動き、要望がかなえられたのである。

一九七五年一―九月には面会室に次の苦情があった。たとえば住宅問題では、イヴァノヴォ州シュヤ市スヴェルドロフ通りの集合住宅に住む四六人が、建物一階の食堂が全ての水を消費して上の階には水が全くこないか断水することが多い、住宅管理局は対応していないと伝えてきた。面会室の手紙にシュヤ市執行委員会は、欠陥は克服され、克服の遅れに責任のある人々は罰せられたと答えた。同州キネシマ市のグレボフ、コロソヴァおよびその他(三五人の署名)は、未完成の建物(ガス施設が故障し、ドアと窓が閉まらず、踊り場は修理が必要)に入居して半年になるが、何もなされていないと伝えてきた。訴えは州執行委員会議長へ送られ、欠陥は除去されたと回答があった。ゴーリキー市のフィリポフ、メルクリエフおよびその他の苦情によれば、二年間、上層階では水が全く出ず、電力は途切れがちで、部屋は寒く、エレベーターは昼しか動かない。面会室の手紙に州執行委員会は、欠陥は克服されたと返信した。労働問題では、クラスノダールクライのチシチェンコの苦情によれば、ずる休みのかどで解雇され、裁判所へ訴えたが、復職は拒否された。二年間、彼は裁判所の決定を破棄させようと努め、働いていなかったため、一年の矯正労働に処せられた。点検した共和国検察庁によれば、解雇は根拠がなく、検察の異議申し立てで裁判所の決定は破棄されて、チシチェンコは復職した。ソルダトフとロゴフの訴えでは、私的所有の家の取り壊しと土地接収に伴う金銭補償が長く支払われていなかった。州執行委員会〔どこの州かは記載なし〕は要求に根拠があると認め、補償は支払われた(ГАРФ: 13/4810/54-55, 65, 68, 109,〔　〕内は松戸)。

今見たように、ロシア共和国最高会議幹部会の面会室は、訪れた市民との面会をおこなうだけではなく、届いた多くの手紙にも対応していた。省庁や各地の執行委員会など中央・地方の様々な機関にも面会室が設けられて、組織的な活動がなされていた。(5)

しかし、面会が常に適切におこなわれていたわけではなかった。たとえば一九七〇年一二月一六日のロシア共和国最高会議幹部会において住民生活サービス省と商業省の状況が審議された際には、現地での事前の点検によって「市民の面談の組織に深刻な欠陥がある」と指摘されていた。商業省の七人の次官のうち七〇年一―三月に市民と面会したのは二人、八―一〇月には三人で、七〇年の九か月間に次官イヴァノフが面会したのは二人、次官セルギエンコは市民の面会をしていない、住民生活サービス省の次官サモイロフとポリャコフが面会したのは一人ずつ、商業相パヴロフと第一次官シマンスキーによる市民の面会の記録は存在しないと批判されたのである(ГАРФ: 13/2971/21)。

点検の報告書を踏まえた幹部会の審議では、住民生活サービス相が「苦情の検討の違反に責任のある者を処罰した。……多くの職員が解雇された」と述べたが、幹部会議長ヤスノフは「省の機構における無秩序について何も述べていない」と指摘し、「ある人が服をだめにされて、その補償を得ようと三年間努力している。これについてどうして穏やかに語ることができようか。苦情の数は二二%から四一%に増えている」、「ソ連共産党中央委員会、連邦政府、ソ連最高会議幹部会、ロシア共和国最高会議幹部会、ロシア共和国政府に宛てて人々が二倍多く手紙や訴えや苦情を送るようになった時に何を誇っているのか。あなたがたは信頼されなくなったのだ」と批判した。ヤスノフは商業相に対しても「いつから大臣と次官は人々を受け入れる必要があると考えなくなったのか。ロシア共和国最高会議幹部会、共和国政府、連邦政府が人々を受け入れているのに、商業相は、人々を受け入れるのは体面に関わると考えている。人々を受け入れないとは一体どういうことなのか」と追及した。幹部会副議長ヤスキナも「言語道断だ」と批判を重ねた(ГАРФ: 13/2971/90, 93, 103)。

ヤスノフの発言に関連して補足しておこう。まず「ある人が服をだめにされて、その補償を得ようと三年間努力している。これについてどうして穏やかに語ることができようか」との発言である。これに応じた住民生活サービス相の説明の中で、息子の服を染色のために受付所に渡して三年間受け取れない女性について現地での点検に来た委員会が調査したところ、染色の過程でだめになったことが確認されたと述べられている(ГАРФ: 13/2971/96)。計画経済のソ連ではサイズと好みの合う子供服は手に入りにくかったので染め直そうとしたのだろうが、注目すべきはその補償をこの女性が三年間も求め続けていたこと、それにもかかわらず受け取れていなかったこと、ロシア共和国の元首に当たる最高会議幹部会議長がこれを問題視して大臣の責任を追及していることである。ちなみに、委員会が問題を把握したことによって補償は支払われたという(ГАРФ: 13/2971/96)。

次に「ソ連共産党中央委員会、連邦政府、ソ連最高会議幹部会、ロシア共和国最高会議幹部会、ロシア共和国政府に宛てて人々が二倍多く手紙や訴えや苦情を送るようになった時に何を誇っているのか。あなたがたは信頼されなくなったのだ」との発言である。服をだめにされた人物を初めとして多くの人々が、住民生活サービス省相手では埒が明かないと見切りをつけて、様々な上級機関に手紙や苦情を送るようになっていたのである。ソ連共産党中央委員会は共産党権力の「代名詞」のような存在である。連邦の国会に当たるソ連最高会議は、首相以下の大臣を任命して政府を率いさせると同時に常設の最高会議幹部会を選出する。共和国と自治共和国でも同様である。ロシア共和国の住人たちが共和国と連邦の最高権力機関に対して手紙や訴えや苦情を大量に送っていたのである。

さらに補足すれば、省庁には、連邦の省がソ連全体を管轄する全連邦省と、連邦と共和国に同一名称の省が置かれて連邦省の指導の下に共和国省が各共和国を管轄する連邦・共和国省、連邦には省がなく共和国の省が各共和国を管轄する共和国省の三種類がある。ヤスノフに責められていたのはロシア共和国の住民生活サービス省と商業省である。

政治指導部は面会での対応が十分ではないとの認識を持っており、何度も欠陥を指摘して改善を求めていた(松戸 2017a: 191–205)。一九八七年六月のソ連最高会議でも最高会議幹部会議長グロムイコが次のように指摘していた。一連の共和国、州および市のソヴィエトの活動に関する検討が示したのは、住民との対話におずおずと出ていき、重要な事項の決定に際して勤労者の意向を十分に考慮していないということだ。住宅問題、保育所への入所、サービスの質に対する叱責を人々はまずソヴィエトに訴える。「これは正しい」。権力は万人に開かれ、到達可能で、注意深くあるようにせよとわれわれは述べている。ところが、役立つ回答やわかりやすい説明さえ得られないソヴィエトが少なからず存在し、「手紙によるモスクワ爆撃が始まる」。地方からはあれこれの問題に関する手紙と訴えの減少が「自身の活動の成功として」報告されるが、詳しく調べると「問題は以前のままに残っていて、人々は今や別のところ、より上級の宛先に訴えることを強いられているのであれば、いったいどのような成功について語られているのか」(BC 1987: 150–151)。

このように重要性が何度も訴えられ、繰り返し批判されても、不適切な対応は跡を絶たなかった。この現象は本書の対象時期を通じて広く見られたので、個々の働き手だけの問題ではなかったことは明らかである。官僚主義、「お役所仕事」、「親方日の丸」といった言葉が示すように国や体制を問わず官庁や公営企業全般に共通して見られる現象という面があったことも確かだが、ソ連の体制特有の影響があったのか、そうだとすればそれはどれくらいかをここで述べることはできない。いずれにしても、ソ連が「厳格に中央集権化された上意下達の統制国家」などではなかったということがこの例からもわかる。

第三節　全人民討議による「対話」

1　「市民の権利と自由の重要な保障」

ソヴィエト民主主義では直接民主主義が重視されていた。国家と社会の管理や運営への人々の参加が重視されたのも、こうした参加が「人民の社会主義的自主管理の必須の要素としての民主主義の役割を果たす直接民主主義でもある」からだった。直接民主主義には命令的なものと勧告的なものがあり、命令的な直接民主主義は国家活動の何らかの問題を市民が直接的かつ最終的に決定するもの、たとえば全人民投票(レファレンダム)による法律の採択であり、勧告的な直接民主主義は法案の事前審議で市民が意見を表明するものとされた〔前者は市民の投票で採否が決定するので「命令的」であり、後者は市民の意見で決定されるわけではないので「勧告的」である〕。こうした直接民主主義の行使は「市民の権利と自由の重要な保障である」とされ、一九七七年憲法によって初めて憲法に規定された(Рослов 1985: 24–26,〔　〕内は松戸)。この指摘は七七年憲法の第五条が全人民討議と全人民投票(レファレンダ

ム)を規定したことを指しているが、ここでは全人民討議を取り上げる。(6)

全人民討議とは文字通り「全ての人民による討議」を実現しようとしたもので、重要な政策や法案について全連邦のレベルから居住区や村ソヴィエトのレベルまでの各級の行政区画ごと、職場ごとや居住地域ごとなど大小様々な単位で多数の集会を開催したり、新聞雑誌での紙面討論を組織したり、投書や手紙を募ったりすることで人々の意見や提案を集約しようとした。連邦レベルの法案や憲法案に関する全人民討議であれば、全連邦規模での大々的な討議が一か月から数か月にわたっておこなわれ、示された様々な意見や提案は各級のソヴィエト機関、党機関やマスメディア編集部の責任で整理されて、ソ連最高会議の法案作成に責任を有する委員会へと提出された。この委員会で最終的な検討がなされ、法案に必要な加除修正がなされたうえで最高会議での最終的な審議と採決にかけられた。

このような全人民討議は「人民の意志を表明する重要な手段であり、人民の意志はその後問題の最終的決定に際して考慮される。その巨大な意義は、全人民討議があらゆる手を尽くして人民の政治的活発さを高めること、国家的な規模で思考し最重要の国家的な問題の解決に参加する自身の権利を実際に行使する習慣を各市民につけることにもある」とされていた(Шахназаров 1960: 55)。換言すれば、人々に主権者として思考し行動する意識を持たせることにも全人民討議の「巨大な意義」があると考えられていた。

全人民討議はスターリン期にもおこなわれたが、一九五〇年代半ば以降、頻繁に実施されるようになった。たとえば五六年におこなわれた国家年金法案に関する全人民討議では、討議のために公表された法案は四六条だったが、討議での提案を基に一五の条文が新設され、採択された法案は六一条だった。これに加えて七つの条文が著しく改善され、法案を採択したソ連最高会議では「国家年金法案は多大な共同作業の成果だった」と指摘された。五七年三月末から五八年一二月末にはフルシチョフ肝煎りの三つの改革をめぐる全人民討議が合計で約一〇〇日間おこなわれた(五七年三月三〇日から五月四日に経済改革、五八年三月一日から二五日に農業改革、五八年一一月一四日から一二月二二日に教育改革をめぐる全人民討議)。これらの討議では約一三〇万の集会に一億〇三〇〇万を超える人々が参加し、六一〇万人を超える市民が提案や指摘をした。ラジオ、テレビ、新聞雑誌で二〇万を超える発言がなされた。多くの提案がソ連最高会議における審議で考慮され、法律に反映する可能性のなかった提案と指摘は実際の活動で考慮するよう関係省庁や各地のソヴィエト機関等へ渡されたとされる(Мигин 1964: 78–79)。

これ以後も、一九五九年の第二一回党大会で採択された国民経済発展の七か年計画、六一年の第二二回党大会で採択された党綱領、七七年に制定されたソ連憲法を初めとして多くの重要な法案や政策が全人民討議に諮られ、「全ての人民」の意見に基づく加除修正をおこなったうえで採択された。八〇年代半ばには「広範な全人民討議の後に最重要の全連邦法を採択することはすでにソヴィエト社会の政治的な伝統となっている」、「全人民討議は、個々の人間の言葉と意見に多大な社会的重みを与え、国家と社会の管理の基礎となる過程に各勤労者が関与する感覚を養い、人々が問題に主人として接すること、自身、同志たち、集団に対して厳しくあることを余儀なくさせている」と主張されていた(Шамба 1985: 64–65)。ソヴィエト権力が「人民の権力」であるためには、人民自身が「国家の主人」であるとの自覚を持つこと、自身にも他者にもそうあるように厳しく求めることが欠かせない。全人民討議はそうした感覚や意識を持たせる機能を実際に果たしているというのである。

一九六八年におこなわれた「連邦家族基本法」の全人民討議を検討した河本和子は「ソ連国内ではもっぱら民主主義的制度として正当化された全人民討論は、外国では同様の評価を受けなかった」と指摘している。河本は、言論の自由に制限がある、翼賛的、大衆民主主義としての正統化、政権の側に決定権がある、批判には限界があるといった「西側」の研究者の評価を紹介したうえで、「全人民討論が「民主的制度」でないのは、分析の結果ではなく、むしろソ連政治体制に関する一般論から導かれる前提のように見える」とも指摘し、「ソ連政治を分析する上で論者たちが持つ先入観が障害となり、さらに深い分析を行うのを妨げている」とのジェリー・ハフの警告を紹介している(河本 2012: 198–200)。

河本によれば、「ソヴェト民主主義が求める人民の直接参加は……人民から期待され、政権側も直接参加を前提に行動していた」。「文書館に大量に保存されている手紙を見る限り、彼らは、要望を政権に伝えることをためらわないし、何らかの提案をなすことを当然と考えているように読める」。討論の自由度は「かなり高かったと言ってよい」。「議論に参加する者は、たいていの場合、仮にその意見が現在採用されている制度とどんなに違っていても、自分の考えをはっきり述べている」。「社会主義イデオロギーでは正当化しがたい意見も遠慮なく送っている」。河本は、連邦家族基本法を採択したソ連最高会議で受け入れられなかった意見について説明されたことも指摘し、「網羅的ではないにせよ、受け入れなかった意見に関して、その理由について説明がなされたことは、意見を聞くだけで真面目に考慮しなかったというわけではないことを示す意味で重要である」とも述べている。結論として河本は「連邦家族基本法案に関する提案は真面目に検討されたと考えられるし、加えられた修正は寄せられた提案に根拠付けられている」、「討論結果は比較的丁寧に検討されて、それを根拠とした修正が付け加えられたこと、中には……かなり重要な修正もあったことがわかる。この例だけを見れば、全人民討論は市民による参加を可能とする制度だったように見える」との評価を示している(河本 2012: 184, 201, 203, 206–207, 222–223)。

ただし河本は、討論の自由度が高いのは「家族法という論題が日常生活に近く、政治的に微妙な問題も含んでいないように見えるという点に多くを負っている」、「連邦家族基本法案に関する全人民討論の例からは、論点によっては、比較的自由に発言できることが確認できるにとどまる」との留保も付している(河本 2012: 203)。

これらの指摘を意識しつつ、一九五九年二月の第二一回党大会で採択された国民経済発展の七か年計画、六一年一〇月の第二二回党大会で採択された綱領、七七年に制定されたソ連憲法についての全人民討議の様子を確認しよう。

2　七か年計画をめぐる全人民討議(一九五八―一九五九年)

(1)すべてが礼賛?

一九五九年二月の第二一回党大会で採択された国民経済発展の七か年計画は、その要旨が全人民討議に諮られていた。辻村明は、要旨が新聞で発表された五八年一一月一四日から党大会までの「ほとんど連日、一頁ないし二頁にわたって、各地での討議集会の模様が報道されている」が、「すべてが計画の礼賛である」と指摘した。「計画は達成不可能だという意見もあってよさそうなものだと思う」が、「新聞に発表されている限りでは、そのような意見はでてこない。こうなると、結局、大衆討議も……プロパガンダ・テクニックの一つにすぎず、およそ言論の自由などとは無関係のものと思われてくる」[7](辻村 1967: 32–33)。

辻村は新聞報道だけに基づいてこのように述べていることには留意すべきである。辻村自身が指摘したように、当時のソ連では新聞は完全に統制されて「党の強力なイデオロギー的武器」となっており[8]、それ故に紙面の「すべてが計画の礼賛」となった可能性がある。

その一方で、七か年計画の討議については考慮すべき事情もある。この時期には、処女地開拓の成功、賃金引き上げと低所得者の税の引き下げ、老齢年金の拡充、中等教育の無償化、住宅の大規模な建設、週の労働時間の短縮、連続休暇の増加、人類史上初の人工衛星の打ち上げ成功などによって体制への信頼と期待は相当に高かったということである。こうしたところで、高い生産目標を掲げ、労働時間の一層の短縮や週休二日制への移行も謳った七か年計画の要旨が示されたのであり、人々が歓迎し「礼賛」しても不自然ではない。おそらくは辻村が記事で目にした発言等は実際になされていただろう。

ただし、討議に際して党が大々的な宣伝活動をおこなっていたことは事実である。そもそも党中央委員会総会が、七か年計画に関する報告の要旨を公表して「広範な大会前討議」を実施すると決めたのであり(КПСС 1986a: 271)、ロシア共和国だけで数十万人の政治宣伝員、講師、報告者を各地の党機関が住民への説明のために派遣していた。たとえばスヴェルドロフスク州では六万五〇〇〇人、サラトフ州では五万人以上が宣伝をおこなっていたことが報告されている(РГАНИ: 126/1)。

その一方で、イルクーツク州党委員会からの報告では「複数の例で党組織は、集会への勤労者の完全な出席と問題の討議への彼らの活発な参加を達成しなかった。グループごと、および個別の面談の実施による要旨の学習が十分に組織されず、届いた全ての提案を考慮することをしなかった」と指摘されていた(РГАНИ: 103/238-239)。

全人民討議に際して党機関は、宣伝をおこなうだけでなく、人々の「全ての提案を考慮すること」も求められていたのである。では、人々はどのような提案をしていたのだろうか。

(2)「五〇歳から年金を……」——全人民討議における人々の手紙

七か年計画の要旨に関する全人民討議では人々から多数の手紙が寄せられた。手紙ではどのような提案や意見が示されたのだろうか。党中央委員会のロシア共和国管轄党機関部による一九五八年一二月七日付報告から紹介しよう。

中央委員会に届いた三五九通の手紙に書かれた四七八の提案のうち、七五は工業、輸送、農業、投資および基本建設の一層の発展、二六〇は人民の豊かさの一層の向上、四五は共産主義的教育、国民教育、科学と文化の発展、九八は党建設とソヴィエト建設の問題に関わるものだった。工業、輸送、農業、投資および基本建設の一層の発展に関わる提案で人々は重工業と軽工業の一連の分野の引き上げについて意見を述べ、生産の質的向上、節約と倹約のための闘いを二―三年続けて宣言することを提案し、道路の建設と修理を促進すること、道路建設の三か年または五か年の計画を策定することが必要だと考えている。いくつもの提案で、個人用乗用車の利用の廃止か急激な制限、乗用車の生産削減、これと引き換えてのバス、トロリーバスおよびトラクターの生産増加について問題提起されている(РГАНИ: 101/5)。

人民の豊かさの向上については多くの著者が、大家族を抱えている低賃金の労働者・職員への追加支給に関する提案、様々な賃金体系の勤労者を単一労賃体系へ移行する提案をしている。研究者、文芸家、高等教育機関の教員、企業、党機関およびソヴィエト機関の指導者の賃金を引き下げる方向で見直すこと、労働者と職員からの税金徴収を廃止することも提起されていた。年金に関する提案の多くは、女性の老齢年金を五〇歳、さらには四五歳に設定して二〇―二五年の労働歴を有する女性に適用するもので、「これについては個々の著者たちも、ペルミ州、レニングラード州、サラトフ州、クイブィシェフ州、チェリャビンスク州、ヴォロネジ州、イヴァノヴォ州およびその他の州の市民のグループも書いている」。複数の同志が、賃金ではなく労働歴に応じて年金の額が決まるよう求めている。将校と兵卒の年金額の大きな差をなくすことも提案されている。コルホーズ農民の年金の問題を速やかに解決する要望も述べられている(РГАНИ: 101/5–6)。

このあと紹介する人々の提案にも関わるので補足しておけば、一九五六年七月に国家年金法が制定され、通算二五年の労働歴のある男性は六〇歳、通算二〇年の労働歴のある女性は五五歳で老齢年金の受給資格を得ることになった。年金支払いの原資は企業負担で、労働者は保険料を負担しない制度だったが、労働歴が長くても受給額には反映されない点などに不満を抱く人々もいた。また、「協同組合員」であるコルホーズ員はこの年金法の対象とされなかったため、この点への不満や批判も見られた。コルホーズ員への公的年金の支給は六四年七月の「コルホーズ員年金法」制定によって実現された。党機関部の報告に戻ろう。いくつかの手紙では、公衆浴場と都市交通の無料化を始めること、企業での昼食の無料提供へ段階的に移行すること、劇場、映画、鉄道の価格を三〇%引き下げること、クリーニングなど生活サービスに対する支払いを引き下げることが提案されている。商業サービスに関する提案の大部分は、生活用品、食料品および公共食堂の価格の引き下げに関するものだった(РГАНИ: 101/6)。

このように人々の提案を整理して紹介しつつ、この報告は「最も特徴的な提案のリスト」を添付し、「ソ連共産党中央委員会への手紙で注目に値する多くの提案を勤労者が述べていることを考慮し、具体的な検討のためにこれらの提案をロシア共和国のゴスプラン〔国家計画委員会〕と関係する省へ送ることが適切だと考える。同意を願う」と結んでいた。その下の余白には手書きで「ロシア共和国のゴスプランおよび関係省に関わる当該提案は伝えられた」と書き込まれている(РГАНИ: 101/7,〔 〕内は松戸)。

ロシア共和国管轄党機関部の一九五九年一月六日付報告によれば、一七九四通の手紙に記された二五一七の提案のうち、四三一は工業、農業、運輸、通信および基本建設の諸問題、一八五〇は勤労者の物質的豊かさ、文化・生活上のサービスおよび教育の水準向上の諸問題、二三六は国家管理機関の一層の改善と定員削減に向けた党建設とソヴィエト建設の諸問題に関わるものだった(РГАНИ: 125/1)。報告に添付されたリストからいくつか例示しよう。

全ての乗用車をタクシー車庫に集中し、指導者たちの業務目的での利用枠を設定すべし〔大勢の連名の手紙〕。七か年計画のより上首尾な達成のため共産主義建設基金を設け、賃金およびその他の蓄えからできる限りの金額をこの基金に自発的に控除〔して寄付〕することを全ての市民に許すべし。手元にある全ての国債をこの基金に引き渡すべし〔戦後復興の財源として多くの市民が「自発的に」国債を購入していた〕。国債と宝くじを毎年発行すべし〔将校グループの手紙〕。生活用品と食料品の価格の引き下げ、賃金の大きな格差の解消、税の廃止、年金法の修正と追加、女性への五〇歳からの年金支給、パン、塩、マッチおよびその他の消費財の無料提供の段階的導入、女性の労働日の六時間までの短縮、勤労者の休暇の連続期間の増加およびその他の物質的な豊かさの向上に関わる提案を記した多数の手紙が届き続けているとも記されている(РГАНИ: 125/6, 8, 10,〔　〕内は松戸)。

ロシア共和国管轄党機関部の一九五九年一月三一日付報告では、手紙は二九九八通、提案は四一四九となった。このうち二九一四の提案は物質的な豊かさの一層の向上、若者の共産主義的教育の諸問題に関するもので、主な提案として国家年金法の修正(主として女性への五〇歳からの年金支給)、賃金整序の期間短縮と税の廃止、生活用品と食料品の価格の引き下げ、過度の飲酒、無頼行為、窃盗およびその他の反社会的現象との闘いの強化が挙げられている。四一五の提案は党とソヴィエトの活動、官僚主義との闘い、勤労者の必要と要望に対する敏感な対応の保障などについてだった。報告に添付されたリストには次の提案が含まれていた。休暇の連続期間を三―四週間に増やす問題を解決すること、二〇年の労働歴を有する女性の年金年齢を五〇歳、三〇年の生産歴を有する男性の年金年齢を五五歳とすることが不可欠だ。直近一〇年の賃金に基づいて年金額を算定する必要がある。高い賃金を得ている指導者に国家の支出で乗用車と運転手が与えられているのは不適切と認めるべきだ(レニングラードの工場「ボリシェヴィク」の古参労働者の党員二七人連名の手紙)。数万ルーブリの賃金を受け取る者が多くいる。現在の生活水準では、賃金は役職と社会的地位にかかわらず月五〇〇〇ルーブリを超えるべきではない。〔計画の超過達成等の高い成果に対する〕賞与の主な部分が少数の指導者と技術人員で分配され、労働者の賞与は極めてわずかとなる方式も変更すべきだ(РГАНИ: 124/6, 13-14, 〔 〕内は松戸)。

ロシア共和国管轄党機関部の一九五九年二月三日付報告に添付されたリストには、ソ連通信省に勤めるアファナシエフによる次の批判と提案が記されている。電話網の発展は国民経済と住民の要求から深刻に遅れている。「ハリコフ、ロストフ・ナ・ドヌー、スモレンスクおよびその他の複数の大都市で電話局の能力は戦前水準に達していない〔これらの都市は独ソ戦で壊滅的な打撃を受けた〕。多くの工業都市(オムスク、オレンブルグおよびその他)で一五―二〇年の間、都市の電話網が発達していない。一〇〇以上の市と地区中心地に一般利用の電話局がない。一九四七―一九五七年におけるソ連の都市電話網の発展のテンポは一九二九―四〇年と較べて半減した」。一〇〇人当たりの電話機の数で示される電話網の発展の水準は、平均的な世界水準から二八年、アメリカ合衆国から五七年遅れている。「設置された電話機の数はニューヨークだけで四〇〇万台なのに対し、ソ連には三五〇万台しかない」。七か年計画中に使用開始予定の一五〇〇万戸のうち電話の敷設が可能と考えられているのは五〇―六〇万戸程度に過ぎない。電話網の能力の増加を、七か年計画で予定されている一・五倍に代えて二―二・五倍に増やすことが不可欠だ(РГАНИ: 124/19-20, 〔 〕内は松戸)。

人々は豊かな暮らしを求め、それ故に野心的な七か年計画に賛同するとともに計画を上回る収入の増加や支出の減少、サービスの向上を求めさえした。計画に賛同したり上方修正を求めたりする意見ばかりが新聞に掲載されたのは理由のないことではなく、実際と異なるプロパガンダというわけでもなかった。その一方で、計画が不十分とする指摘は現状に対する厳しい批判を伴うこともあり、この意味では「すべてが礼賛」ではなかった。

（3）「必要ならば命も捧げる……」――七か年計画と関係のない提案

この全人民討議は、第二一回党大会で採択される予定の七か年計画の要旨についておこなわれたのだが、七か年計画とは関係のない提案も多かった。

たとえば、「反党グループ」事件後最初の党大会ということで、「反党グループ」の処遇に関する提案が届いていた。「反党グループ」事件とは、一九五七年六月に古参の党中央委員会幹部会員マレンコフ、カガノヴィチ、モロトフらが党第一書記フルシチョフの解任を試みて失敗し、「反党グループ」として指導部を追われた事件である。当時首相だったブルガーニンも関与していたが、しばらくはその事実は伏せられて首相の地位にとどまり、五八年三月になって解任されて地方にある国民経済会議の議長となっていた。

ロシア共和国管轄党機関部の一九五九年一月三一日付報告によれば、反党グループに関する問題を第二一回党大会で検討し、彼らを党から除名すべきだとの提案がモクルシキンとシニロフから届いた。トカチェンコは、党から除名するだけでなく反党グループ全員の隔離に関する問題を大会は決しなければならないと考えている。ボンダリは、ブルガーニンの中央委員からの除名を検討するよう提案している。党機関部の五九年二月三日付報告によれば、ブルガーニンを腰抜けで無定見な人間と呼び、国民経済会議議長の職から解くよう求めるフィリッポフの手紙が届いた。二九年からの党員バジェノフは「前ソ連共産党中央委員会幹部会員マレンコフ、カガノヴィチ、モロトフ、ブルガーニンに関する決定の案」を提出した。かつての不法行為と専横を指摘してバジェノフは、党大会はマレンコフ、カガノヴィチ、モロトフ、ブルガーニンの党に対する責任を問い、彼らの犯罪に関する資料を司法機関に引き渡すよう中央委員会に委ねなければならないと考えている(РГАНИ: 124/7, 15)。

「反党グループ」への処分はすでになされていたが、紹介した提案はより厳しく対処することを求めており、その点では党指導部の判断に批判的なものである。自身の名も記しており、人々の意見表明はかなり率直になされていると言えるだろう。

一九五九年一月六日付の党機関部の報告に添付されたリストには次の提案もあった。党綱領に「共産党員は、共産主義社会の成員に対して示されている要求を満たし、……共産主義を建設している全ての勤労者にとっての模範となる義務を負う」と書くべし〔四人連名の手紙から〕。党とソヴィエトのパラレリズムを避けるため構造を見直し、人員を減らし、党第一書記が執行委員会議長を兼ねるべし〔二人連名の手紙から〕。党に潜り込んだ、党員の高貴な名を汚す分子の粛清をおこなうべし。国家施設の働き手の点検もおこなうべし〔五人連名の手紙から〕(РГАНИ: 5/32/125/9,〔 〕内は松戸)。

この全人民討議は党綱領についてのものではないにもかかわらず、こうした提案がなされていた。これらの提案は、「模範」となっていない党員、「党員の高貴な名を汚す分子」が存在し、「党とソヴィエトのパラレリズム」が生じていると指摘するものでもあり(9)、この点で、やはり相当に率直な意見表明と言えよう。

党に対する献身を訴える手紙もあった。ロシア共和国管轄党機関部の一九五九年二月三日付報告によれば、第二一回党大会の幹部会宛てに非党員の商業艦隊船員フィリッポフの手紙が届いた。フィリッポフは書いている。「……信じてください、親愛なる友人たちよ、われわれ普通の人々は全てを注意深く見守っている。われわれは、党は命であることを知っており、われわれはいつでも党の指示があればただちに全てをおこなう。必要ならば命も捧げる……」(РГАНИ: 124/15)。非党員は言うまでもなく党員ではない。入党していなくとも党への忠誠を誓う「普通の人々」が存在したのである。ちなみに、このフィリッポフはさきほど紹介した、ブルガーニンを「腰抜けで無定見な人間」と呼んだフィリッポフである。「腰抜けで無定見な」ブルガーニンとは違い、自分たちは党に命も捧げるとの強烈なアピールと読むべきだろうか。

（4）「自身の同志を助け、あらゆる悲しみと喜びを分かつべし……」――集会での発言

手紙での提案と同様に、全人民討議における各地の集会での発言の多くも、年金、賃金、商品の価格、休暇に関するものだった。ヴラヂーミル州党委員会は、コルホーズ員年金の統一制度策定が七か年計画に組み込まれるようコルホーズ員が提案したと報告している。カリーニン州党委員会の報告にも「多くの地区のコルホーズ員が、コルホーズからの所得税を増やし、国家の負担でのコルホーズ員への年金支給を七か年計画で予定するよう求めている」〔コルホーズからの税収を増やし、これを財源に国家年金を支給するよう求めている〕との指摘がある。ヴォロネジ州党委員会の報告にも、年金、賃金、休

暇に関する多くの同様の提案があったことが記されている。アルタイクライ党委員会からの報告も、ルブツォフスク市、ビイスク市、チェスノコフカ市、チュメンツェヴォ地区、アルタイ地区で年金支給年齢の引き下げ（女性五〇歳、男性五五歳）の提案がなされたことを紹介している（РГАНИ: 126/103, 116, 174-175; 127/39.〔　〕内は松戸）。

ゴーリキー州党委員会の報告によれば、労働者と職員の老齢年金と退役将校の年金の差を小さくすること、最低賃金（四五〇ルーブリ）と最高賃金（五〇〇〇ルーブリ）を設定すること、映画と演劇のチケットの価格や電力の価格を引き下げることも求められていた。トゥーラ州党委員会の報告は、一年中露天で働く線路工夫に無償で作業服を支給すること、電力とガスの価格を引き下げること、労働者の健康に否定的に作用している三交代労働を二交代に移行すること、食品と工業製品の価格を一九四一年の水準とすること、鉄道・バス・路面電車と映画・劇場のチケットの価格の引き下げを予定すべきことなど多くの提案を列挙している。クルガン州党委員会の報告にも、夜の作業から女性を解放するため三交代制から二交代制への移行が提案されたと記されている（РГАНИ: 126/111, 114; 127/135-136, 158）。

レニングラード州党委員会の報告では次の要望が列挙されている。奢侈品の価格の引き上げによる洗濯機、掃除機およびその他の女性の家事労働を軽減する品の価格の引き下げ。同じ仕事なのに賃金が違う公営事業省と道路省の道路工夫の賃金の見直し。全ての勤労者に対する一八労働日または二四労働日の休暇の設定〔当時は原則週六日労働なので通例は三週間または四週間の休暇となる〕。〔一日当たりの労働時間である〕労働日の長さの削減ではなく、休暇の延長か超過労働への追加支払いとすべし。紡織工の七時間労働日および二交代労働への移行の加速。三交代労働では夜間の賃金を増やすべし。三交代で働く労働者の休暇を増やすべし〔生産現場を中心に八時間労働日の労働者による三交代勤務が珍しくなかったため、こうした要望が各地で出されている〕。幼稚園と保育所の保母・保父の賃金を引き上げるべし(РГАНИ: 127/89-94,〔 〕内は松戸)。

トムスク州党委員会の報告では「この七か年計画では〔現行の原則八時間労働日から〕六―七時間までの労働日の削減をおこなわないようにすべし。その代わりに〔管轄省庁や職種にかかわらず〕全ての範疇の働き手の休暇を三〇労働日まで増やすべし」との提案が紹介されている。ヴォログダ州党委員会の報告では、週休二日とするのではなく定例休暇を一か月まで延ばすべきだと労働者が提案したことが紹介されている(РГАНИ: 127/34, 178,〔 〕内は松戸)。

全人民討議では、手紙だけでなく集会でも率直な批判が述べられていた。スタヴロポリクライ党委員会の報告によれば「提案とともに中央の諸機関に宛てた一連の批判的指摘がなされた」。ピャチゴルスク市の集会では、ロシア共和国閣僚会議が保養地の発展に関する自らの決定の〔担当部局による〕遂行を保障せず、予定された建設に資金も資材も割いていないと指摘された。カラチャエフスク地区党委員会書記は、保養地の病院で不足している一六人の医師を保健省が送っていないため、しかるべき治療が保障されていないことを指摘した(РГАНИ: 126/40-41,〔 〕内は松戸)。

ペンザ州党協議会では、州党第一書記の報告において「ペンザ機械工場」企業長のヴィノグラドフが「ロシア共和国ゴスプランへの重大なクレームを表明した」ことが紹介された。ヴィノグラドフは「七か年計画の中心的なスローガンは、人口一人当たりの物品生産で最も進んだ資本主義諸国に追いつき、追い越すというスローガンであり」、工業の多くの分野でわが国は手本を示しているが、繊維機械製作では外国のモデルから遅れた機械があると述べた。「わが国の自動車工業が世界の多くの国々をリードしていることをわれわれは知っている。どのようにこれは達成されたか」。世界の市場から優れたモデルが買い付けられ、工場の設計者と技術者に与えられ、「彼らはこれらの自動車を分解し、創造的にこれを加工して自分たちのモデルを作り上げた」。われわれは一つのモデルも持っていない。「われわれはいくつかの雑誌から断片的な情報を得ており、これが「追いつき、追い越す」との課題の解決を妨げている」。この二年間にわれわれは五―六の国際展示会に参加したが、一つたりとも外国製の機械を購入していない。「モデルを入手することに金が支払われないためだ」。このように述べてヴィノグラドフは「この全てが、追い越そうとしているが、何をどの点で追い越す必要があるのか知らないという主要な問題にわれわれがアプローチしていないということにつながっている」と指摘したという(РГАНИ: 104/272)。「追いつき、追い越す」との課題自体は否定せずに、それ以前の問題として「何を追い越すのか、どう追い越すのか」がわからない、ゴスプランが資金を出さないせいだと批判したと読むことができるだろう。注目すべきは、党員集会でこうした批判がなされたことだけでなく、こうした批判がなされたことが州党協議会において第一書記によって紹介されたこと、その事実が指摘の内容とともに党中央委員会にも報告されていたことである。

その一方で、七か年計画を「礼賛」するかのような発言も多くなされていた。たとえばスモレンスク州党委員会の報告では「今日すでに見える共産主義の目立った特徴についてスモレンスク地区のコルホーズ「赤い志願兵」の議長ヴァシリエフがコルホーズ員に見事に語った」として、その発言が紹介されている。「コルホーズの七か年計画遂行の結果として、二―三年後にはもうコルホーズ員の労働への貨幣による支払いへ移行する可能性が現れる。一九六五年までにはコルホーズ員の賃金は月に六〇〇―七〇〇ルーブリとなる。畜産の生産性と耕作〔による農作物〕の収穫の急激な増加の結果、われわれはコルホーズ員に対して肉と牛乳を原価で売ることが、ジャガイモと野菜は社会化経営の負担で完全に提供することができるようになる。こうして、〔共産主義社会では不要な〕個人経営を持つ必要性が自然に失われる」(РГАНИ: 126/189, 〔　〕内は松戸)。

ベルゴロド州党委員会の報告ではコルホーズ員ポレジャエフの発言が紹介されている。「われわれ

「共産主義労働ブリガーダ」に与えられたペナント
Хрущев. К 120-летию со дня рождения. Каталог историко-документальной выставки. М., РОССПЭН, 2015, с. 119.

は、同志フルシチョフの報告要旨を注意深く検討している。何故ならこれは明るい未来だからだ。要旨は全ての働き手を喜ばせ、共産党の偉大な思想に対する確信をわれわれの心に植えつけている。このため私はこの文書に熱烈に賛同し、提起された課題が達成されるために力を惜しまない」(РГАНИ: 126/57)。

ウドムルト州党委員会の報告によれば、イジェフスク市の工業と建設における「共産主義労働ブリガーダの称号を担う権利のための競争の参加者」の大会[10]で、電気機械工ホロシェニンが次のように述べたという。同志フルシチョフの報告の要旨を党中央委員会総会が承認して「創造的活発さの新たな波が全ソヴィエト人民に広がった時に、われわれも共産主義的に働き、暮らすと決めた……。……勤労集団の各員は共産主義社会の人間の特徴と質を鍛え上げる。われわれの戒律は、自身の同志を助け、あらゆる悲しみと喜びを分かつべし、だ。換言すれば、一人はみんなのために、みんなは一人のために、だ!」(РГАНИ: 127/104-105)。

こう語ったホロシェニンはウドムルト自治共和国における「最初の共産主義労働集団のブリガーダ長の一人」とされている。おそらくは自発的に共産主義労働運動に参加した人物だろうし、この発言も自発的になされている可能性は否定できない。

(5) 人々の提案への対応

ロシア共和国管轄党機関部は人々の提案を中央委員会へ報告するとともに「ソ連共産党中央委員会書記局の指示に従って」一八頁にまとめた九九の提案をロシア共和国ゴスプランへ送っていた。党機関部は検討結果を知らせるようゴスプランに要請しており、中央委員会に提出されたゴスプランへの送り状の写しには手書きで「ロシア共和国ゴスプランはこれらの問題について一九五九年二月二六日付でソ連共産党中央委員会に回答した」と書き込まれている(РГАНИ: 125/11–12)。

ゴスプランへ送られた提案のいくつかを紹介しよう。排気量の小さい自動車、オートバイ、モーターボートの生産を増やすべし。優良な労働者とコルホーズ員に自動車を現物支給すべし(ザイツェフ、マリ自治共和国、№四四二八五六)[11]。障碍者のための自動車と車椅子の生産を増やすべし(チョルヌィイ、モスクワ市、№四五七三二六)。家具の生産の遅れを解消し、住宅建設に生産規模を合わせるべし(ステパノフ、№三九一八八六)。低賃金の勤労者に手の届く安い布地をもっと生産すべし。商店にほとんどない更紗、粗織キャラコ、コールテン、フランネル、綿ネル、リンネル製品、メリヤス製品の生産を(ラトゥリスキー、№三五四八七九)。宝くじを発行し、くじによる資金を自動車道路の建設に当てるべし(ジミン、№四一八〇二五)(РГАНИ: 125/16–18, 24)。この他にも様々な製品の生産を拡充する提案が列挙されている。

ロシア共和国ゴスプランの回答によれば、九九の提案のうち七三は七か年計画の案に部分的または完全に反映された。一〇の提案はゴスプランおよびその他の組織でさらに検討されていて、三交代労働からの移行およびその他の諸問題に関わる四の提案は国民経済会議の計画に反映される。「障碍者のための車椅子の生産は、一九五八年の一万一八〇〇台に対して一九六五年には二万台にまで達することが予定されている」。宝くじによる道路の建設についての提案は「経済的に不適切と認められた」(РГАНИ: 125/30, 37)。ロシア共和国管轄党機関部が人々の提案を九九に整理していたこともあり、ゴスプランの回答の通りであれば、その七割超(七三)が少なくとも部分的には計画に反映されたことになる。

ロシア共和国管轄党機関部は、連邦政府の労働と賃金の問題に関する国家委員会(以下、「労賃問題国家委員会」)にも一〇三の提案の検討を依頼していた。いくつか紹介しよう。

七―八時間労働日と週休一日はそのままで、労働者・職員・コルホーズ員の物質的保障を一層高めるべし(シドロフ、ペトロザヴォック市、№.四二一五八五)。この七か年計画では労働日と労働週を減らさず、全ての商品の生産水準で資本主義諸国に追いついたのちに「労働日と労働週の削減を」おこなうべし。労働者の休暇の長さは二倍にすべし(ガヴリロフ、レニングラード市、№.四四四九六三九)。女性の労働日が六時間まで減らされたのちに男性の八時間労働日を削減すべし(一二三通の手紙)。母親である女性のために五時間労働日または週二日の休日を定めるべし(一四三人の手紙)。賃金格差を縮小すべし(三五通の手紙)。高賃金の勤労者の賃金引き下げによって、予定より大きな額で低賃金の労働者と職員の賃金を引き上げるべし(一三通の手紙)。月に四〇〇〇―五〇〇〇ルーブリ以上受け取っている人の労賃を減らすべし(一七通の手紙から)。賃金の差を二・五―三倍にすべし。大家族で賃金の少ない働き手に対して子供一人につき追加の支払いをすべし(三八人)。規定の年限の勤務に対する「賃金の」上乗せ支払いを廃止すべし(一〇通の手紙)。計画の超過達成に対する賞与を企業の指導者に支払わぬようにすべし(八人の手紙)(РГАНИ: 125/65-69,「 」内は松戸)。

この検討依頼は一九五九年一月一三日付でなされていたが、労賃問題国家委員会からは五九年九月三〇日付で「ソ連共産党中央委員会に届いた勤労者の提案を検討した。これに加えて、委員会に直接届いた勤労者の多数の手紙も検討された」と始まる回答が党中央委員会に届いた(РГАНИ: 125/74)。回答を項目ごとに六段落に分けて紹介しよう。

　勤労者は、低賃金と中賃金の働き手の賃金の一層の引き上げ、労賃の格差の削減、最高賃金(月四〇〇〇—五〇〇〇ルーブリ)の設定、規定の年限の勤務に対する報酬の廃止について提案している。「現在提示されている賃金整序のための方策は、低中賃金の働き手の賃金引き上げと一部の範疇の高賃金の働き手の労賃の過剰を廃止することによる低賃金と高賃金の働き手の賃金の接近を予定している」。〔労賃問題国家〕委員会、ソ連ゴスプラン、ソ連財務省および全ソ労働組合中央評議会によってソ連共産党中央委員会とソ連閣僚会議に対し、削減された労働日への移行および賃金整序の完了期間に関する提案が提出されている。賃金の整序完了と同時に賃金の最低額が月四〇〇—四五〇ルーブリに引き上げられる。七か年計画の後には全分野の賃金が月五〇〇—六〇〇ルーブリに増やされる。賃金の整序と引き上げが完了したのちには月に五〇〇ルーブリを下回る働き手はいなくなる。規定の年限の勤務に対する報酬は、炭鉱と鉱山の地下での仕事、鉄鋼・非鉄冶金・化学・石油工業の主要な職場での仕事だけに維持される。残りの分野では廃止が予定されている(РГАНИ: 125/74-76,〔　〕内は松戸)。

　出来高賃金の廃止または適用の制限に関する提案に同意することはできない。出来高賃金は、時間制の賃金と較べていくつもの本質的な優位性を有している。労働生産性の向上における働き手の物質的関心を刺激し、労働者の能力の最善の発揮、最も合理的な手法の導入を促す[12]。職員に出来高賃金を適用するのは、馴染まないので同意できない。直接生産に従事していないためだ。一連の手紙で勤労者は賞与支払いの欠陥について問題を提起した。委員会が提示した資料に基づき、党中央委員会と閣僚会議によって賞与支払いの決定的な整序のための決定が採択された(РГАНИ: 125/76-77)。労働者と職員は、勤労者の物質的保障を一層高めるため労働日と労働週の短縮を一時的に控えるよう提案している。この提案は、委員会の考えでは根拠がない。労働日と労働週の短縮とともに実質的な収入の四〇%引上げを想定した物質的豊かさの一層の向上が予定されているためだ(РГАНИ: 125/78)。

女性や障碍者などのための削減された労働日の導入に関する提案がある。女性のためのより短い労働日の設定は、現在はおこなわれ得ない。〔予定されている、女性に限定しない〕六―七時間労働日と週休二日制の導入、女性の家事労働軽減のための方策の遂行に伴い、働く全ての女性にとってより好適な条件が作り出される(РГАНИ: 125/78,〔 〕内は松戸)。

多くの手紙で勤労者は、定例休暇の延長と一部の働き手の過剰な休暇の除去を提案している。委員会と全ソ労働組合中央評議会は、党中央委員会と閣僚会議に対し休暇を整序し過剰をなくす提案をした。案では、定例休暇の一二労働日から一八労働日への増大〔週六日労働ならば二週間から三週間への増大〕、木材工業と林業の労働者を対象とする規定の年限の勤務に対する追加の休暇の廃止、有害な労働条件に伴う追加の休暇の削減およびその他の方策が定められている。提案は党中央委員会書記局によって検討されたが、最終的な決定は採択されていない(РГАНИ: 125/79,〔 〕内は松戸)。

年金に関する提案は主として次のことに関わる。年金支給年齢の引き下げ、三〇年、四〇年およびこれ以上の生産歴を有する働き手に対する優遇された年金の設定、労働歴が完全でない場合〔通算で男性二五年、女性二〇年の労働歴を満たさない場合〕の年金の認定、働く年金受給者への年金支給方式の変更、優遇された年金保障の〔対象〕リストへの追加と修正。委員会は、年金支給年齢の引き下げ、三〇年、四〇年およびこれ以上の生産歴を有する者への追加的優遇を不適切と考える。優遇された年金保障のリストの変更〔要望も踏まえた追加と修正〕についてはしかるべき提案を準備している(РГАНИ: 125/80-81, 〔 〕内は松戸)。

このように、労賃問題国家委員会はいくつかにまとめて人々の提案への回答を列挙したうえで、回答の文書を「手紙で勤労者がおこなった提案の過半は、準備されている決定の案で考慮され、その多くはすでに採択され、いくつかの提案は現在検討中である」と結んでいる(РГАНИ: 125/81)。

この回答を受けて党機関部副部長は、一九五九年一〇月三〇日付で中央委員会に提出した文書に次のように記している。労賃問題国家委員会は中央委員会書記局の依頼に従って勤労者の提案を検討し、結果を回答した。「示された資料に目を通し、委員会の結論と提案に賛同した」。勤労者の提案の実現のためにおこなわれる方策については「第二一回党大会での同志フルシチョフの報告で回答が与えられた。この他に、党中央委員会の部局、連邦およびロシア共和国のしかるべき省と組織によって手紙の多くの筆者は直接または地方の党機関とソヴィエト機関を通じて回答と説明を与えられた」。労働と賃金に関する提案の検討をこれで終えることができると考える(РГАНИ: 125/82)。全人民討議の対象とされた七か年計画は第二一回党大会で採択された。その党大会での報告でフルシチョフが全人民討議の結果を報告し、人々の提案や要望に触れつつ七か年計画で遂行する施策について説明していた。もちろんフルシチョフが言及した提案や要望はごく一部に過ぎない。その他の多くの人々の提案や要望については、党中央委員会の部局、連邦とロシア共和国の関係省庁が直接に回答と説明をおこなったり、各地の党機関とソヴィエト機関を通じてこれらをおこなったりしたというのである。

見てきたように、党機関部は人々の提案を整理して党指導部に報告するとともに、関係省庁に検討を依頼していた。紹介したゴスプランと労賃問題国家委員会の他にロシア共和国の財務省と保健省にも検討依頼がなされ、回答も得られている(РГАНИ: 125/83–104)。労賃問題国家委員会の回答にあるように、人々が各省庁に直接送った提案も検討されていた。

その結果として、提案や要望の一部は計画に反映され、受けいれられないものについては個別的または一般的な説明がおこなわれた。全人民討議には、宣伝や動員の面とともに政権と人民の「対話」の面も確かに存在し、人々もそのことを知っていたと言えるだろう。

3　党綱領をめぐる全人民討議(一九六一年)

(1)「なんて幸せなことでしょう」

一九六一年七月二六日の党中央委員会幹部会で新たな党綱領の案が承認され、翌日には七月三〇日付の『プラウダ』と『イズヴェスチヤ』を皮切りに新聞雑誌で綱領案を公表することが決定された。ここに始まる全人民討議を検討したフォーキンの評価では、全人民討議がおこなわれること自体によって党の民主主義が誇示され、この方策は住民の要求と期待を明らかにする助けとなり、人々を動員する役割を果たした(Фокин 2017: 26–27)。

フォーキンは、討議での住民の意見を考慮して綱領案が修正されたことを理由に「一九六〇年代には綱領は社会の著しい部分の気運を反映していた」と指摘し、政権と社会の対話を語ることができるとも述べている。討議の規模について、六一年一〇月一四日までに一七七万八四一二人が出席した五八四三の大会や会議、一四八六万三四六八人が参加した四〇万〇六〇〇の党員集会、八二一八万六二八〇人が参加した六八万七九六一の勤労者集会がおこなわれたことを紹介したうえでフォーキンは、「どんな統計も討議の参加者の正確な数を示すことはできない」とのフルシチョフの発言も引用している(Фокин 2017: 74–75, 79)。

フルシチョフのこの発言は党綱領を採択した第二二回党大会におけるもので、この討議は「最も多様な形態で、工場、製造所、ソフホーズ、コルホーズ、施設、研究所、学校の集団の集会で、職場と家庭での打ち解けた会話の中でおこなわれた」との説明が続いていた。統計には示されない無数の「討議」があったというのである。このため「綱領案は、全人民によって討議され、人民によって自身の綱領として……受けいれられたと誇張なしに言うことができる」とフルシチョフは述べていた(XXII съезд 1962: 237)。

党大会ではフルシチョフは「党員と非党員は地方の党組織、ソヴィエト組織、経済組織、労働組合組織および〔各種の〕施設の活動に関する少なからぬ批判と提案を述べた」とも指摘していた(XXII съезд 1962: 240,〔　〕内は松戸)。ここでフルシチョフが、非党員も批判と提案を述べたと指摘していることに注目しよう。討議に諮られていたのは共産党の綱領案だが、一党制である以上、党綱領は非党員にとっても重要な文書だったのであり、この点で「綱領案は、全人民によって討議され、人民によって自身の綱領として……受けいれられた」との評価は誇張ではない可能性があった。

プィジコフは、綱領案は党員だけでなく全ての人々に「未曽有の関心を呼び起こした」、「正真正銘の、本当の喜びと幸せの感情」も感じられたと指摘して、モスクワ市の教員ヴォルコヴァの手紙を紹介している。「ソ連共産党綱領案を読んで、共産主義に関する生徒たちとの夢を思い出しました。このテーマでの会話は普通、次の質問で終わります。「それはいつのことですか？」。まもなくだという気はしていましたが、これほどすぐだとは考えることさえできませんでした。なんて幸せなことでしょう」(Пыжиков 2002: 292-293)。この綱領は一九八〇年までの二〇年間で共産主義を建設すると謳っていた。これが実現されるならば、ヴォルコヴァと生徒たちは共産主義建設を担い、共産主義社会に生きることになる。その喜びを伝えてきたのである。

第二二回党大会でフルシチョフは、綱領の全人民討議では共産主義建設の課題に「非現実的にアプローチ」する提案が届いたことも指摘していた。「農業も含む国の完全な電化が、この一〇年以内、さらには五年以内に達成されなければならないと綱領に書き込むよう提案している同志たちもいる」。「こうした同志たちを理解することはできるが、彼らに同意することはできない。われわれがまだおこなえないことを綱領に含めるのは間違いだろう。……綱領の信用を失墜させるだけだろう」。「社会の成員の欲求を無料で充足する原則を近々により広い範囲の物財と文化財へ広げ、〔個々人の〕熟練度と労働の難度にかかわらず全員に同一の賃金を事実上設けることを提案している同志たちがいる。このような提案はひどく誤っている。このような道に進むことは、労働生産性向上の物質的刺激を損ね、共産主義建設を遅らせることを意味するだろう」(XXII съезд 1962: 241-243, 〔　〕内は松戸)。さきほど述べたようにこの綱領は二〇年間で共産主義を建設するという極めて野心的な目標を掲げていたが、これよりもさらに「非現実的」な提案をする人々がいたのである。より良い生活がより早く実現されることを人々は求めており、彼らの提案では「現実的」であることは時に無視された。この点で、七か年計画にせよ、党綱領にせよ、野心的な目標を歓迎し、より高い目標さえ提案したのは単なる「礼賛」ではなかっただろう。

フォーキンによれば、討議に参加した人々は様々で、女性と男性、労働者と知識階層、年金生活者とコムソモール員など社会の全ての主要なグループを見つけることができる。「彼らを束ねる唯一つのものは、自分の観点を政権に届ける志向だった」。共産主義建設への態度は肯定的なものと懐疑的なものがあり、肯定的な態度も二つに分けられる。その一方は、共産主義を建設する準備のある「熱狂者たちの」「禁欲主義的な」態度で、もう一方は、共産主義を「消費者的」に捉え、豊かさを満喫できる「宝の箱」を共産主義に見る態度だった。たとえばチホミロフは、党綱領に「共産主義は、人が「働こうと全く働かなかろうと勝手な」社会である」との規定を入れようとした。こうした「消費者的」共産主義も一様ではなく、個人的な需要の充足を欲する者もいれば、国民全体の豊かさを期待する者もいた。いずれにしても、綱領の掲げる共産主義は「主要な問題が解決される社会」として認識されていた。普通の人々は「消費者的共産主義」に「輝かしい未来」を見た。「誰もが無料の交通、無料の公共サービス、無料の工場の食堂について語ったのであり、社会主義的民主主義の諸原則の一層の発展についてではなかった」(Фокин 2017: 122–123, 132, 135–136, 177)。

共産主義建設に懐疑的な人々も二つに分類できるとフォーキンは言う。第一は、共産主義そのものではなく、綱領の目標の実現可能性に懐疑的な人々とされる。第二の人々についてフォーキンは、「デマゴギー的な、悪意のある、中傷的、反党的な性格の手紙が見受けられる」との綱領作成グループの説明を引き、「これらの手紙では共産主義社会の理念自体が疑問視されていた」と述べている(Фокин 2017: 164)。

党綱領をめぐる全人民討議での人々の態度を紹介してフォーキンは「多くの市民は、党が呼びかけたのとはやや異なる考えを持っていた。しかし、彼らは体制への反対者だったのではない」との評価も示している(Фокин 2017: 177)。

(2)「みんな信じていた。私たちも」

ユーリー・アクスューチンは、綱領制定当時を記憶している一五〇〇人に対してモスクワ教育大学の学生がおこなったアンケートを紹介している(Аксютин 2004: 14)。主に一九九八年と九九年におこなわれたもので、綱領制定時にもこのように考えていたとは限らないが、興味深い回答を紹介しよう。「皆が平等で幸福な社会の創出という理念に対して、全般に当時どのような態度をとっていたか」との問いに、九八年の回答者の五一%、九九年の回答者の五三%が「共産主義を信じていた」と答えた。「みんな信じていた。私たちも」。「みんな平等、つまり幸せになる」。「共産主義とは何か、誰もわからなかった。……しかし、生活がより良くなることを信じていた。実際に生活は良くなっていたから、なおさらだ」。「将来の良い生活を信じていたが、それが何と呼ばれるか、共産主義か否かは、われわれには重要ではなかった」。この理念を信じなかったのは一八・五%と一六%だったが、その中にも「より良い生活へのわれわれの確信は、共産主義への確信を全く意味しなかった」との回答があった(Аксютин 2004: 333–334)。「良い生活」に共産主義を見た者と見なかった者がいたが、いずれも「良い生活」を実感したり確信したりしていたことがわかる。

さきほど見たようにフォーキンは共産主義に対する態度と共産主義建設の可能性に対する態度を区別したが、アクスューチンのアンケートでも同様に区別することができる。「二〇年後、すなわち一九八〇年までに共産主義を建設するとの約束を信じたか」との質問に、「共産主義を信じていた」と回答した五三％のうちの約七割が肯定的に答えたという。「綱領はみんなに熱烈に受け入れられた」。「信じた。何もなく、商店は空だったけれども」。「ソ連共産党綱領は巨大な喜びとともに迎えられた」。五三％のうちの約一割の回答者は実現可能性に疑いも抱いていた。「綱領は壮大で魅力的だが、達成されるのは困難だ」。共産主義の理念を疑い、実現可能性も信じなかった人もいた。「西側ではわが国よりも生活がより良いことをわれわれは知っていた」(Аксютин 2004: 333-337)。

新党綱領には一二の原則から成る「共産主義建設者の道徳律[13]」が盛り込まれていた。フォーキンの判断では、手紙で道徳律に関わる提案をした者の多くはこの文書に意義を見出だしていた。最も広く見られた提案の一つは、アルコール中毒を許さぬと道徳律に加えることだった。過度の飲酒はその根絶なしに共産主義を建設することはできない社会的害悪と受けとめられていたとフォーキンは指摘している。家事労働の公正な配分を加える提案も複数あった。同僚を援助する義務、同志的な相互援助に対する勤労集団の道徳的責任、いかなる時も祖国防衛に立ち上がり、必要ならば命も投ずる覚悟、活発な無神論者たるべきことについて道徳律に加える提案もなされていた(Фокин 2017: 162-163)。

フォーキンは批判的な提案も紹介している。ルヂクは、綱領案に国内パスポート制度廃止の直接的言及を見つけられず、「まさか共産主義へわれわれの子供はパスポートと警察の居住許可を持って行くのか？」、「居住地の自由な選択の権利を制限しているパスポート制度は、共産主義の時期の人間にある労働への新たな態度と決して一致しない」と伝えた[14]。一〇〇以上の手紙が、党員は「自身が所有する価値ある動産と不動産、たとえば家、ダーチャ〔通例は菜園を伴う農村部の小屋〕、自動車の権利を国家のために」放棄しなければならないとして、財産を接収することを提案した。同じ理由で財産の自発的な放棄を提案する手紙もあった。貯蓄銀行の全預金者の収入源を点検し、「不誠実な手段による金は共産主義建設に用いるため国家に引き渡す」との提案も複数届いた。ドゥナエフスキーは、私的所有の許容範囲を定め、党員がこれを超えた場合の責任を導入し、党員に対する秘密の分配[15]を廃止するよう提案した。マジニコフも、ソ連にある種の「新たな搾取」が存在すると指摘して、私的所有を制限する考えを示した。社会のための無償労働の習慣を住民に植えつける必要性を綱領に記す提案も複数あった（Фокин 2017: 142, 145–147, 151,〔　〕内は松戸）。

こうした批判的な提案にも「共産主義理念」の影響を見ることができる。第二二回党大会でフルシチョフが紹介した共産主義建設の課題に「非現実的にアプローチ」する提案も含めて、実に多くの人々が「各々の共産主義」の観点から党綱領を読み、提案や意見を寄せていたのである。

4　ソ連憲法案をめぐる全人民討議（一九七七年）

一九六一年に新党綱領が制定されたことに伴い、三六年憲法（「スターリン憲法」）に代わる新たなソ連憲法の制定作業が六二年に始められた。憲法委員会の議長だったフルシチョフが六四年一〇月に失脚して憲法制定作業はいったん頓挫したが、人々は憲法への要望や提案の手紙を送り続けた。七七年までに新憲法の草案が作成され、同年六―九月には新憲法案に関する全人民討議が正式におこなわれた。全人民討議を経て新憲法を採択した同年一〇月のソ連最高会議でブレジネフは「まさしく全ソヴィエト人民が自分の国の基本法の真の創造者となったとわれわれは自信と誇りを持って言うことができる」と述べ、討議での約四〇万の提案に基づいて新憲法案に約一五〇の修正がなされることを紹介した(Брежнев 1978 : 519)。主にストレカロフの研究に拠りつつ、人々の提案や意見を見よう。

（1）「党はわれわれの時代の知性であり、名誉であり、良心である」――全人民討議での提案

ストレカロフは「討議は一般の人々の様々な気運と考えを明らかにした。嬉しい気分から悲しい気分まで、悪意あるものから歓迎するものまで」と述べ、「受け入れられる修正は……考慮された」と評価している(Стрекалов 2018 : 75)。たとえば「選挙人は自身の代議員に訓令を与える」と定めた第一〇二条は市民の提案によって憲法に加えられたとブレジネフが述べていたが(Брежнев 1978 : 521)、ストレカロフも「この規定は実際に市民によって提案されていた」と確認し、「人々の意見がソ連憲法への新たな条文の導入によって考慮されたのだ」と指摘している(Стрекалов 2018 : 352-353)。

党の指導的役割を定めた第六条は多くの反応を呼び、批判的な提案も少なくなかったという。スヴェルドロフスク州のトミロフは「われわれにレーニンの遺訓からまだ何か残っているならば、第六条の「ソ連共産党は人民のために存在し、人民に奉仕する」との文言のあとに「このため党の粛清は、ソ連共産党員の実務的および道徳的資質を知っている非党員勤労者が参加しておこなわれる」との論理的な続きを含めるべきだ」と提案した。クラスノヤルスク市のステパノフは第六条に「ソ連共産党

員はソ連社会の他の市民に対していかなる特権も有することはない」と追加するよう求めた。ベロルシア共和国ミンスク市のジューコフは次のように述べた。「指導的な党勤務員とその家族に代表される、特権的な階級・階層の一層の発展と強化を防ぐため……憲法第一章の特別の条文で〔次のように〕書くことを提案する。「指導的な党勤務員は、平均的に支払われている労働者と同額の賃金を受け取る。彼ら自身もその家族も、特権的な条件で住宅、サナトリウムの利用券、特別の閉鎖商店およびその他の特権を享受する権利を持たない[16]」」（Стрекалов 2018 : 136,〔 〕内は松戸）。

第六条については体制のあり方に関わる批判も寄せられた。アルハンゲリスク州セヴェロドヴィンスク市のポドルノフスキーは、第六条は「事実上、立法権力としても執行権力としてもわが国に党の独占を生み出し、国家機関を党機構の付属物に転化させる」と述べた。沿海クライのカルダシは「条文は法律を曖昧にし、二重権力、ソ連共産党の権力とソ連最高会議の権力を作り出す。さらに、ソ連共産党の権力に、国家管理における最重要の役割が割り当てられる」と訴えた。アフィノゲノフとマルチュコフは「ソヴィエトが真の人民権力の機関となるように、国の活動の問題解決におけるソヴィエトの役割を高めるべきだ。現在ソヴィエトはしかるべき重みと権威を有していない。党の中央委員会、州委員会、地区委員会がソヴィエトに成り代わっているからだ。このせいで地方ソヴィエト、さらには共和国ソヴィエトの代議員の多くの部分は活気がない」と指摘した。アムール州トィンダ市のプラヴヂンは「党は国家の活動を行政的にではなく思想的にのみ指導するよう条文を再検討する必要がある」と述べ、ラトヴィア共和国ユルマラ市のルビンスキーは「〔第六条で〕提案されている定式は、あたかもソ連共産党がソ連憲法の外、ソ連憲法の上に立つとの意味を有している」と指摘した。「非党員に対する党員の優越を定めるものであり、指導的職への任命における差別などを定めるものだ」(ヴラヂヴォストク市ブスィギン)、「六〇年間、党は人民を抑圧してきた。「権力と指導部には人民自身が就く」と書くべきだ」(オレンブルグ市姓名不詳)、「わが国の全ての政治権力はソ連共産党に属している。ここに、そしてここのみに、過去にも現在にも未来にも、われわれの社会にとっての主要な害悪を私は見る」(タガンログ市姓名不詳)などの批判もあった(Стрекалов 2018 : 136–137, 169, 〔 〕内は松戸)。

ストレカロフによれば、第六条の批判で「やや異なる性格のもの」があった。「これらは実際に第六条を批判していたが、党の権威を認めることから発していて、党を敬い、党を尊重していた」。その例として以下の「批判」が挙げられている。ゴルロフカ市のマリチェンコは「わが国の基本法としてのソ連憲法は、わが国における党の存在を具現化していない」と訴えた。ストレカロフの解釈では、マリチェンコは党の指導的役割を新憲法がより完全に具現化することを求めていた。これに対し、大祖国戦争の前線を経験したモスクワ市の年金生活者の手紙には「人民における党の権威は実に揺るぎなく、このため憲法での特別な条文という形での追加の支えを必要としていない」と記されていた。モルダヴィア共和国チラスポリ市の建設労働者のグループは、ソヴィエトは政治的な基礎、共産党はソヴィエトの思想的基礎と書くことを提案した。「ソヴィエト社会を指導し方向づける勢力に関する憲法での指摘はもちろん正しい。しかし憲法的ではないように響く」ためだった。ウズベク共和国サマルカンド市のマクスドフは「〔党の指導的役割を定めた〕第六条の最初の段落を削除すべきだ。何故ならソ連共産党の指導し方向づける役割は、わが国では法の力によるものではなくソヴィエト人民の意志によるものだからだ」と書いた。ラトヴィア共和国リガ市の非党員レイマニスは第六条に若干の修正を求めた。「条文の意味に完全に賛同する。しかし同時に、党の位置、役割および権能が十分明白かつ正確に定式化されていないと結論せざるを得ない」(Стрекалов 2018: 126, 138–140,〔 〕内は松戸)。「もちろん党の役割に関する条文に完全に賛同する人々もいた」とストレカロフは記している。レーニンの一九一七年の言葉「党はわれわれの時代の知性であり、名誉であり、良心である」を第六条に含めるよう求める人々がいた。ノヴォクイブィシェフスク市のパヴロフは「新憲法案の第一条として「ソ連において共産党は指導し方向づける党である。何故なら共産党は人民によって構成され、人民の利益を擁護するからだ」と書くべきだ」と書いた。ウクライナ共和国ザポロージェ州のイヴァンチェンコは集会で「党の指導的役割の一層の増大はわれわれの社会の発展の合法則性である」と述べた。同様の提案は討議期間中に六八一七あったという。ボルシェヴォ市のシェバリンは「その全歴史によってソ連共産党は、共産主義の勝利のためのソヴィエト人民の闘いに……科学的な根拠のある性格を与えていることを証明した」と書いた。モスクワ市のソザシヴィリは「共産党は人類史上唯一かつ世界で初めて全権力を獲得して人民に与えた。世界に存在する政党の中で共産党は最も人民的で、最も先進的である。このため第六条に「ソ連には他の政党は存在し得ない」と付け加えるのが適切だと思われる」と提案した。モルダヴィア共和国のスィルバは「党は人民にとっての灯台である」との表現で第六条に賛成した(Стрекалов 2018: 140–142)。

このように第六条をめぐっては実に様々な意見が表明されたが、全人民討議を経て、「全ての党組織はこの憲法の枠内で活動する」との文言が追加された。全人民討議は、少なくとも政権が受け入れ可能な範囲では人々の意見を反映する役割を確かに果たしていた。

全人民討議では、ソ連大統領の職を設ける提案もなされていた。最も単純な提案は「ソ連最高会議幹部会議長」を「ソ連大統領」に代えることだった。ストレカロフの理解では、党書記長ブレジネフがソ連最高会議幹部会議長に選出されたことは明らかに肯定的に受けとめられており、人々はそのことを象徴的に言い表したくて、彼を「ソ連大統領」と呼んだ。レニングラード市のオスコトスキーは手紙で、ソ連最高会議幹部会議長とソ連軍最高司令官の機能を大統領に委ねる必要がある、「レオニード・イリイチ・ブレジネフは疑いなくソ連の歴史において初めて最高の国家の役職に就く栄誉にふさわしい」と書いた。モスクワ市のクレンコは、大統領を直接の秘密投票で、五年任期・二期まで選出することを提案し、唯一の例外として「ソヴィエト人民に対するブレジネフの多大な貢献を考慮して、彼をソ連大統領の職に生涯留めるべきだ」と述べた(Стрекалов 2018 : 216–218)。

（2）「わが国は全世界でより良いものとなる」——憲法に反映されなかった提案

憲法に反映されなかった提案の中にも国家や体制への誇りに満ちた提案があった。グルジア共和国トビリシ市のゲダゼは次の提案をした。「ソヴィエト国家の誕生それ自体が……専制権力を打倒しプロレタリア独裁を樹立した人民にとって偉大な記念碑である。しかし思うに、わが国のために新たな暦法が考案され、偉大な十月の勝利とソヴィエト権力樹立の時から紀元がとられるならば、完全に公正で合法則的だ。なんだってわれわれがキリスト誕生の日から時を数えなければならないのか。……一九七七年ではなく、新紀七七年と記すべきだ。憲法にも記すべきだ。ソ連における紀元は大十月社会主義革命の勝利の日から定めるべし、と」(Стрекалов 2018 : 359)。年数は間違っているが(十月革命のあった一九一七年を紀元とするのであれば一九七七年は「新紀六一年」となる)、革命とソヴィエト権力を称えていることは明らかである。[17]

三つの戦争に参加したヴォログダ州のゴロヴィンはラジオへの手紙で「われわれ古き戦士たちは皆、わが国の若者が健康で、道徳的に堅固に、不屈に、不撓に、肉体的に鍛錬され、揺るぎなく、良い思想に基づき、規律正しく成長し、養育されることを望んでいる」、「憲法の案は素晴らしく、正当だ。しかし……追加してほしい。子供、未成年者のおこないには両親が完全に責任を有すると。刑事罰も含めて」と訴えた。ゴロヴィンは、若者の無頼行為がひどくなっている、「これ以上続いてはならない」とも述べた一方で「わが国は全世界でより良いものとなる」とも記していた(Стрекалов 2018 : 330)。

本章第一節で見たように、ソヴィエト民主主義の考え方では自由・権利と義務が結びついており、憲法案にもこれに関する規定が存在した。この規定については「市民の一定の義務を定めているソ連憲法の規定を……人々は……民主主義の何らかの「制限」としてではなく、自身の死活的利益の表現として考えている」のであり、全人民討議では「市民の権利、自由および義務のより緊密な、切り離せない結びつきの保障、労働規律および国家規律の強化に向けられた提案が広範になされた」と主張されていた(Кузьмин 1987 : 108)。

実際、全人民討議ではヴラヂーミル州のクリツィン、ペンザ州のルィズロフ、アルメニア共和国のアラケリャンが、集団は各成員に対し責任を負い、各勤務員は社会における事業の全般的状況に対して責任を負うと示すことを提案していた。ウズベク共和国の某セルゲエフは「ソ連の各市民の義務は社会的利益を私的利益の上に置くことだ」と記すよう提案した。カルムィク自治共和国のヴァシキエフは、労働の権利に関する条文に「計画は皆にとっての法である、その達成は義務である、超過達成は栄誉である、質は良心である」と追加するよう提案した。トルクメン共和国のドズュバは同じ条文の冒頭を「労働能力のあるソ連市民全員の名誉に関わる義務と業務は、誠実な労働、社会的に有益な活動への創造的アプローチ……である」とすることを提案した。こうした手紙を紹介してストレカロフは「市民の理解では義務が一番であり、権利と自由は二番だった」、「このことを特に示しているのが、憲法にまず義務を、次に権利を叙述するとの提案だ」と述べている(Стрекалов 2018 : 331, 334-335)。

さらにストレカロフは「明らかに市民たちは(皆ではないが大半が)、「反ソ的言動」、異論派運動、ソヴィエト権力に忠実でない者全般に対して批判的で、これらを支持せず、社会と国家の集団的利益に従っていた」との評価を示し、次の例を紹介している。クルガン州のマリツェヴァは「社会と国家によって与えられたものを尊重することのできない全ての離反者には言論の自由の憲法上の権利の利用を禁ずるべし」と憲法に追加する提案を新聞への投書で公表した。イルクーツク州のニキーチンも新聞で「政治的自由は、反ソ的な目的で、国家に害をなしては用いられ得ない」と追加することを提案した。沿海クライのマツィボルは集会で「政治的自由の利用が社会と国家の利益を損なってはならない」との提案を述べていた(Стрекалов 2018 : 360)。

（3）人民の中の「同盟者」

憲法案をめぐる全人民討議で人々は憲法と直接関わりのない多くの事柄についても手紙を書き送った。ストレカロフは、おそらく最も大きな反響を人々に呼び起こしたのは社会問題(年金、補助金、労働週と休暇の長さ、住民の様々なカテゴリーの特典）だったと指摘している。「驚くべきことではない。ソヴィエト国家は市民の私的または政治的な権利ではなく、まさに社会的経済的な権利の保障に注意を向けていたのだから」（Стрекалов 2018 : 318）。

アルハンゲリスク州のマルィギナは村ソヴィエトの定例会で「コルホーズで生涯働いて年金を受け取っていない人々への年金支給決定に関する問題を解決すべきだ」と述べた。ヴィノグラドヴァはラジオへの手紙で、教員の年金支給年齢の引き下げに関する問題の解決をブレジネフに願い出た。「Л・И・ブレジネフが、平和と自由のため、ソ連の人々の生活改善のために闘っていること、この世でわれわれがさらに良く暮らせるようとてもとても多くのことをわれわれのためにおこない、今もおこなっていることをわれわれは知っている。どうか彼に健康と長い長い人生を与えたまえ。私は老いた教員で、ほとんど目が見えない。このため全ての教員に対して五五歳からではなく五〇歳から年金支給を決定するよう憲法に盛り込むことを切にお願いする。彼らを、自分の家族のため、そして自分のために暮らさせたまえ。教員であることは実に耐えがたい労働なのだから。このことについてレオニード・イリイチに個人的に話したならば、彼は助けてくれると思う」（Стрекалов 2018 : 318）。

全体としてのストレカロフの評価は次のようなものである。市民の反応には「極めて批判的なものから完全に肯定的なものまで意見の完全なスペクトルが存在した」。手紙の中には「反ソ主義の」精神で書かれたものもあったが、「党には人民の中に「同盟者」がいた。このため、ソ連共産党はブレジネフの統治期にすでに……社会における支柱を失っていたと言うべきではない」。憲法案への態度には熱狂的に賛同するもの、賛同しつつ個々の条項に修正を提案するもの、いくつかの条項の本質的な修正を条件に賛同するもの、賛同しないものがあった。市民の気運も、体制や党の政策に賛同するもの、修正への期待とともに賛同するもの、賛同しないものの三つに分けることができ、「第一と第二を合わせると、第三よりも多かった」。「多くの市民は国の指導部をまだ信頼し続け、社会と国家の問題の解決のための指導部の能力を信じ続けていた」。「多数の提案は市民の構想を実現する一歩だった」、「住民の立場は、案の作成時に国の指導部によって形式的にだけではなく実質的にも考慮された」。「市民の全ての提案が案に含められることはあり得ない」が、多くの個別の問題は「その後の党と政府の決定に反映され、法的な方策がとられた」。「国の指導部は市民の提案と発言を通じて、日常生活でどんな困難を経験しているのか、社会と国家のいかなる問題が真剣な検討と解決を必要としているのかについての「警告」を住民から受けとった」。一九七七年憲法は「ソヴィエト民主主義の発展における明確な一歩だった。これは民主主義の思想の発展でもあった」(Стрекалов 2018: 143, 305-306, 352, 379, 381)。

ストレカロフが紹介した中から興味深い訴えをさらに二つ紹介しよう。一九六四年八月の党中央委員会宛て報告によれば、レニングラード州のマルコフは次のように訴えていた。「スターリンがいて、専制をし、誤りを積み重ねたが、批判はどこだ? 批判してみろ! 今は閣僚会議議長の同志H・C・フルシチョフがいる。私は彼をスターリンと較べることさえしたくない。これは昼と夜だ。しかし、同志フルシチョフだって聖神によって塗られているわけではない。彼もまた誤り、しくじることがあり得る。彼が誤っているところがわれわれには下からよりよく見えているが、どうして彼に対して開けっ広げに、率直に批判することをしないのか? 彼の失策について善意を持って彼に教えないのか？」(Стрекалов 2018: 49)。この報告の二か月後にフルシチョフは党幹部たちによって辞任に追い込まれたが、すでに人々の間にもフルシチョフの失策に対して(それを批判しない幹部たちにも対しても)不満が募っていた様子がうかがえる。キエフ市のレオニード・シェフチェンコは、マルクス・レーニン主義の解釈における党の「独占」を批判した。「党と政府に宛てた公の批判をおこなう可能性を私に与えるよう要求する。そうでない場合、社会的および政治的平等の敵対者を粉砕するために必要なあらゆる不可欠な手段をとる権利を〔自身に〕留保する」(Стрекалов 2018: 125-126,〔　〕内は松戸)。「キエフ市」以下の住所が完全に記されていたのかはわからないが、姓名も記してこの要求を書き送ったのである。

5　稀有なほどに中途半端な法律？

全人民討議は一九五〇年代半ばから頻繁におこなわれていたが、法的な位置づけは明確ではなかった。七七年制定のソ連憲法第五条で「国家活動の最も重要な問題は全人民討議にかけられ、全人民投票(レファレンダム)に付される」ことが初めて明文化され、八七年六月にはソ連邦法律「国家活動の重要な諸問題の全人民討議について」が採択された。

この法律は前文と一六条から成る。前文では、「社会主義的民主主義の一層の深化、人民の自主管理の発展」は、法律と決定の案および重大な問題の「審議に参加する憲法上の権利を実行するソ連の各市民にとっての現実の可能性の拡大を前提とする」、この法律の目的は「国家活動と社会活動の重要な諸問題に関する決定の策定における市民の参加の発展を促すこと」と謳われていた(Справочник

1988: 628)。

第一条では、法律案およびその他の国家活動の最も重要な問題はソ連最高会議またはソ連最高会議幹部会によって全人民討議にかけられること、第二条では連邦構成共和国、第三条では自治共和国について、法律案およびその他の国家活動の重要な問題がそれぞれの最高会議または最高会議幹部会によって人民討議にかけられることが定められた。第四条では、各地の行政区画でも地域住民の利益に関わる重要問題がソヴィエトまたはその執行委員会によって住民の討議にかけられることが定められた(Справочник 1988: 628–629)。

第六条では「ソ連市民は……討議への自由な参加を保障される」こと、「出自、社会上および財産上の状態、人種および民族の属性、性別、教育、言語、宗教への態度、当該地域での居住期間、職業の種類と性格による討議に参加するソ連市民の権利の直接または間接のいかなる制限も禁じられる」ことが定められ、第一一条では「本法律に違反した国家機関および社会機関の公務員ならびに討議に参加する権利をソ連市民が自由に行使する際に妨害した人物は法律の定める責任を負う」と定められた(Справочник 1988: 629–630)。

第一三条第二項では、提案と指摘を市民は連邦・連邦構成共和国・自治共和国の最高会議幹部会、地方ソヴィエトの執行委員会、その他の国家機関と社会機関に直接送ることができると定めている。第四項では、提案と指摘は共和国と自治共和国の最高会議幹部会、地方ソヴィエトの執行委員会、その他の国家機関および社会機関、マスメディアによって概括されてソ連最高会議幹部会へ送られると定められている(Справочник 1988: 631)。

第一四条第一項では、ソ連最高会議幹部会に届いた提案と指摘は「検討され、案の仕上げに際して考慮される」と定め、第四項では、討議のテーマと関係のない提案と指摘は「所管に応じてしかるべき国家機関と社会機関へ送られ、これらの機関は所定の手続でそれを検討する」とも定めている(Справочник 1988: 631–632)。本節でこれまで見てきたように、全人民討議の対象が何かにかかわらず人々は実に多様な要望や提案を伝えていた。そうした提案や指摘も検討することが法律に明記されたのである。

第一六条第一項は、ソヴィエトによって住民討議にかけられた問題は、下級のソヴィエトの定例会、その執行委員会、勤労集団の集会や居住地域ごとの市民の集会およびその他の多様な会合で事前に検討されることができると定めている。第二項では、提案と指摘はしかるべきソヴィエトの執行委員会へ送られ、決定案の仕上げと実際の活動において考慮されること、上級の国家機関の管轄に関わる提案と指摘は検討のためこれらの機関に送られることを定め、第三項では、討議の結果は執行委員会によってソヴィエトの定例会で報告され、住民に知らされると定めている(Справочник 1988: 632–633)。

この法律についてН・Ф・シャラフェトディノフ(ソ連科学アカデミー国家と法研究所研究員)は「ソ連憲法第五条の実現として法律は採択された」と述べつつ、法律には「まさに半分が、この素晴らしい条文の完全に半分が欠けている……。稀有なほどに中途半端な法律だ!」と指摘した(Шарафетдинов 1989: 223)。憲法第五条は全人民討議と全人民投票(レファレンダム)について定めていたが、制定された法律には後者に関する定めはなかった。この点を問題視したのである。

シャラフェトディノフによれば「憲法の規範の後半は不可解にも消えた。規範の後半とともに人類の最も偉大な民主主義の成果の一つであるレファレンダムがわが国の政治の実践から消えた」。法案をめぐる討論で発言した代議員の一人がレファレンダムの手続を法的に定めることについて意見を述べたにもかかわらず、「この提案は関心を呼び起こさず、審議されず、支持を得なかった」。そしてシャラフェトディノフは、これは官僚機構の抵抗によるものだとする(Шарафетдинов 1989: 223-225)。

この指摘を念頭において、法案を採択したソ連最高会議の様子を確認しよう。法案について報告したソ連最高会議幹部会議長アンドレイ・グロムイコは「重要な諸問題の全人民討議の手続を法律の明確な枠内でしっかりと定めることは、国家の決定の準備に市民が参加するための確固たる法的保障を作り出す」と述べた。何故なら「周知のように五〇年代後半からいくつもの重要な法律の案が討議に諮られた」が、「かつておこなわれた法案の討議には深刻な欠陥があった」。「しばしばこうした討議は、必要以上に過剰に組織され、形式的に、市民の提案と指摘のしかるべき分析なしにおこなわれた」。「この結果、多くの有益な提案が、案の最終的な仕上げに際して反映されなかった」というのである(18)(BC 1987: 147)。

グロムイコは「連邦構成共和国でもわれわれの民主主義の豊かな武器庫が完全な程度には全く利用されていない」とも指摘した。一〇年前の共和国憲法案の討議ののち「連邦構成共和国と自治共和国では、他の法律または法典は一つも人民討議にかけられていない。法案は省庁と施設に回されているだけだ。ある机から別の机に積み替えられている」。「今日われわれが採択しなければならない法律は、討議の実行に際して過去に存在した深刻な欠陥に対する堅固な防壁を立て、共和国の立法の準備の実際にも決定的な変化をもたらす使命を帯びている」(BC 1987: 147-148)。

そのうえでグロムイコは「社会主義の条件においてのみ社会活動の重要問題の広範で関心を持った討議が可能であるとわれわれは完全な根拠を持って言うことができる。西側世界の国々の一つにおいても、過去にも現在にも真の全人民討議はおこなわれなかったし、おこなわれ得ない」と主張し、「法案の全人民討議を形式的な手続に転化させないことが実に重要だ」、「人民の意見を考慮することは全ての水準で重要だ。国の規模、共和国の規模でも、州、市、地区、村の規模でも。これに加えて地方的意義の問題の住民による討議が継続的な実践とならなければならない」と述べた(BC 1987: 148-149)。

グロムイコはまた「法秩序の擁護、適法性の強化、市民の権利と自由の保障の問題は重大な注意を要している」、「こうした緊迫した問題を直接住民と討議することは……この社会的な害悪の根絶、わが国の道徳的状況の健全化に皆で協力して参加する可能性を与える」とも述べた。そのうえで「これら全てがソヴィエトの活動の広範かつ高い水準で責任のある前線である。強調すべきは……執行委員会だけでなく、まさにソヴィエトの、ということだ」、「しかしここで言わなければならない。……時に人々はソヴィエトが何を審議し決定しているのか知らず、この結果として、おこなわれる方策にしかるべく参加していない。民主主義にとっては……ここに多大な活動の場がある」と指摘した(BC 1987: 152-153)。

そしてグロムイコは「今日ではあちこちで良い方向への変化の兆しがすでに見られる」、ソヴィエトの決定の案が公表され、勤労集団の集会、市民の総会、新聞紙面、会議と会合で事前に討議され、活発な意見交換がおこなわれている、「人々は、彼らの言葉が聞き入れられている、彼らの意見は尊重されていると感じ始めている」と主張した。そのうえでグロムイコは、市民が自由に討議するために「手段を尽くして公開性を広げる必要がある。公開性は、報告のためだけではなく本物でなければならない。活発な議論、発意と創造的な考えの表明のための条件を作り出すべきだ」と述べた。公開性の一層の拡大を保障する法令の採択は重要な政治的出来事であり、全人民討議に関する法律は「こうした法令の最初のもの」である。「これが働き、機能するようにするためには、人々の前に完全にその条文の意味と意義を明らかにし、法律遂行のための国家機関と社会機関の具体的な課題を定めることが不可欠だ」。「より深められつつある社会主義的民主主義の状況で暮らし働くことを各人が学ぶようにする必要がある。まさに各人が、だ。この議場にいる人民の高い信頼を得た代議員が、機械の傍にいる労働者が、農場にいる機械化技術人員が、学者と作家が、教員と医師が、だ」とグロムイコは訴えた(BC 1987: 153–154)。

報告後の討論では八人の代議員が発言した。注目される四人の発言を簡潔に紹介しよう。ウスマノフは、近年タタール自治共和国では死活的に重要な問題に関するソヴィエトの決定の案が居住地ごとの市民の総会で討議されていることを紹介し、「法案は人民の利益に、……社会主義の本質にそもそもの民主主義的諸原則と規範の全面的実現に向かう路線に完全に応えている。法律は……真の民主主義的な加速化の重要なファクターの一つとなる」として、「法律を採択するよう提案する」と述べた。そのうえで「それとともに全人民投票の手続も、自治共和国における人民投票も含めて法的に整備することが適切だろうと考える」と付言した(BC 1987: 162–163)。代議員の一人がレファレンダムの手続を法的に定めることについて意見を述べたとのシャラフェトディノフの指摘はこの発言を念頭に置いたものと思われるが、「法律を採択するよう提案する」と述べており、速記録を読む限りでは審議中の法案の修正を求めたわけではないように思われる。

クドリャフツェフは、法律と決定の案の討議は公開性の要素であり発現形態である、「この過程を市民が完全に肯定的に評価していることを社会学と法学の調査は物語っている」と述べた。そして、社会調査研究所のアンケート調査で、国内政策と対外政策の諸問題に関する住民への情報提供の程度が最近特に強く増大したと六九％が指摘し、決定の採択への市民の参加の程度も増したと五九％が指摘したことを紹介し、「これは肯定的な事実だ」と述べた。その一方でクドリャフツェフは「あなたの市、地区の活動に関わる諸問題についての公開性の状態はあなたを満足させているかとの質問に肯定的に答えたのは四〇％だけで、四二％は否定的に回答した」ことに注意を喚起した。「勤労者は国全体の活動の問題についてより多く知っており、総じてしばしば自分の地域の問題の決定に対してよりもこれらに強く影響力を行使している」、「新たな法律はこの状況を改め、地域におけるペレストロイカと民主主義を活発化する助けとなると考える」(BC 1987 : 164)。

ズグルスキーは「われわれ代議員は皆、以前われわれはあれこれのグローバルな問題に関して全人民討議をおこなっていなかったのかと今日質問する権利がある」と自問し、「そうだ、おこなっていた」が、「しばしばこの活動は形式的におこなわれた」と認めた。そして「異なる取り組み方が必要だ。各人が自身の提案をおこなうだけでなく、これを擁護し、その実現に活発に参加することができるような取り組み方だ」と述べた(BC 1987 : 166)。

シャミャキンは、全人民討議が最も効率的におこなわれるためには討議のずっと前に問題の本質について情報を提供して決定への関心を準備する必要があると述べ、ベロルシア共和国では市民の利益に関わる地方的意義の重要問題に関する決定を住民の事前の討議ののちにソヴィエトと執行委員会が採択することがより頻繁になっていると紹介した。その際にシャミャキンが「伝統とは異なる取り組み方の例」として挙げたのが、ゴメリ州ソヴィエトの定例会の準備と実施だった。執行委員会は、定例会に諮る報告の要旨を新聞に公表し、指摘と提案を送るよう住民に要請した。執行委員会委員、部局の長、代議員が二五〇以上の勤労集団で演説し、その集会には二万人以上が参加した。執行委員会、部局、個々の勤務員に対する指摘と提案が一〇〇〇近く寄せられ、執行委員会の活動に関する討論が定例会でも続けられたという。そしてシャミャキンは「法案の全ての条項に同意する」と述べ、「しかし一つの追加を提案したい」と続けて、全人民討議に諮る対象を定めた第一二条第一項に「国際政策の諸問題」または「国際関係」を加えることを提案した[19]。「これは今日全ての人を心配させ、影響する問題だ。地球における平和の保障は、レーニンの党の、われらがソヴィエト国家の、平和志向の政策の基礎となる問題だ」(BC 1987: 171–172)。

これは審議中の法案への修正提案のように読めるが、続けてシャミャキンは「国家活動の重要問題の全人民討議に関する法律を採択することを提案する」と述べて発言を終えたので(BC 1987: 172)、この法律を採択したうえで後日に追加の修正をすることを提案したと解するべきなのかもしれない。この点は速記録からは判断し難いが、いずれにしても議長は「配付された法案に何らかの修正、指摘はあるか」と問い、「修正と指摘はなし」として採決に移っていた(BC 1987: 177–178)。

この法律の制定によって全人民討議の形骸化が克服され得たのかはわからない。ペレストロイカが始まっていたため活発な議論がおこなわれる可能性はあっただろうが（法案の説明で出てきた「公開性」は「グラスノスチ」として知られた語である）、わずか数年のうちにソヴィエト民主主義そのものが放棄されたからである。

その一方で、「西側世界の国々の一つにおいても、過去にも現在にも真の全人民討議はおこなわれなかったし、おこなわれ得ない」とグロムイコは主張したが、全人民討議という制度自体はソヴィエト民主主義ではない国でも採用することができるはずである。そして、全人民討議を適切に実施することができるならば、代表制民主主義を補完するとともに、人々の主権者としての意識を高め、政治参加を活発化させる可能性を有するだろう。

第四節　勤労集団による参加

参加を重視したソヴィエト民主主義では、企業・工場・コルホーズなどの勤労集団が重要な役割を果たすことが期待されていた。一九七七年制定のソ連憲法第八条では「勤労集団は、国家的および社会的な事業の討議と決定、生産と社会的発展の計画作成、要員の養成と配置、企業と施設の管理および労働条件と生活条件の改善ならびに生産の発展、社会的文化的方策および物質的報賞に向けられた資金の利用の問題の討議と決定に参加する」と定められた（Конституции 2021 : 52）。

一九七七年一二月一二日付ソ連最高会議幹部会決定では、この条文の実現には「勤労集団の権利に関する法律」が必要とされていたが（Стрекалов 2018 : 369）、この法律が制定される前から勤労集団による参加は実践されていた。たとえば八〇年七月八日のロシア共和国最高会議幹部会の会合では、執行委員会の決定案を勤労集団で審議する実践が広がっている、このような真に民主主義的なアプローチは人々の法意識の育成および居住区域における社会秩序と社会的安全の強化という課題に彼らの注意を集めるうえで多大な意義を有していると指摘されていた(ГАРФ 13/5147/62)。

こうした実践を経て、一九八三年六月一七日にソ連邦法律「勤労集団、および企業、施設、組織の管理におけるその役割の向上について」が採択された。この法律についても採択前に全人民討議がおこなわれていた。前節の5で見たように、全人民討議に関する法律の審議ではそれまでの討議の過剰な組織化が指摘されていたことにも留意しつつ、この法案の全人民討議に関するソ連最高会議での説明を見よう。

法案について報告した第一副首相ゲイダル・アリエフによれば、「法案には勤労集団の役割、課題および権限に関するソ連憲法の条項の具体的な適用があり、その多くは全人民討議の際に勤労者自身によって形作られた」。全人民討議には一億一〇〇〇万人以上が参加し、一二三万の勤労集団の集会で五〇〇〇万人以上が発言した。「中央、共和国、地方の出版物、テレビとラジオで明けても暮れても法案に関する詳細な議論がおこなわれ、法案への修正の根拠が示された。多くの提案が市民によってソ連共産党中央委員会、ソ連最高会議幹部会および閣僚会議へ直接送られた手紙に記されていた」。全部で約一三万の提案と指摘が届き、「届いた指摘と提案は法案に対する作業で極めて重要な助けとなった。その全てが……注意深く検討され、概括された」。このように述べてアリエフは、法案の二三の条文のうち二一が修正され、七〇以上の補足と修正がなされたと指摘した。「本質的に正しい提案の中には、法律をあまりに詳細にするため採用することが可能とは考えられないものもあった。採択される法律に現行の法令を合わせる作業の過程でこれらは検討される」とも述べた(BC 1983: 77, 93-94)。

報告後の討論での代議員の発言を見よう。スハノフは「法案の討議における深い関心について示すのは次の事実だ」として、「モスクワ地下鉄建設」の集会で参加者の九人に一人が発言し、三〇を超える具体的な提案と補足が出されたことを紹介した。カチュラは、法案はウクライナ共和国で「高い活発さと大いなる関心をもって討議された」、一八万七〇〇〇以上の集会が開かれ、事実上全ての働く住民が参加し、一一〇万人が発言したと述べて、「満足をもって指摘したいのは、法案討議の過程で述べられた指摘と提案が注意深く検討され、この文書の仕上げに際して基本的に考慮されたことだ」と語った(BC 1983: 99, 108-109)。

代議員たちは法案の討議自体の効用も主張した。マズルによれば「われわれのところにも規律違反がしばしばあり、われわれのところにも厳重な監視の必要な怠け者がいる」が、「法案の討議の後は多くがすでに良いほうへ変わった」。「自分の義務にいいかげんな態度をとる者への厳しさが増した。管理部の指令が常に十分な働きをするわけではないところでは、違反者に対する集団の意見と言葉が順調に働くことをわれわれは確信した」。ヂヤコノフは「勤労集団の活動の範囲はとても広い。民主主義の諸機関の形成と生産の管理への参加から家族の強化の支援までだ」、「採択される法律は、生産活動、社会活動および国家活動に影響を与える多大な権限と可能性を勤労集団に付与する」と述べるとともに、「しかしこの法律はより少なくない義務も課す」と指摘した。この義務の中で最も重要なのは「高い生産性をもって働くこと、国家計画と契約義務を達成することだ」、「この際に不可欠な条件は労働規律と生産規律の厳格な遵守だ。……集団の名誉を大切にせず、その正常な活動を妨げる規律違反者はなおもいる。これに対して彼らの責任を厳しく問う必要がある」。このように述べてヂヤコノフは、バシキール自治共和国の勤労者は「党の、国家の、労働と生産の規律強化のための方策に熱烈に賛同し支持している。……われわれの社会の生活における否定的な現象との断固たる闘いを一層粘り強くおこなうことも彼らは提案している」、「社会団体と管理部の代表者だけでなく仕事の同志たちも違反者を非難する言葉を発するところでは、より良い成果が常に得られている……。このことは、集団の、その良き伝統の、年長世代の道徳的経験の、教育上の役割がどれほど大きいかを示している」と語った(ВС 1983: 125, 129–130)。

法案は一九八三年六月一七日に採択され、早くも同年八月一日に施行された。個々の条文の紹介は省略し、この法律についての評価を見ることにしよう。

ロスロフは、勤労集団の集会の法的地位が定められていること、集会では企業、施設、組織の生活と活動の最も重要な問題が検討されていることを指摘し、「集会は社会主義的民主主義の拡大を保障する方策の複合体の有機的な一部」となり、「勤務員の活発さの全面的発展、管理におけるその役割の向上を促している」と述べている(Рослов 1985: 46–47)。

シャムバによれば、「おそらく民主主義の生活における最も著しい進歩は、民主主義が政治および政治的活動の枠外に出たことと結びついている」。「民主主義は、人間が働き、自身の能力と才能を発揮し、創造的個人として能力を発揮する分野を含まないならば、完全にも有効にもならない。社会主義社会の民主主義的な実践によって作り上げられた最も価値あるものは、まさしく生産における民主主義の形態である」。このように述べたシャムバは、勤労集団に関する法律は権利とともに課題も提起したとも指摘した。その課題とは、社会主義的財産の維持と増大、不経済や人民の財産への不真面目な態度との闘い、国家と社会の所有物の不法領得の予防、社会主義的財産の維持に関する法規の違反や物質的金銭的資源の非合理的な利用に責任のある勤務員と労働規律違反者の責任追及、法律の遵守と社会主義的共同生活の規範への敬意、人民の財産への注意深い態度、過度の飲酒、無頼行為、飽くなき金銭欲およびその他の共産主義的道徳の反対物を許さぬ精神での集団の成員の育成などだった(Шамба 1985: 55–57, 103)。

ボンダレンコは、勤労集団の決議に基づいて管理職が解雇された例を紹介している。トラスト「ユジュスタリコンストルクツィヤ」ダゲスタン建設・組立管理局の勤労集団の総会で、粗暴さ、労働条件と生活条件への無関心、勤労集団における道徳的心理的雰囲気の悪化への責任を理由に管理局長代行を解任するようトラスト指導部に要望することが一二八人中一二六人の賛成で決議され、管理局長代行は職を解かれたという(Бондаренко 1989: 17)。

こうした肯定的な評価が見られる一方で、クズィミンは一九八七年に、勤労集団に関する法律は「社会主義的自主管理のレーニン的思想と実践の発展への重要な貢献となった」が、「期待されていた成果をまだ出していない」と指摘していた(Кузьмин 1987: 43)。

これらはソ連での評価だが、チェグリネツは二〇一三年刊行の著作で「生産の民主主義はいくつかの段階で発展した。……その中で重要なのは勤労集団に関する法律だ。法律には、民主主義的な規範と目標が行動で支えられず、形だけ、見た目だけに甘んじているという実際と闘う主要なメカニズムが置かれている」と記している。チェグリネツは、集会が筋書き通りに開かれるといった社会主義的民主主義の否定的な側面は「生産現場にしばしば存在している」とも指摘したが、この法律によって集団と指導部に義務的な決定を採択する権限が勤労集団の総会に付与され、「総会は一種の国家権力機関の性格を帯びた」と評価している。その例として、クラスノダールクライで一九八三年から勤労集団と初級党組織の意見を考慮して新しい幹部職員が年に一〇〇〇人以上登用され、この際に数十人の候補者は勤労者の支持を得られないことを紹介し、「勤労集団が生産における同等のパートナーとしての権限を得たことによってこれは達成されている」と述べている(Чегринец 2013: 8, 76–77)。

この法律の制定から二年足らずでゴルバチョフが党書記長に就任したが、その後も勤労集団の参加は重視されていた。一九八七年一月に開かれた党中央委員会総会の決議には、生産の分野における民主主義の発展、勤労集団の活動への自主管理の首尾一貫した導入、勤労者の各人が仕事において自身の企業の主人であると感じることのできる条件の創出に最重要の意義を付与していると記されている(КПСС 1989: 356)。

しかし、その後数年の間に企業と勤労集団の置かれた環境は激変し、ソ連という国家自体も消滅することになった。

(1) 政権の公式見解では、苦情や訴えへの対応は「個別救済」にとどまるものではなかった。本文でも言及した一九五八年八月二日付ソ連共産党中央委員会決定「勤労者の手紙、苦情および訴えの検討における深刻な欠陥について」は、勤労者は個人的な問題を訴えるだけでなく、欠陥を明らかにし、個々の指導者を批判し、仕事の改善策について提案し、党建設と国家建設の実に多様な問題について意見を述べていると指摘していた(КПСС 1986a: 251)。

(2) クレヴィグはスターリン批判後の人々の反応を紹介している。たとえばクイブィシェフ市キーロフ地区の党組織集会で年金生活者タガノフは「資本主義諸国における失業と貧困、わが国における生活の改善について描くポスターで、見出しの位置を交換する必要があるだろう」と述べた。「資本主義諸国における生活の改善」「ソ連における失業と貧困」を描くべきだと指摘したのである。ヤロスラヴリ自動車工場の党員集会では主任技師キセリョフが、貧富の格差が革命前より大きくなっている、最も貧しき者と最も富める者の関係は一対二〇だったのをレーニンが一対五にしたが、一九五七年には一対一〇〇だと述べ、工場を訪れたフランスの労働者がソ連で暮らしているように暮らすより「死ぬほうがましだ」と発言したことを紹介した。集会では、キセリョフの勇敢さと誠実さを褒め称えた者も、反ソ的と非難した者もいた。キセリョフの発言を「反ソ的」と認めるか否かの投票をすることが決まり、賛成一七、反対二一、棄権一八だった。市党委員会へ呼び出されたキセリョフはさらに厳しい調子で党指導部と生活水準への批判を繰り返し、あまりに多くのろくでなしと出世主義者が上層に入り込んでいると述べたという(Кулевиг 2009: 39–40; Kulavig 2002: 27–28)。

(3) ソ連各地から『プラウダ』編集部を訪ねてくる人も多く、一九六一年だけで『プラウダ』の面会室は約一万二〇〇〇人を受けいれたという(РКК: 1962/5/6)。

(4) 通知はタイプ打ちで、ほぼ全体に手書きの下線が引かれている。ロシア共和国最高会議幹部会議長ヤスノフの「通知を同志コルチナ、ネシコフ、ストルボフ、シュミリン、クラフツォフ、オルロフに知らせるように」との添状があることから(ГАРФ 13/4810/251)、下線を引いたのはおそらくヤスノフであり、通知の内容が重視されていたことがうかがえる。

（5）面会制度はソ連全土にあり、ソ連消滅後もこの制度は残った。二〇〇〇年代にロシア大統領府の面会所を調査した中村逸郎によれば、休日と祝日を除き毎日九時から一八時（金曜は一六時三〇分）まで、最大で一四人の面接官が日に一六人ほどずつ面会していた。年に二、三日は大統領府の幹部が面会し、〇四年には大統領府の長官、副長官、大統領補佐官が面会した。ロシア以外の旧ソ連諸国からも人々が訪れ、〇二年には二万八六八七人、〇四年には三万一九八五人が訪れたが、入場者数が制限されているため実際にはこの二、三倍の人が訪れていたという（中村 2005: 2–3, 216–218, 224–225）。

（6）本節で述べる全人民討議は全連邦のものだが、連邦構成共和国のレベルでもおこなわれていた（Пыжиков 2002: 137）。一九八〇年代には地方ソヴィエトの決定の案を住民が審議する慣行が「広範に広まっている」とも指摘されていた（Ряслов 1985: 37）。全人民討議については『ソ連という実験』（松戸 2017a: 89–105）も参照してほしい。

（7）辻村明は「大衆討議は重大な政策が採択されるときには、ほとんど必らずおこなわれるので、かなり頻繁におこなわれており、それらをしらみ潰しに当れば、基本的な政策に対する批判的意見も探しだせるかも知れない。……私もすべての大衆討議の記事を、しらみ潰しに当ったわけではないから、その限り、基本的な政策に対する批判的な意見が皆無だとは断定しがたい」との留保も付している（辻村 1967: 33–34）。

（8）新聞の統制について辻村明は次のように述べている。R・ニクソンは言論統制を、①刑罰による統制、②差し押えによる統制、③オフィシャル・ニュースの統制、④人事の統制、⑤検閲による統制、⑥内容・体裁の統制、⑦配布の統制という七段階に分けているが、ソ連ではこのすべての段階で統制がおこなわれている。マスコミは完全に党の統制に服し、「党の強力なイデオロギー的武器」になっている（辻村 1967: 29, 35）。

（9）党の公式見解では、党は政治指導の組織であり、立法や執行はソヴィエト機関が担うべきであって、党がソヴィエト機関に成り代わる「代行」は常に批判の対象だった。「党とソヴィエトのパラレリズム」への言及は、党機関の構造がソヴィエト機関の構造に近づいていることへの批判と読むことができる。

(10) この頃から、工場や建設現場、その生産単位であるブリガーダ(作業班など)、個々の労働者などのそれぞれの間で「共産主義的に働き、生活する」ことを競う「共産主義労働運動」が広く組織された。競争に勝利すれば「共産主義労働ブリガーダ」の称号を手にすることができる。その競争の参加者たちの大会や集会が各地で開かれていた。

(11) 各提案に振られている六桁の番号が党機関部の整理番号であれば、目にした範囲では十万の位は「四」が最大なので、四〇万を超える提案を整理したのではないか。

(12) 「ソ連では働いても働かなくても賃金が同じだったため生産意欲が低かった」という俗説が誤りであることがわかる。なお、「労働者」は生産に従事する人々、「職員」は非製造業の企業や官庁等の勤務員、製造業でも庶務や会計など直接生産には従事しない業務の人々を指す。労働者、職員、コルホーズ員など勤労収入で生活する人々全般が「勤労者」である。

(13) 「共産主義建設者の道徳律」は、次の一二の原則から成っていた。①「共産主義の事業への献身、社会主義的祖国と社会主義諸国への愛情」、②「社会の福祉のための誠実な労働、働かざる者食うべからず」、③「社会の共有財産の維持と増大に関する各人の配慮」、④「社会的責務についての高い自覚、公共の利益の侵害を許さぬこと」、⑤「集団主義および同志的な相互援助、各人は万人のために、万人は一人のために」、⑥「人々の間の人道的な関係および相互の尊重、人は人に対して友であり、同志であり、兄弟である」、⑦「誠実さと正直さ、社会生活と私生活における倫理的純潔、率直さと謙虚さ」、⑧「家族における相互の尊敬、子供の養育への配慮」、⑨「不公正、寄生生活、不誠実、出世主義、飽くなき金銭欲を容赦しないこと」、⑩「ソ連の全民族の友情と友好。民族的人種的憎悪を許さぬこと」、⑪「共産主義、平和の事業および諸国民の自由の敵を容赦しないこと」、⑫「万国の勤労者、全ての民族との兄弟的連帯」

（XXII съезд 1962: 317–318）。

（14）主に農村からの人口流出抑制と治安維持を目的として、国内パスポート制度と都市への居住許可制度によって移動の自由や居住地選択の自由が制限されていた。

（15）党幹部に対して給与とは別に「秘密に」現金や物資が分配される例が広く知られていた。

（16）党機関の幹部職員には、「秘密の分配」の他にも、一般とは異なる住宅が提供されたり、特別なサナトリウムや商店（輸入品も含めて品揃えが豊富で、一般市民は利用できない）を利用する特権を享受したりしていた。この提案はこうした現状への批判でもある。

（17）フォーキンによれば、暦に関する提案は党綱領をめぐる全人民討議でもあった。人々は一九六一年から新たな紀元を導入するよう提案した。「大十月社会主義革命」が新たな暦法の出発点となるべきだと書いた人々もいた。ある者は「なんだってわれわれはユリウス・カエサルに敬意を表して〔七月を〕「ユーリ」と呼ぶ必要があるのか？　傑出したマルクス主義者たちに敬意を表して月を呼ぶほうがよいのではないか？　あるいは共産主義建設における傑出した勝利に？」と書いていた（Фокин 2017: 129, 〔　〕内は松戸）。

（18）当時のソ連の文献でも「ありとあらゆる努力をしなければならないのは、討議の各参加者が、最終的な決定に彼の意見が反映されなかった場合でさえも彼は時間を無駄にしたのではなく過小評価されたのではないと理解するようにし、彼らを形式的にあしらわないようにすることだ」と指摘されていた（Кузьмин 1987: 48）。

（19）第一二条第一項では「国の政治的、経済的および社会的発展の主要な方向、ソヴィエト市民の憲法上の権利、自由および義務ならびにソヴィエト連邦の管轄に属する国家活動のその他の最重要問題に関わる法律および決定の案」が全人民討議に諮られると定めていた（Справочник 1988: 630–631）。

第三章　日常生活における自由と「自由」

第一節　「過度の寛容さ」という「リベラリズム」

自由主義が否定されていたソ連では、「リベラリズム」とは「過度の寛容さ」や「放任」を意味していた。「リベラル」も同様である。本書で言う「自由」とは「このような意味でのリベラリズムが容認されている状態」と言い換えることもできる。「自由」は本来の意味での自由ではなく、時には労働規律や社会秩序を侵すものだったが、日々の不満を一時的に解消したり、不足する物資の確保に役立ったりして人々の満足度を高める方向に働いた。

袴田茂樹は「スターリン時代以来、国家は……国民を徹底的に統制して搾取してきた。……国民は国家から徹底して奪い返し、盗み返してきた……。……国民は職場での権限、社会的ポスト、コネ、その他あらゆる機会を利用して、国家や社会から奪い返し利得を得ようとしてきた。……国民は……国家の法や規則はすり抜けて生きてゆくのが生活の知恵であると心得るようになる。……国民が国家から盗み返すことに、道徳的な罪の意識はほとんど介在しない。これは国家権力に対する受身の反抗でもあった」と指摘した(袴田 1993: 350)。クレヴィグも、国営商業組織の長は個人ビジネスのためにその地位を利用し、国営医療施設の医師は勤務外での個人相談を〔患者に〕提案し、工場の組立工は勤務時間の一部を自分用または販売・交換用の製品の生産に費やしたと指摘している。ソ連には土地と工場の個人所有はなかったが、勤労者は国家の生産手段を利用して「所有のわずかな部分をわがものとしていた」。「そのような可能性は誰にでもあった」というのである(Кулевиг 2009: 20-21; Kulavig 2002: 11-12,〔 〕内は松戸)。

「そのような可能性」の一例を挙げれば、一九七五年一月一三日にロシア共和国最高会議幹部会の面会室に届いた訴えは、基準を超える羊がコルホーズとソフホーズの羊飼いの個人経営で飼われ、私的な羊が社会的所有の羊の群れとともに放牧されていると指摘していた。訴えに基づく点検の結果、二一四三頭の羊が私的に飼われ、社会的所有の群れと一緒に放牧と餌やりがなされていることが確認された(ГАРФ: 13/4810/55)。

一九七〇年代前半に『ニューヨーク・タイムズ』のモスクワ支局長を務めたヘドリック・スミスは、本当に必要なのはカネではなくコネだとロシア人の友人が教えてくれたと記している。「食料品や衣料品、消費物資が質量とも店にあるモスクワのような都市にいられるコネ、いい学校や保養地に行け、政府の車を手に入れ、あるいは特権中の特権である外国旅行をしたり、外国人と合法的につきあう機会を得るコネ。あるいはまた、エリート向けの特別な商店のネットワークへのコネである」。スミスは、ある生物学者の家で夕食に上質の牛肉が出た例を挙げている。生物学者は普通の国営商店でその肉を一キロ三・二〇ルーブリ(定価の約六〇％増し)で買ったという。「簡単な話さ。スターリンが建てた例の摩天楼の近くの国営商店に友人がいる。摩天楼にはＶＩＰ〔要人〕が住んでいるので、いい品物がある。……ぼくは店に行って友人にいい肉が残っているのを確かめる。あれば勘定場へ行き、買う予定の肉の量にかかわらず、二〇コペックのレシートをもらう。……三ルーブル札をレシートの中に包みこむ。そのあと列に並んで、三ルーブル入りのレシートを渡すと、友人が最上級の肉を一キロくれる。ぼくは肉を、彼は三ルーブル札を、そして国営商店は二〇コペックを手に入れるのさ」(スミス1978上:12, 81)。[(1)]

スミスが詩人アンドレイ・ボズネセンスキー宅を訪ねた時の次の記述も興味深い。珍しい料理を楽しんでいると電話が鳴った。明日の世界ホッケー選手権の切符を二枚都合できないかとボズネセンスキーは私〔スミス〕にたずねた。たまたま私は二枚余計に持っていた。喜んだ彼は電話の相手にその旨伝えた。切符を二枚とも相手に渡すつもりだと知って失望した私に彼は言った。「ぼくが切符をこの婦人への贈物にするほうが大切なんだ」。「彼女はモスクワ最大の食料品店の支配人さ。われわれにいちばんいい食品を売ってくれるのだ。今夜われわれが食べているこの食事はみんな彼女がわけてくれたものさ」。「おおぜいの人たちが彼女に多額のカネを渡したので、驚くほど金持になり、もうカネはいらないのだ。だが彼女はホッケーの猛烈なファンだ。……ぼくが彼女にホッケーの切符を二枚渡せればしめたもの。カネよりもいいものなのだ」(スミス1978上:81-82,〔 〕内は松戸)。

スミスは、五年前から車を持っているがガソリンスタンドへ行ったことはない知人についても記している。定期的に国営企業と政府の車の運転手が訪ねてきて、自分たちの車からガソリンを知人の車へ移すのである。知人は言う。「問題の運転手がやってくると、指を二、三、四本と突き出せばよい。つまり、二〇、三〇、四〇リッターという意味だ。……運転手にはまったく金がかからずに逆に一ルーブルもうかるし、私はふつうの値段の約三分の一払えばすむ」。この知人は、ガレージの床を敷くセメントも次のように手に入れていた。環状線で車に乗せてもらいたいふりをし、セメントミキサー車を待つ。ミキサー車に乗せてもらい、しばらく走ったところで「実は、混合ずみのセメントが欲しい。いくらか？」と切り出すと、運転手はどのくらい量がいるかときき、こちらは値段のことで合意する。「ぼくの場合、運転手はうちのガレージまで届けてくれた。取り引きは二、三分で終わり、運転手は一〇ルーブルを懐にした。ぼくはセメントを手に入れ、彼の建設プロジェクト用のセメントはなお十分残っていた。誰も気づかず、気にもかけない。コンクリートは結局誰のものでもないのだから」（スミス 1978 上：80–81）。

こうした状況についてフィッツパトリックは、当時のソ連には実に多様な「寄生者」が存在し、あたかも勤労者の「第一社会」とともに寄生者の「第二社会」が共存しているかのようだった（あるいは各勤労者が潜在的な寄生者だった）と指摘した（Фицпатрик 2008：252；Fitzpatrick 2006：408）。「第二社会」での生活は、体制への「寄生」であると同時に体制への依存に他ならない。このため人々の多くは、消極的にではあっても体制を支持することになった。

第二節　「寄生的生活様式」

1　「反寄生者法」

政権は、体制に「寄生」する生き方を認めることはできなかった。すでに一九五一年に「社会的に有益な労働を故意に忌避し、寄生者的な暮らし方をしている」乞食や「決まった職場と住所を持たない」浮浪のかどで逮捕された労働能力のある者を五年までの労働義務付流刑に処すことができる「反寄生者法」が設けられていたが、五七年にその修正案が公表された。修正案は、「寄生者」の定義を大幅に拡大し、形式的には国営企業で働いている者も含めて闇経済で生計を立てる者、働いていなかったり外国人と交流したりする者も対象とされた(Фицпатрик 2008 : 219, 223-225 ; Fitzpatrick 2006 : 377, 381-383)。

「寄生者」との闘いは政権だけが求めていたわけではなかった。ソ連では「労働に拠らない生活手段は最高の不道徳とみなされる」と主張されていたが(Николаева 1964 : 183)、この主張には根拠がなかったわけではない。フィッツパトリックによれば、一九五七年八月にロシア共和国で「反寄生者法」の修正案が公表されると、二か月の間に一八〇〇万人が審議集会に参加し、七三万二〇〇〇人が意見を述べ、多数の市民が手紙を送った。「これは、あらゆることから判断して、社会に何らかの反響を呼び起こした大規模なキャンペーンだった」。住民の一部は、法案で定められたよりも厳しい罰(最長で連続五年の流刑に代えて一〇年または終身の流刑、流刑ではなく禁固、流刑対象年齢の一八歳から一六歳への引き下げなど)も支持したという(Фицпатрик 2008 : 237-238 ; Fitzpatrick 2006 : 394-395)。

「反寄生者法」は連邦レベルではなく共和国ごとに制定されることになり、カフカス、バルト、中央アジアの一連の共和国では一九五七年と五八年に相次いで制定された。しかし『プラウダ』や『イズヴェスチヤ』は「法案」についてただちには論評せず、ロシア共和国での審議も進まず、修正意見や反対意見も表明された。フィッツパトリックは「このことは、ロシアで「反寄生者」法が、最高会議の代議員たちだけでなく党の上層部での反対に遭っていたことを予想させる」、「これは、法案への反対派がはっきりと現れた真の論争だった」と指摘している（Фицпатрик 2008 : 225–229; Fitzpatrick 2006: 382–386,〔　〕内は松戸）。結局ロシア共和国では六一年五月四日になって最高会議幹部会令「社会的に有益な労働を忌避し、反社会的、寄生的生活様式を営む者との闘いの強化について」が採択された。

「反寄生者法」の考え方では、全ての労働可能な人々（一六―五九歳の男性と一六―五四歳の女性で、障碍者と認定されていない者）は国家施設や協同組合での「社会的に有益な仕事」に従事しなければならず、これ以外の仕事に就くことは「私的所有者的心理、儲けの渇望、社会からより多くを奪い、社会

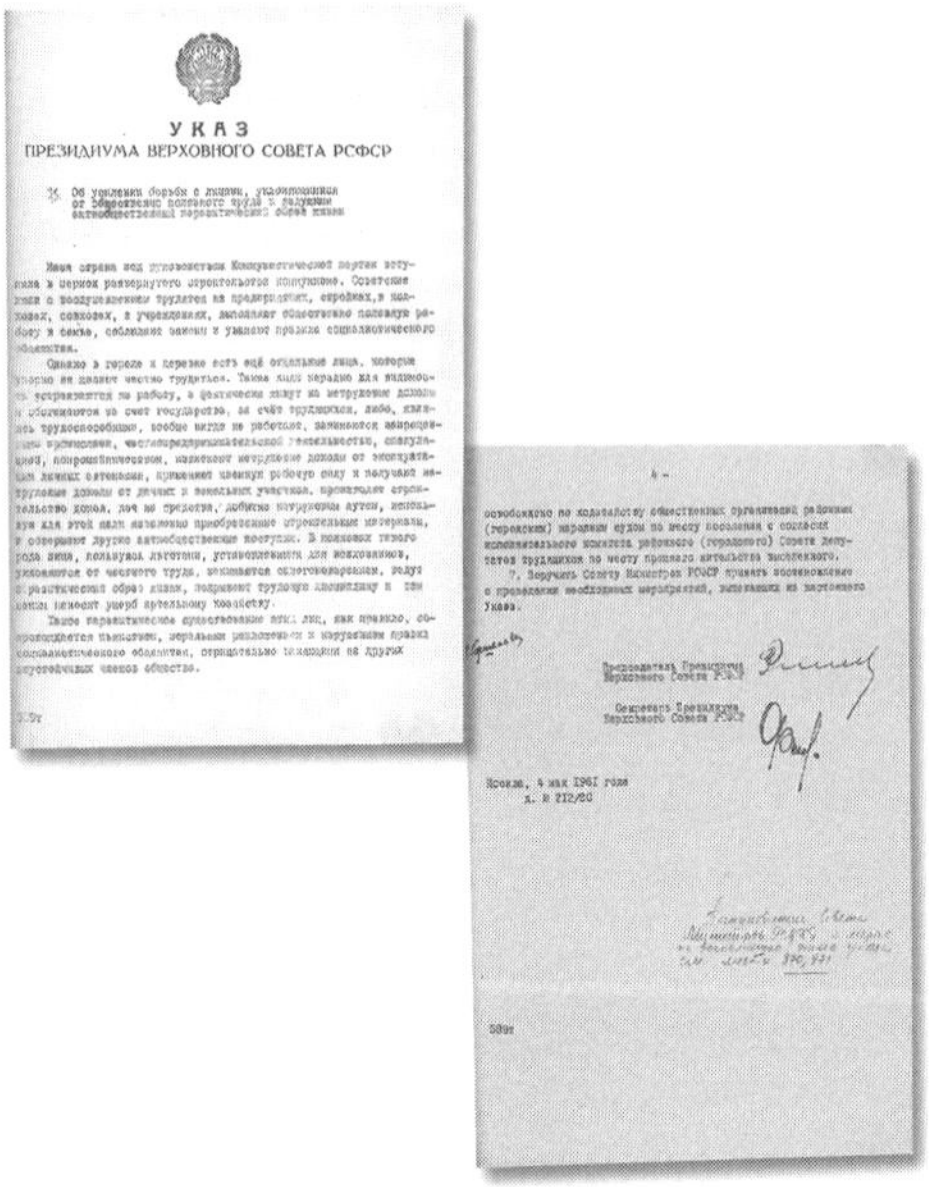
УКАЗ
ПРЕЗИДИУМА ВЕРХОВНОГО СОВЕТА РСФСР

ロシア共和国の「反寄生者法」(1961 年 5 月 4 日付ロシア共和国最高会議幹部会令「社会的に有益な労働を忌避し，反社会的，寄生的生活様式を営む者との闘いの強化について」)
Хрущев. К 120-летию со дня рождения. Каталог историко-документальной выставки. М., РОССПЭН, 2015, с. 105.

により少なく与える志向」と評価された[2]。一九五九年の人口調査によれば、一億二〇〇〇万人規模の「労働可能」人口のうち一一〇〇万人以上が社会的に有益な労働に従事していなかった。このうち一〇〇〇万人は農村に住むコルホーズやソフホーズで働いていない人々だった。働かず貯金やアパートの部屋などの賃貸によって暮らしていたのは二四万三〇〇〇人と見られ、「このうち六万一〇〇〇人は労働可能な男性だった」(Фицпатрик 2008: 236–237; Fitzpatrick 2006: 393–394)。

私的に働く全ての自営業者も「社会的に有益な労働を忌避する反社会的分子」とされた(Зубкова 2009: 114)。「反寄生者法」によって流刑に処された者の中には大工、指物師、塗装工、石切工、裁縫師、靴工、桶匠およびその他の私的に働く職人がいた。市場で売るためにワンピースやブラジャーを縫い、紙の花と手鏡を作った裁縫師も起訴された。多くの需要のある木の実を集める国営企業は一つもなかったにもかかわらず、これを集めて売った者は「寄生生活」で摘発された。密造酒の生産、宗教儀礼の品、レコード、写真の現像も非合法だった。禁止された業《なりわい》のリストは、あらゆる武器の製造、貴金属または貴石によるあらゆる製品の生産、スポーツ賭博の組織、ルーレット賭博も含んでいた(Фицпатрик 2008: 243–245; Fitzpatrick 2006: 399–401)。このリストに列挙された業はおそらく当局が把握するほどの規模で実際におこなわれており、だからこそこうしたリストが作成されたと考えることができる。

新たな「寄生生活」も現れた。すでに一六五六年一二月の時点でソ連内務省は、若者の多くが「働いても学んでもいない。こうした者たちは公園、庭園、映画館、クラブ、駅および市場で怠惰に時間をつぶし、しばしば無頼漢のような行為をし、スリおよびその他の罪を犯している」と党中央委員会に報告していたが(Лебина 2008: 258)、学校を卒業した多くの若者が働かず、両親に「寄生」していた。「寄生生活」で流刑に処せられた人々の中でこうした若者が「相当に著しい」数に上り、しばしば「働いていなかったし、働いていないし、働くつもりはない」と言った(Фицпатрик 2008: 245, 251; Fitzpatrick 2006: 401, 406)。

ホテルの近くなどで外国人に接触し、「外国の古着」などを買ってソ連市民に転売する新たなタイプの投機者も現れた。レビナによれば、この現象が特に広まったのは一九五七年の世界青年・学生フェスティバルの後だった(Лебина 2008: 262)。フィッツパトリックも、世界青年・学生フェスティバルで復活した外国との接触は特に若い世代に強い影響を及ぼしたと指摘している。ブルジョアイデオロギーが「ラジオ、出版物、映画、ツーリズム、経済・文化交流、国際的な文通」を通じて浸透し、ソ連への国際的なツーリズムが大規模化して、望ましくない文化的影響、密輸および外国商品と外貨の非合法な取引が警戒されることになった(Фицпатрик 2008: 235; Fitzpatrick 2006: 392)。

「寄生者」との闘いの成果は乏しく、一九七〇年二月二三日付でソ連共産党中央委員会・ソ連閣僚会議決定「社会的に有益な労働を忌避し、反社会的生活様式を営む者との闘いの強化のための方策について」が採択された(Полиция 1995: 268, 286)。七六年の第二五回党大会では書記長ブレジネフが「われわれの政策とわれわれの原則を知っていて、実際にはこれに常に即するわけではなく、その遂行のために闘わず、社会主義的共同生活の規範侵害に馴れ合う態度をとる人々に出会うことがまだある」、「飽くなき金銭欲、私的財産所有者特有の傾向、無頼行為、官僚主義および人間への無関心はわれわれの体制の本質そのものに反している」、このような現象との闘いにおいて「われわれの持つあらゆる手段を完全に用いることが不可欠だ」と訴えた(XXV съезд 1976: 1/103–104)。ブレジネフは八一年の第二六回党大会でも、あらゆる手段を尽くして誠実な働き手を奨励し、役に立たない仕事で良い生活をする抜け道を怠け者と不良工員に残さないことが必要だと指摘した。「より良い暮らしをしたい者は、より多く、より良く働かなければならない」。「社会的に有益な労働の忌避は社会主義の原則と両立しない」。「寄食生活、贈収賄、投機、労働に拠らない収入、社会主義的所有へのあらゆる侵害のためのいかなる隙間も固く閉ざす必要がある」。ブレジネフによれば、大半の人々は誠実に働き、社会が与える多様な富を合法的かつ賢明に利用し、人民の財産を大切にし、さらに増やしているが、「より少なく与え、より多く国家から掠め取ろうとしている人々もわが国には存在する。まさにこのような心理の土壌に利己主義と俗物根性、蓄財主義、人民の苦労と仕事への無関心も現れている」のだった(XXVI съезд 1981: 1/77–78, 82)。

こうした認識は政権だけのものではなかった。第二章第三節の4で見た一九七七年憲法案の全人民討議では、社会的に有益な労働を忌避する者に関する提案が「大量に、そして至る所から届いた」とストレカロフは指摘している。たとえばアルハンゲリスク州のクズネツォフは、無断欠勤の日々は休暇および年金生活へ退く際の労働歴から差し引かれるべきだと述べた。ラトヴィア共和国のデニソヴァは、憲法に「働かざる者食うべからず」の原則を維持するよう述べた。タジク共和国のサドィコフは「働きたくない者は罰せられ、最も困難な部門で働くことを強いられる」と加筆することを提案した。コミ自治共和国のトニャンは、寄生的な生活を送る者は「市の領域の外へ追放され、特別な建設現場で利用されるべきだ」との考えを示した。部屋を貸す「周知の日常的な実践」を批判した市民もいた。ウクライナ共和国キエフ州のリトヴィノフは憲法案に「儲けるために高い賃料で自発的に自分の部屋に住人を住まわせる者は、住まわせている部屋に対する権利を失う……」と追加するよう提案した。ハバロフスククライのクドリャフツェフは集会で、労働に拠らない収入を得る目的で余分な部屋を貸すことを禁止する修正を憲法案に加えるよう訴えた(Стрекалов 2018 : 328, 332-333)。

その一方で、この討議では別の観点も示されたとストレカロフは記している。たとえばレニングラード市のカプツュグは「私が思うに、「労働に拠らない収入」は十分に明確ではない概念だ。たとえばある人が長期の出張に行って自分の住宅を賃貸に出す場合、結果として彼は「労働に拠らない」収入を得る。しかし本当にこれは許されないのか。反対に奨励されることだ。住宅問題の解決を助けるからだ」と書き送っていた(Стрекалов 2018 : 328)。

2　私的な請負

多くの需要があり、実際にも広く見られた「社会的に有益ではない」労働の一つが、私的な請負による仕事だった。たとえば第二章第三節の2で扱った七か年計画の全人民討議に関するコストロマ州党委員会の報告によれば、「個人請負に従事する人々に関する問題が多くの集会で提起され」、これらの人々を特別の建設組合に組織して、統一の価格と規格を定める必要性が指摘された。その理由は「様々な組織が同一の仕事に異なる価格を支払う不適切な慣行が現在も存在している」ことだった(РГАНИ: 127/62)。ここで「不適切な慣行」とされているのは、同一の仕事に異なる価格を支払うことであり、個人請負自体ではない。そして、この指摘は、個人請負での仕事がその後も存在し続けることを前提としている。

一九七九年一二月一〇日のロシア共和国最高会議幹部会では「住民の著しい部分の、共和国の領域外への季節ごとの出稼ぎが犯罪の増加に影響している。この出稼ぎは部分的には、継続的な労働者と職員にとってのノルマと賃率よりも高い請負契約で働く人物の労働への違法な支払いとのしかるべき闘いが国の多くのクライと州でおこなわれていないということで説明される」と指摘されていた(ГАРФ: 13/4524/280–281)。

一九八〇年七月八日のロシア共和国最高会議幹部会では幹部会議長ヤスノフがチェチェン・イングーシ自治共和国から「出稼ぎの旅団」がソ連全土の様々な地区へ働きに出かけ、主にコルホーズ、時にはソフホーズで修理や新しい建物の建設に従事していると指摘した。同自治共和国閣僚会議議長はこれを否定せず、年によってその人数は一万五〇〇〇から一万八〇〇〇までで上下する、こうした遠征が始まるのはだいたい三月半ばからで、一〇–一一月までだと応じた。これに対してヤスノフは「これは小さからぬ軍団だ」、一万五〇〇〇人の労働能力のある住民、さらに言えば建設をおこなうことのできる人々が出稼ぎに従事している、「彼らはぼろ儲けをしに出かけているのだ」と言い募った。人々はどこかへ出かけている、「そこでもっと多く得られるからだ」。「チェチェン・イングーシ共和国には職に就いていない労働能力のある住民が大勢いることについてわれわれは毎年毎年、もう二〇年……繰り返し述べているのだ」ともヤスノフは指摘した(ГАРФ: 13/5147/34–35, 37)。

この指摘からも明らかなように、コルホーズやソフホーズで働く場合でも「私的な請負」は「社会的に有益な労働」とはみなされなかったが、より多くの収入を求めて「出稼ぎの旅団」が各地のコルホーズやソフホーズに向かっていたのが実情だった。フィッツパトリックも、コルホーズおよびその他の都市と農村の企業が建設と修理のため私的請負の「旅団」を雇ったと指摘している(Фицпатрик 2008: 244; Fitzpatrick 2006: 400)。

個々の人々の生活だけでなく、企業、コルホーズ、ソフホーズの活動も「社会的に有益な労働を忌避する反社会的分子」の労働なしには立ち行かなかったのである。

第三節　自由と「自由」の結合
――サークル、ロック、ジーンズ

これまで見てきたことからもわかるように、本書の対象時期のソ連では国家による統制は徹底したものではなく、これによって本書の言う「自由」が生じていた。

ユルチャクは、一九九〇年代半ばにインタビューしたオレグ(六〇年生まれ)が、レニングラードの大学生だった七〇年代末から八〇年代初めの生活を次のように語ったと紹介している。「僕たちには、ふつうの生活があった。友情、勉強、読書、おしゃべり。展覧会に通ったり、あちこち旅行したり。みんな、それぞれ関心や目的があった。ふつうの生活を送っていたのさ」。ユルチャク曰く、「多くの人にとって、ふつうの生活は面白く充実していて、そこそこ自由がある」(ユルチャク 2017: 156)。

この世代の「ふつうの生活」については、これもユルチャクの紹介するサークル活動の例が興味深い。レニングラードのピオネール宮殿には、合奏団、オーケストラ、ジャズバンド、舞踊アンサンブルも、文学や数学やチェスや考古学のクラブもあった。参加者が語るには、文芸創作に励むサークルの六〇年代から七〇年代の自由な雰囲気はまさに「文学サロン」で、「実質どんなテーマでも議論できた」。「別のサークル参加者の思い出には、サークルの詩の先生……のおかげで……禁書だったソルジェニーツィンの作品を知ることができたとある」。考古学サークルには八〇年代末に数百人が在籍した。キャンプファイアとなれば「詩の朗読がはじまり、マンデリシターム、アフマートワ、グミリョフといった……ソ連でほとんど活字になったことのない作品が響き渡り、ガーリチやヴィソツキーの歌をうたうのだった」(ユルチャク 2017: 181-186)。

これはおそらくソ連国内で最も充実していたサークル活動の例ではあるが、ピオネール宮殿という政権の提供した啓蒙施設における活動で、日常的に禁書が読まれ、禁じられた詩や歌の朗読や歌唱がおこなわれていたというのである。もちろんそうした自由があったわけではない。統制が行き届かなかったためにその「自由」が生まれていたのである。人々の「そこそこ自由がある」「ふつうの生活」は様々な場面で「自由」と結びついていた。

政権が「退廃文化」と批判していた西側のジャズやロックやヘビメタの人気は高く、レコードやダビングしたカセットテープに加えて、西側の放送を聴くための短波ラジオも広く出回っていた(ユルチャク 2017 に詳しい)。前出の『ニューヨーク・タイムズ』モスクワ支局長スミスは、「ポップ・グループ」とか「ビート・グループ」が「モスクワ、レニングラード、リガ、タリンといった都市ばかりでなく、中央アジアのかつてのイスラムの都市ブハラやシベリアなどどこにでもいた」と記している。スミスがシベリアのブラーツクで会ったグループは、ビートルズ、ローリング・ストーンズ、ジェフアーソン・エアプレーン、エンゲルベルト・フンパーディンクなどの西側スターの曲を「ヴォイス・オブ・アメリカ」の放送から大量にダビングしていた。「彼らは英語がよくできなかったが、英語の歌詞やディスクジョッキーの口調をうれしそうに、また器用にまねていた。彼らの興味をひいたのは、ロックのメッセージではなく、音楽だった。さらにまた彼らが自分たちでこっそり演奏しているものは、公式の場で演奏を認められるものとは別ものだった」(スミス 1978 上：161-162)。

禁止されている曲が公の場でさりげなく演奏されることもあった。スミスは、モスクワのレストランでバンドが映画『ドクトル・ジバゴ』の「ララのテーマ」を弾いているのに友人が気づいた時の様子を次のように記している。数分後にこの友人がもう一度弾いてくれと頼むと、バンドリーダーは「その曲は演奏しませんでした」と言った。「いや、しましたよ」、「この耳で聞いたし、友人たちも聞いている。われわれははっきりわかった」と友人は食い下がったが、リーダーは「いいえ、カンちがいではないですか。演奏しなかったし、お客さまは聞かなかったのです」と答えたという(スミス 1978 上：162)。

こうしたことはおそらく日常的におこなわれていたが、これもまた好きな曲を演奏する自由ではなく、取り締まりが行き届かなかった限りで享受することのできた「自由」だった。

こうした「自由」の幅は、様々に組み合わされることで広がっていた。ユルチャクによれば、多くの町にある国営のラジオ部品専門店のそばには非公式の「露店」が出現し、そこでは工場から違法に持ち出された図面や受信機そのものが入手できた。少しお金を弾めば、国の技術規制のかいくぐり方や性能アップの方法を無線技師に教えてもらい、本来は受信できないはずの周波数を受信することもできるようになった(ユルチャク 2017 : 241)。

これもユルチャクに拠りつつ、西側ロックの愛好者だったアンドレイ(一九五四年生まれ)とアレクサンドル(五九年生まれ)の様子を紹介しよう。

アンドレイは一九六〇年代末の中学時代に英米のロックに目覚めた。七一年にレニングラードの大学に進学し、ここで出会った西側ロックファンと録音テープやレコードの交換を積極的におこなうようになる。大学でアンドレイは、コムソモール委員会が主催する学生の夕べやディスコの催しを担当し、やがてコムソモールの他の活動にも積極的に参加するようになって、大学のコムソモール委員に選ばれた。大学卒業後レニングラードの研究所に就職したアンドレイは、やはりロックコンサートやディスコを開くことを目的に職場のコムソモール委員になった。コムソモールにふさわしいテーマを口実に開催にこぎつけ、会場や機材や、時には交通手段まで確保したという。アンドレイは八二年一一月にコムソモール書記として最初の報告選挙集会に臨み、研究所の多数のコムソモール員を前に演説した。「ブルジョアのイデオロギーや倫理に仮借ない態度」をとることが所内コムソモール組織の「最優先の課題」の一つであり、ブルジョアのイデオロギーや倫理が所内コムソモール員に現れれば、われわれコムソモール委員会はどんなものであれ闘う義務がある、西側ロックの広まりもその一つだとアンドレイは述べたという。この演説を聞いたコムソモール員は、アンドレイが主催するディスコで彼が選んだ西側の音楽で踊っていた人たちであり、アンドレイがロック通だと知っている人も多かった(ユルチャク 2017 : 299–303)。

シベリアのヤクーツクで育ち、ノヴォシビルスク大学へ進んだアレクサンドルは、ヤクーツクでもノヴォシビルスクでも西側ロックに熱中し、レコードや録音テープを手に入れるためモスクワやレニングラードの友人に送ってもらったり、知人を介した「ヤミ」売買をしたりしていたという(ユルチャク 2017: 311)。

終章で改めて紹介するように、アンドレイもアレクサンドルも共産主義の正しさを確信していたという。そうした人物が「ブルジョアのイデオロギーや倫理」の一つとされる西側ロックに熱中し、ヤミでの売買もおこなう「自由」を日常的に行使していたのである。

ロックに劣らずジーンズも人気の的だった。ユルチャクは、有名ブランドのものはもちろん無名のブランドであってもジーンズは「西側」の象徴としてソ連の若者に人気だったと指摘している(ユルチャク 2017: 272–273)。

一方、『ニューヨーク・タイムズ』のスミスが紹介したアレックスの説明は少し異なる。アレックスは次のように語ったという。「西側のジーンズは抵抗のシンボルだ」が、ソ連では「ジーンズはいい生活のシンボルなのだ。両親や当局に対するなんらかのカウンター・カルチャーを見つけようとして、ジーンズがこの一環だと思うと、完全な見当ちがいである」。「われわれの場合、ジーンズは貧困のシンボルではなく、いい生活、豊かさのシンボル。だからこそジーンズは闇のマーケットでもっとも高い値がつく。おそらくアメリカではジーンズは新品で一〇ルーブル、いいウールのスラックスは二五ルーブルするだろう。だがソビエトではジーンズ一本に七五か八〇ルーブル、ジーンズ・スーツに二〇〇ルーブル払おうというものさえ見かけるだろう。だがジーンズより上質の材質でできたスラックスには一五ないし二〇ルーブルしか払わない」。アレックスの話では、パーティーでKGBの前長官ヴラヂーミル・セミチャストヌィイの息子に会った時、二人とも「ジーンズを着ていた」。雑談をしているうちに二人は、当時闇市で最も高値を呼んでいた『ジーザス・クライスト・スーパースター』のレコードを持っていることを知った。「ポップ文化の話をしている限り、われわれは共通の言葉で話していた。だが話題が政治になると、われわれの立場はまったく異なった。……われわれ二人はジーンズを着て、『ジーザス・クライスト・スーパースター』を持ち、……彼はジーンズを父のコネで手に入れ、ぼくは父が外国へ行かれるため西側諸国で手に入れた。だがジーンズそれ自体に政治的な意味はない」(スミス 1978 上：172-173)。

特に若者は、政治的な立場や信条にかかわらず西側のロックを愛好し、ジーンズを身に着けていた。それ故に体制や共産主義への確信と両立することもあり得た。

第四節　職場における「自由」

1　人々にとっての職場

本書の対象時期のソ連では大規模に住宅建設が進められていたが、都市への人口集中が進んだこともあって住宅への需要は常に大きく、企業が提供するアパートに暮らす人々も多かった。ジトコヴァによれば、企業を通じた住宅の分配は、従業員が密集して暮らし、互いに家族を知り、子供を知ることをもたらした。「子供はわれわれの、工場の、ソ連の、公共のものだった」(Жидкова 2008：284)。大企業であれば、保育所、幼稚園、医療施設、食堂なども付設していた。たとえばフルンゼ名称クイブイシェフ工場は、大食堂、職業技術学校、総合病院、病棟、屋外競技場、学校、ピオネールキャンプ、商店九軒、幼稚園を八つ建てた（Жидкова 2008 : 275）。こうした企業の従業員はまさに「家族丸抱え」で企業とともに生活していたと言えるだろう。

これに加えて、労働組合が年金などの社会保障業務を担当し、従業員にサナトリウム等の利用券と交通費を支給し、従業員の子供を夏休みのキャンプへ派遣するなど福利厚生や余暇の点でも職場は重要な役割を果たしていた(3)。

女性の就業率が高いうえに家事と育児も女性の仕事とされがちだったことも、職場と家庭を結びつけることになった。第二章第四節で見た、勤労集団に関する法律がソ連最高会議で審議された際、第一副首相アリエフは「新たな法律の実に重要な条項は働く女性に関するものだ」と指摘した。「彼女たちの多くには、家事、子供の養育に関しても多大な負担が背負わされている」、「ソヴィエト国家は子供のいる家族に著しい支援をおこなっているが、職場の同志たちの配慮と注意がここではとても重要だ。全ての集団が、母である女性に好適な条件を作り出すためにあらゆることをおこなう使命がある」（ВС 1983 : 89）。

もちろん生産の場という点でも職場は重視されていた。一九八一年に開かれた第二六回党大会でブレジネフは、「人々が労働条件と生活条件の改善に関する絶え間ない配慮を感じているところでは、彼らはより良く、より喜んで働いている……。工場、農場はまさに人が最低でも生活の三分の一を過ごす家だ。ここでは職場から更衣室と食堂までの全てが便利で近代的でなければならない」と述べ、「このような問題に二義的、副次的なものに対するように接する経済指導者がわが国にはまだいる。

これは根本的に誤った有害な立場だ」と指摘していた(XXVI съезд 1981: 1/76–77)。

これはおそらく労働調査の結果を踏まえた指摘である。次に見るように「職務不満足に大きな影響を与えているのは労働内容よりも安全・衛生諸条件(騒音・ほこり・すき間風)、職場生活諸条件(食堂・トイレット)、材料や設備の保障、設備や機械の状態、賃金水準などであることが明らかに」されていたのである(奥林 2005: 177)。

2　人々の労働態度

奥林康司はソ連の研究者による複数の労働調査に基づいて人々の労働態度を評価している。まず石油採掘企業の労働者三四四八名を対象とした一九七〇年代前半の調査である。労働結果指標(生産性、品質、改善提案への参加、成果達成への発意)と、労働過程指標(技術的機能遂行の完全度、労働手段利用への配慮、原材料・労働時間利用への配慮、労働過程における相互援助)という二つの指標で労働者の態度が次のように類型化される。

労働結果指標では、①高熟練で、活発な合理化提案者で、高品質の製品を生産し、生産課題を不断に超過達成する人々、②発意は中程度、高品質の製品を生産し、生産課題を超過達成する人々、③発意は中程度、製品の質は高く、生産課題を達成する人々、④発意は低く、品質も平均以下で、生産課題は時々しか達成しない人々、⑤発意はほとんど発揮せず、品質は常に低く、生産課題も達成しない人々、である。

労働過程指標では、①技術的機能を完全に遂行し、設備・原材料・労働時間の利用への配慮が高く、同僚を助ける人々、②技術的機能を遂行し、設備・原材料・労働時間の利用を改善する気があり、同僚を助ける人々、③技術的機能を時々遂行せず、設備・原材料・労働時間への配慮は中程度、同僚への援助も中程度の人々、④基本的な技術的機能しか遂行せず、原材料・労働時間の節約の努力もなく、同僚への援助もない人々、⑤技術的機能をあまり遂行せず、労働手段の利用も悪く、同僚への援助もない人々、である。

調査結果は、労働結果指標では①四・〇％、②二七・三％、③四七・五％、④一六・八％、⑤四・四％、労働過程指標では①四・五％、②三七・二％、③三八・四％、④一五・四％、⑤四・五％だった。奥林は、最も多い労働態度は③の類型（生産課題は達成し、品質も比較的高いが、改善への発意は中程度で、技術的機能をきちんとは遂行せず、原材料や労働時間への配慮もそこそこで、同僚にも積極的な援助をしない人々）で全体の四―五割を占めると判断している（奥林 2005: 156-158）。

次に奥林は、一九七五―一九七六年に冶金工・建設労働者七〇〇名を対象としておこなわれた客観的指標と主観的指標による調査を紹介している。客観的指標による「優秀労働者」は一三・五％、「優良労働者」は二九・〇％で、この両者が「模範的労働者」とされる。主観的指標による「意識の進んだ労働者」（労働の社会的意識を高く評価し、他人に対しても厳しい労働態度を要求し、労働の役割と創造的側面を重視する）は四六・七％で、主観的評価と客観的評価がともに高い労働者は一五％前後、双方の評価がともに低い労働者は四・七％とされている。調査対象の中で党員は九・二％で、その四三・二％が客観的指標と主観的指標の双方で高い部類に入り、客観的指標と主観的指標がともに低い党員はいなかった。奥林は「模範的労働者は党員のみではないが、共産主義的労働態度の体現者として党員が指導的な役割を占めていることが実証されている」と指摘している(奥林 2005: 158–159)。

他の調査結果も踏まえて奥林は、一九六〇年代以降のソ連の労働者の特徴を三つ挙げている。第一に、生産課題を超過達成し、最高品質の製品を生産し、社会的義務を全うし、資格向上に努め、合理化提案を積極的におこない、労働規律を遵守し、集団の中で注意し合い、全体に配慮し、仲間の仕事を援助する労働者が存在した。こうした「共産主義的労働態度を身につけた労働者」は「約一割程度と考えるのが現実的であろう」と奥林は言う。

第二に、大多数の労働者は計画を達成し、労働規律も守り、同僚や上司との関係も平均的に処理するが、合理化提案や社会的活動などの発意には消極的である。

第三に、行動規範として集団主義が強い。職場での行動を統制する方法としてどのような刺激や罰則がより重要かという問いに、管理者からの刺激と回答した労働者が五%、集団からの刺激と回答した労働者は四七%で、罰則についても、管理者からの罰と回答した労働者が三%、集団からの罰と回答した労働者は五一%だった。一五か国の労働者三〇一一人を対象とした調査でも、社会主義体制下では資本主義社会に較べて職場の連帯意識が強いことが実証されているという(奥林 2005: 162–163)。

職場での連帯意識が強いことは、おそらく政権も認識していた。さきほども言及した勤労集団に関する法律がソ連最高会議で採択された際に、報告した第一副首相アリエフは次の指摘もしていた。「労働の組織の改善、労働の効率の向上、規律と秩序の強化は一度きりのキャンペーンではなく、党の長く続く路線だ。ソ連の人々が熱烈に支持している路線だ」。「法案の討議の過程におけるおそらく最も数の多い提案は、まさに規律の問題に関するものだった」。全ての勤労者が声を揃えて「生産に、交通に、公営事業に、生活サービスの分野に、商業に秩序をもたらし、違反者の責任をもっと厳しく問うべきだ！」と言う。「彼らは、いいかげんに働く者、……社会主義の恵みを濫用する者を激しく非難している」。そしてアリエフは、「人々の一致した意見を考慮して」規律強化のための勤労集団の権限に関する条文は豊かなものになった、「そこには教育と自覚的規律の強化における決定的な役割は勤労者自身に属しているということに関するレーニンの指示がより完全に反映された」と述べた。今では集団は、あらゆる規律違反者に対し、より活発な形態で厳しい同志的要求と容赦せぬ態度を示す可能性を有している。「怠け者、無断欠勤常習者、職を転々とする者、不良品を作る者に、集団の憤怒の非難の力を感じさせよ！」(BC 1983: 86)。

アリエフによれば、法案の討議で勤労者は「過度の飲酒、無頼行為、飽くなき金銭欲、消費者的、小市民的・俗物的心理およびその他の共産主義的道徳の反対物の現れの根絶に関する問題を鋭く提起した」。不経済、人民の財産の着服、贈収賄、質の悪い製品の生産を勤労者は「多大な社会的害悪」と評価している。このように述べてアリエフは「これらの否定的な現象との妥協なき闘いは各集団の直接の義務であり、その道徳的成熟さの指標である。集団の力よりも大きな、人々に対する道徳的な働きかけの力は存在しない。この力を完全に利用する必要がある！」と訴えていた(BC 1983: 90)。

勤労集団に関する法律が一九八三年六月に採択されたのち、同年七月二八日付でソ連共産党中央委員会・ソ連閣僚会議・全ソ労働組合中央評議会の合同決定「社会主義的労働規律の強化のための活動の強化について」が発せられた。そこには次の指摘が見られる。勤労集団の役割の向上は発展計画の成功裡の達成、国民経済の効率向上の重要な条件であり、社会主義的生活様式の基礎の一層の強化である。生活水準向上の課題達成のための基礎は、誠実な労働、厳格な秩序と組織性である。勤労者は、無断欠勤、遅刻およびその他の規律違反に対する責任を高めることを提案している(КПСС 1987b: 452–455)。

政権は、勤労集団が秩序と規律の維持にも参加し、大きな役割を果たすことを期待していた。勤労者の中にも「無断欠勤、遅刻およびその他の規律違反」を許し難いと考える人々はいた。しかしそうした人も含めて、多くの人々が職場でも「自由」を行使していた。

3　職場での連帯と「自由」

計画経済が人々の需要に応えられなかった結果として日用品の不足が珍しくなく、職場の同僚との商品の融通やその入手方法に関する情報の交換などが欠かせなかった。職場における連帯意識は互いに「自由」を認め合うことにもつながり、買い物のための遅刻・欠勤・勤務中の外出、さらには原材料や商品の横領や横流しを黙認し合うことにさえつながった。具体例を紹介しよう。

一九五九年五月二八日におこなわれたロシア共和国最高会議幹部会法務部の職員と検察・警察の代表者との会合で、検察・警察側から次の指摘がなされていた。「実質的に犯罪の温床となっているいくつかの企業の例を挙げることができる」。第一更紗捺染《なっせん》工場で材料が盗まれている。「人々は一―二メートルの材料の窃盗は大した犯罪ではないと考えるほどにこれに慣れている」。イヴァノヴォ州の多くの繊維工場でも「同様の現象があった」。「製パン業にもある。砂糖二―三キロを盗み、常に責任を問えているわけではないという事実は多くの地区にあると思う」(ГАРФ: 26/149/48–49)。

一九六一年五月二六日のロシア共和国最高会議幹部会に向けてクルスク州でおこなわれた点検の報告書によれば、時計工房と養鶏場の窃盗とされたものは、いずれも横領を隠す目的で窃盗が偽装されていたことが明らかとなった(ГАРФ: 13/1238/108)。

一九六二年八月三〇日のロシア共和国最高会議幹部会ではヴラヂーミル州執行委員会議長代理が「商業組織の指導者が、使い込みをした者を許し、捜査機関に引き渡さない例もある」と指摘した。チェリャビンスク州執行委員会議長代理は「いくつもの企業や組織でこの二―三年暗躍していた犯罪集団が摘発された」と述べ、幹部会員の一人は「今日、商業だけでなく他の官庁においても次第に多くの背任行為が明らかとなっている。窃盗、使い込みが多く暴かれている」と指摘していた(ГАРФ: 13/1288/268, 275, 295)。

一九六三年一〇月二三日のロシア共和国最高会議幹部会に向けてタムボフ州でおこなわれた点検の報告書には、収穫期だけで一二六人のコルホーズ員とソフホーズ労働者が穀物五〇トン超を盗んで刑事責任を問われた、ソフホーズのコンバイン運転手が穀物を四六六〇キロ盗んだと記されていた。幹部会の審議では、タムボフ州では六二年と較べて六三年に犯罪が八・五%増えた、この増加は主としてコルホーズとソフホーズからの建築資材、飼料、穀物と野菜の窃盗と横領によるものだと指摘された(ГАРФ: 13/1859/7, 71, 73)。

こうした例は跡を絶たず、一九七九年一二月一〇日のロシア共和国最高会議幹部会でも最高会議の法案準備委員会副議長が「いくつかの勤労集団では企業からの生産物の軽微な窃盗を許さない雰囲気が作り出されていない。国民経済に深刻な物質的損失をもたらす、この広く見られる現象の危険性が過小評価されている」と批判した(ГАРФ: 13/4524/272)。

職場からの窃盗などが広く見られた一因は、計画経済に起因する商品不足だった。消費財の生産を増やす努力はなされていたが、多様な需要への対応は難しかった。生活への配慮として小売価格が低く抑えられていた一方で賃金や年金は増額されたことで需要過多となり、必需品さえ不足することもあった。買い物のための行列も日常茶飯事で、日々の買い物には多くの時間と労力が必要となり、家事も担わなければならなかった女性労働者にはとりわけ大きな問題だった。(4) 職場での原料や商品の窃盗は「国民経済に深刻な物質的損失をもたらす」一方で、人々にとっては不足する商品を直接手に入れる手段であり、必要な商品を手に入れるために他者と交換する財を得る手段でもあり、高値で売買される闇市場で必要な商品を手に入れる原資を獲得する手段でもあった。

計画経済に起因する不足は原材料や設備でも生じていた。工業企業は原材料や部品を安定的に入手することが難しく、納期直前の突貫作業で間に合わせることが一般化していた。『ニューヨーク・タイムズ』のスミスによれば、タシケント・トラクター部品工場の職長は「仕事のテンポはその月の上旬、中旬、下旬で違う」と述べ、「スピャチカ」(冬眠)、「ゴリャチカ」(熱気)、「リホラトカ」(狂乱)という言葉を挙げて「毎月、上、中、下旬の各一〇日間につけたニックネームのことです。最初の一〇日間は寝ているとき、次の一〇日間は懸命に働くとき、そして三番目の一〇日間は熱病のようになる」と説明したという。スミスは、ソ連南部の大都市のエンジニアが次のように述べたとも記している。「企業はふつう月はじめ、前月末の数日の突貫工事のあとほぼ麻痺状態だ」、「毎月の十日か十二日になるまでは部品が手に入らない」。「大多数の品物は発送できず、保管室に積み上げられ、部品不足や材料紛失が原因でその月の二十日までそのまま放置される。ようやく下旬となるが、絶対に必要なものが二十日までに手に入ればその月はまだマシなほうだ。最終的にすべての品物を受け取ると、計画を果たすための突貫工事に入ることができる。多くの部門でただちに一斉に操業に入る」(スミス 1978 上：201-202，引用文は一部改めた)。この状況は勤務態度の悪い労働者の解雇を難しくし、勤務時間中に「自由」に振る舞うことも可能とした。(5)

職場ぐるみで大々的に「自由」を行使していた例もあった。スミスは、品物を水増しし、原材料の使用を減らしてごまかす例として中央アジアにあるソ連最大級のソフホーズの養鶏担当者から聞いた話を紹介している。この人物の職場でも「数字を定期的に操作するという。毎日の目標は、彼の説明だと、卵一〇万個だが、実情はいつも約三万個不足する。彼いわく、自分は上司に毎日の正確な数字を報告するが、上司は地元のさらに上層部のボスに虚偽の報告をする」。「上司はその日の計画は達成されたと報告する。そして翌朝、この上司は三万ないし四万個の卵——もともとこれは存在しないのだが——が割れたため、ニワトリのエサにしたかのように帳簿から抹殺するよう私に命ずる」(スミス 1978 上：211，引用文は一部改めた)。

ウクライナ共和国ハリコフ州のコルホーズで搾乳婦として働いていたコナリョヴァの例をズヴャギンが紹介している。同僚たちの搾乳量が著しく多いことに注目したコナリョヴァが詳しく訊ね始めると、ただちにたしなめられた。「人のことに口を出すな」。彼女はいんちきだと理解した。「先進的な」人々は牛乳の缶に水を加えていた。彼らは、利益のためにやっている、ほめられていると説明した。コルホーズの評判は良かった。しかしコナリョヴァは「国家を騙して誰の得になるのか。これによって牛乳は増えないのだから」と考え、集会で搾乳量のいんちきについて話した。他の者も怒ることを期待したが、同僚たちは黙りこんでいた。コナリョヴァはがっかりした。「どうしてこんなことに？自覚はいったいどこに？」。コナリョヴァは家に帰って机に向かい、記事を新聞に送った。掲載された。コルホーズ議長は飼育場の全員の前で彼女を罵った。「つまらぬいざこざを起こす女だ！　内輪の揉め事を表に出しやがった。この責任は取らせるぞ！」。彼女は搾乳婦の職を解かれた。しかも「健康状態により」。彼女は擁護を求めて新聞編集部へ行った。「ペテン師たちを明るみに出す手助けをした人々の理解が見出だされることを一瞬たりとも疑わなかった。期待は裏切られなかった」。コルホーズに記者が来た。当時のしきたりでは究明するのは容易ではなかったが、新聞に現地報道「批判ののち」が出た。コルホーズ議長は職を解かれ、コナリョヴァは復職し、ペテン師たちは罰せられた(Звягин 1988: 125–127)。

生産現場ではない職場でも日常的に「自由」が行使されていた。一九八〇年七月八日のロシア共和国最高会議幹部会に向けた報告書「ロシア共和国自動車交通省における市民の手紙の検討および個人面会の組織について」によれば、乗車券を持たない乗客の輸送、売り上げの着服について実に多くの手紙が届いていた。窓口では、乗車券は売り切れだがバスには空席があると言われる。空いている席は途中で埋まり、お金は運転手が受け取って自分のものにする。窓口では乗車券が販売されない席がバスに備えられているのだ。検札係は乗車券に消印を押さず、乗車券は運転手によって再販売を目的に集められる例がある。多くの乗客が乗車券を持たずにバスに乗っている。七九年に都市近郊路線と都市間路線で乗車券を持たない乗客一〇〇万人超が発見された(ГАРФ: 13/5146/78–79)。窓口の販売員もバスの乗務員も乗客も、隙あらば「自由」を行使していたのである。

専門図書館の職員でコムソモール委員だったイリーナとナターリヤがユルチャクに語った内容も見ておこう。「私たちは委員会の部屋に集まって会議をするのが好きでした。もちろん、勤務時間中です。はじめにコムソモールの議題をさっと片付けると、後は委員会に数時間は居座って、自分のことをしながら、おしゃべりしたり、お茶を飲んだりしていました。要するに、委員会が仕事をさぼる手助けをしていたとも言えます」。さらには「地区委員会の呼び出し」を口実に勤務時間中に職場を離れ、地区委員会に着くと仕事はさっと片付け、後は友達と散歩したり、展覧会や買い物に行ったりした。「仕事中に展覧会やカフェに行きたくなると、課長のところへ行って、地区委員会に呼び出されていると言った」。あるときナターリヤとイリーナは課長に用事で地区委員会に行くと言って外出する。向かった先は開店したばかりのピザ屋だった。一時間後そのピザ屋に課長が現れた。党地区委員会に顔を出した後、一休みしてから職場に戻ろうと考えたらしい。課長はテーブルについてから店内の反対側にいるイリーナとナターリヤに気がついた。「何とも居心地が悪い、でも笑いだけは必死でこらえました。別々のテーブルに座って、平然とした顔をしていました」。ユルチャクは、コムソモール委員会書記へのインタビューを口実に大学の授業をさぼった様子や、コムソモールの集会で班長が「みんな、聞いて。議事録には、こんなことを議論して、こんな決定をしたと書いておきます。議論はなし。みんながもう帰りたいのは、よく分かってます」と述べた様子も紹介している（ユルチャク 2017: 20–21, 157–159）。

スヴェトラーナ・アレクシエーヴィチも「みながたるみきっていました。仕事中に映画に行く、風呂に行く、お店をまわる。お茶を飲んでぺちゃくちゃしゃべる……」との語りを記録している(アレクシエーヴィチ 2016 : 54)。

こうした「自由」はあらゆる面で生産性を低め、政権としては許し難いものだったが、人々の暮らしを「人間らしい」ものとしていた。

第五節　愚行をする「自由」

1　「過度の飲酒」の「自由」

本書の対象時期のソ連では、正体を失くすまで酩酊する行為(過度の飲酒)が蔓延していた。これを愚行権の行使と捉えるならば自由とも言えようし、「自分に対する放任」という意味では「自由」と呼ぶこともできるだろう(松戸 2017c も参照してほしい)。

この自由または「自由」の行使は当人にも家族にも社会にも生産にも害をなすため、政権は「過度の飲酒との闘い」に取り組んだ。一九五八年一二月一五日にソ連共産党中央委員会・ソ連閣僚会議決定「過度の飲酒との闘いの強化について、および強いアルコール飲料の販売における秩序導入について」が採択され、ウォッカ等の販売が規制された。(6) しかし、飲食店や商店等での提供や販売の規制は、広場・アパートの玄関・路上といった公衆の面前での飲酒が日常的な現象となる結果を招いた(Карпова 2008 : 344)。

このため「闘い」の強化が求められた。たとえばカザフ共和国では一九七二年七月三日付で最高会議幹部会令「過度の飲酒およびアルコール中毒との闘いの強化のための方策について」が出され、規制が販売以外にも広げられた。すなわち、「街路、中庭と玄関、スタジアム、広場、公園およびその他の公共の場でアルコール飲料を飲み干すこと、人間としての尊厳と社会的な道徳性を汚す酔っ払った状態で公共の場に現れること」に三―一〇ルーブリの罰金が科せられること、「勤務員が生産の場でアルコール飲料を飲むのを許したり、酔っ払っている人物を仕事から外す措置をとらなかったりした」生産現場の指導者は、懲戒責任を問われ、法律で定められている場合には刑事責任を問われることが定められた。「未成年者が職務上従属している人物が未成年者を酔わせる行為」は一年までの自由剝奪もしくは同期間の矯正労働または五〇ルーブリまでの罰金に処せられ、「常習的に未成年者を過度の飲酒に引き入れる行為」は五年までの自由剝奪に処せられること、一六歳未満の少年が酔って公共の場に現れたり、アルコール飲料を摂取したりした場合は「親またはこれに代わる人物」に三―一〇ルーブリの罰金が科せられること、ウォッカ等の買い占めと高値での転売は「投機」として処罰されることも定められた(Сборник Каз 1981: 276–278)。ウクライナ共和国でも、同一名称で内容もほぼ同じ最高会議幹部会令が七二年六月二二日付で定められていた(Сборник Ук 1980: 582)。

袴田茂樹は、必ず売れるウォッカは店にとってノルマ達成の切り札だったこと、地域によっては酒類の販売が全商業の売り上げの四〇%も占めたため内務当局も規則違反を見て見ぬふりしたことを指摘した(袴田 1993: 136, 138)。こうした例は多く把握されており、規則の遵守が求められていたが、規則に反したウォッカ等の販売が根絶されることはなかった。

たとえば一九六〇年一〇月二二日のロシア共和国最高会議幹部会での審議のためウリヤノフスク州

でおこなわれた点検の報告書には「多くの食堂や軽食堂では……あらゆる時間に量の制限なくウォッカが売られている」と記されていた。幹部会での審議では、点検を担当した者が「ウリヤノフスク州では……あらゆるところでウォッカが売られている。飲むためには、暗号を言う必要がある。「白熊を頼む」。ウォッカが注がれ、シャンパンスコエ〔ソ連製スパークリング・ワイン〕と混ぜられて、二〇ルーブリを支払う。「ヒグマ」を頼めば、コニャックとシャンパンスコエの混ぜ物を渡され、二五ルーブリを支払うのだ」と指摘していた(ГАРФ: 13/1211/46-47, 83-84.〔 〕内は松戸)。

一九六一年五月二六日のロシア共和国最高会議幹部会ではノヴォシビルスク州イスキチム市について次の指摘がなされていた。市場にある喫茶店でアルコール飲料の注ぎ売りがおこなわれ、人々の不満を呼んでいた。世論の要求でウォッカの販売は停止されたが、しばらくすると地区消費組合議長は「喫茶店でのアルコール飲料の販売はいかなる法令によっても禁止されていない。商取引の計画を達成する必要がある」との論拠により、アルコール飲料の販売を再開するよう命じた。この「論拠」は、地区執行委員会からもその他の組織からもしかるべき

Наше
шампанское –
100
Отмечается столетие отечественного шампанского. Немыслимое для остального мира политико-географическое понятие «Советское шампанское» в СССР воспринимается как само собой разумеющееся – это главный праздничный напиток страны
Советское Шампанское

「ソヴィエツコエ・シャンパンスコエ」(ソ連製スパークリング・ワイン)
Парфенов Л., *Намедни. Наша эра. 1971-1980*. М., КоЛибри, Азбука-Аттикус, 2011, с. 15.

反撃を受けなかった(ГАРФ: 13/1238/176)。

一九六五年四月二三日のロシア共和国最高会議幹部会では「過度の飲酒との闘いに関するオムスク州の地方ソヴィエトの活動について」の審議がなされ、「アルコール飲料の販売規則の多数の違反が発見された。禁じられた時間に、未成年にも、工業企業や見世物興行その他の企業のすぐ近くで販売している」ことが指摘された(ГАРФ: 13/1957/36)。

一九七九年一二月一〇日のロシア共和国最高会議幹部会では、最高会議の法案準備委員会副議長ペトロフが「アルコール飲料の販売規則の多くの違反が過度の飲酒を促している」と述べ、泥酔者や未成年者に、時間外に、許可なく、企業・教育施設・休息の場のある地域でアルコール飲料が提供されていると指摘した。そしてペトロフは「アストラハン州に関する一例だけ紹介しよう」と述べて、州のソヴィエト地区消費組合副議長が八つの商店に一か月間ワインの量り売りを許可したこと、この重大な規則違反を「商店による小売商業の計画達成の必要性という、もっともらしい口実で取り繕って」おこなったことを紹介した。幹部会員の一人も「法令はアルコール飲料の販売規則を明確に定めているが、商業組織はしばしばこれに違反している」と指摘した。しばしばアルコール飲料の販売が「禁じられている場所で、売ってはならない人に対してなされている。すなわち、ビュッフェで、食堂で、カフェで、未成年者に、泥酔者に」。「タクシー運転手がアルコール飲料の投機に引き入れられるところにまで事は至っている。アルコール飲料の入った箱を運び、夜間に顧客に売る」(ГАРФ: 13/4524/272–273, 280)。

2　何でも飲む「自由」――オーデコロン、変性アルコール、密造酒

政権の対応を一層困難なものとしたのは、人々が飲んだのはアルコール「飲料」だけではなかったことだった。さきほど紹介した一九六五年四月二三日のロシア共和国最高会議幹部会における「過度の飲酒との闘いに関するオムスク州の地方ソヴィエトの活動について」の審議では、共和国商業相が「ウォッカの販売規則が守られていない問題は、オムスク州だけではなく多くの他の州の問題でもある」、「わが国ではまだ人々の全般的な文化が劣っている」と指摘し、「われわれは販売を制限しようとした。しかし何が起こったか。密造酒を作ったり、アルコールや混ぜものを飲んだりするようになり、大勢が中毒死することにつながった。ウォッカの販売を制限する方向はとれない」と述べていた。社会秩序維持相もこれに賛同した。「われわれは皆、ウォッカの販売削減に反対している」。「ウォッカの不足により北方の地区では手に入った全てを飲んでしまったという例が知られている。オーデコロンの一年分の備蓄を丸々飲んでしまいさえした」(ГАРФ: 13/1957/342–345)。

これに対し、幹部会員の意見は分かれた。「ウォッカの生産を減らす必要がある。密造酒やオーデコロン、手に入るもの何でも飲んでしまうことを何故恐れなければならないのか。……ウォッカの製造を減らすことが必要

よく飲まれた「トロイノイ・オーデコロン」
Сделано 2012: 46.

だと思う」と主張された一方で、「ウォッカの生産を減らすと、密造酒をせっせと醸造し始めるだろう」との反論がなされた。売り上げの問題も言及された。「売り子は過度の飲酒を定着させている。計画があるからだ。計画達成に応じて、彼らは給料や報奨金や〔計画の超過達成を称える〕旗を受け取る」。「農村では一メートルの織物も売り子はツケではよこさないが、ウォッカはよこす。都市では、レストランへ行き、ウォッカを頼まないと、ウエイターは敵意のある目で見る」(ГАРФ: 13/1957/349, 351–352, 〔　〕内は松戸)。

紹介した発言にも出てきたが、当時のソ連では、オーデコロンを飲む人々がいるのは周知の事実だった。[(7)] アルコールが入ってさえいれば何でも飲んでしまう人々もいた。この点についてスヴェトラーナ・アレクシエーヴィチは、異なる二人の発言を記録している。「……近所にひとりいたんだよ……オーデコロン……を飲んじまう男が、ローションだって、変性アルコールだって、台所洗剤だって……」。「……わたしの村では一二歳からみんな飲んでるの。いいウォッカは高いから、自家製を飲むし、オーデコロンだってガラス洗浄液だってアセトンだって飲んじゃう。靴ズミやのりでウォッカを作ってる。若い男たちはウォッカを飲んで死んでる、もちろん、中毒死よ」(アレクシエーヴィチ 2016: 103, 514)。

毒性のある変性アルコールを飲むのさえ稀な例ではなかった。一九六一年五月二六日のロシア共和国最高会議幹部会で「密造酒製造との闘いに関するクルスク州の地方ソヴィエト執行委員会の活動について」の審議がなされた際の報告書は、変性アルコールが飲む目的で先を争って買われている、クルスク市だけで一九六〇年に約一二三トンの変性アルコールが売られ、中毒で一四人が死んだと指摘した。幹部会での審議では、クルスク州ソヴィエト執行委員会議長代理が「商店に変性アルコールが搬入されると、三―四リットルずつ買われる。飲むためだ。九〇―九五%は飲用だ」と述べていた(ГАРФ: 13/1238/113, 159–160)。

(1) 密造酒製造との闘い

とはいえ、「密造酒製造との闘いに関するクルスク州の地方ソヴィエト執行委員会の活動について」という議題からもうかがえるように、最も広く飲まれ、問題視されていたのが密造酒だった。この審議がなされたきっかけは同州チョトキノ居住区の市民の訴えで、現地での点検の報告書は次のように指摘していた。

チョトキノ居住区の市民の苦情が「基本的に確認された」。「密造酒製造は大規模におこなわれている」。住民約七〇〇〇人のチョトキノ居住区の三―四軒に一軒で密造酒が製造されている。隣接する三つの小村とボリシエ・レジャチ村には約六〇〇〇人が住み、ほぼ全ての世帯で密造酒が製造されている。

砂糖工場で盗まれた砂糖と糖蜜からも密造酒が製造されている。工場では砂糖の袋は露天積みで、保管はよくない。工場の敷地にはクラブ・寮・食堂・浴場があり、誰もが妨げなく出入りすることができ、どこでも働いていない人物が工場に出入りしている。「こうした人物は、時には一度に数袋の砂糖を盗む。窃盗者は工場の警備員と犯罪的に結びついている。工場の警備主任代行は、警備員二六人のうち砂糖の窃盗に参加していないのは六―七人だけだと断言している。工場の労働者も砂糖を数キロずつ袋に入れて持ち出している」。警備員はこれを意図的に黙認し、砂糖一袋につき一ルーブリを受け取っている。「砂糖の窃盗については警察も知っているが、誰ひとり刑事責任を問われていない」。砂糖工場の管理部が最も悪質な窃盗者の資料を警察に提出した時、「警察は根拠なく刑事告発を拒否した」。窃盗の前科があり、再び砂糖二五キロを盗んだ労働者に対する告発は、証言と拘留調書で犯罪が確認されたにもかかわらず、拒否された。「警察署長と捜査係は悪質な密造酒製造者のところで飲んだくれているので告発しないのだとの再三の警告が点検中に届いた」。「密造酒製造はクルスク州全体で大規模におこなわれ、この違法行為の数は増え続けている」。

「密造酒製造に関する集会に市民は嫌々やってくる……彼らの多くは、自分も密造酒を製造するか、買うかしているからだ」。コルホーズ・企業・施設の幹部職員が密造酒を製造したり、製造を促したりしている例がある。コルホーズ「ボリシェヴィク」の議長は、密造酒八〇リットルを製造するための糖蜜を農作業班に渡し、集団で酒盛りを開いていた。

党中央委員会・閣僚会議決定に違反して、クルスク市では企業の至近だけでなくその守衛所(8)でも強いアルコール飲料が販売されている。食堂、食料品店、店近くの路上で、酔っ払いが何の妨げもなくアルコール飲料を飲んでいる。有蓋トラックでの販売所が多く開かれ、強いアルコール飲料しか売っていない。「こうした有蓋トラックは普通、街道、クラブ、寮、市電の停留所のそば、すなわち最も人の多いところや、企業から住宅地区へ結ぶ道路に配置され、過度の飲酒の温床となっている」。「ウォッカの販売が許される時間は守られていない。……いくつかの店の店長がウォッカを自分のアパートに保管し、二四時間いつでも市民に売っている」(ГАРФ: 13/1238/107–108, 110–113)。

幹部会の審議ではまずクルスク州執行委員会議長代理がこうした指摘を認め、「警察、検察と裁判所は……〔存在していた〕悪質な密造酒製造者に対するリベラルなアプローチを除去している」、チョトキノ居住区では密造酒製造者一五人が責任を問われ、砂糖工場では新たな工場長と警備責任者が任命された、新たな警察署長も任命されたと述べた(ГАРФ: 13/1238/159,〔　〕内は松戸)。

続いてクルスク州で点検をおこなった職員が報告し、「チョトキノ居住区の市民の苦情を点検してすぐにわれわれは、この居住区だけ、この苦情だけの点検にとどめることはできないと理解した」、「苦情で述べられた全ての面は、僅かな例外を除いて基本的に確認された。これら全ての面は基本的にクルスク州の他の地区にも存在している。このため点検をクルスク市だけにとどめなかった」と指摘した。「州執行委員会にあるデータは実際の状況に合致していない」、「実際には密造酒製造者は、警察のリストに登録されているよりも著しく多いことがわかった。密造酒製造者は登録されているより八〇―一〇〇倍多いと警察署長は述べた」とも指摘した。そして、「主として密造酒を自分のために製造している者が摘発され、販売者はどこにも出てこないが、……どの家で密造酒が製造されているかはどんな子供でも言える。ましてや同じ場所で一〇年働いている職員は知っているはずだ。何故、販売目的で密造酒を製造している者が出てこないのか」と批判した。

この職員の報告は続いた。クルスク市では「できるところではどこでも、……強いアルコール飲料が妨げなく販売されているのを見た」。第一一食料品店では「飲酒禁止」の表示があったが、「ビンから直に飲まれている。……警官が店にやってきて、アルコール飲料を飲み干している集団に近づいたが、彼らと全く抽象的な会話をしている」。通りには、仕事後に酒を飲む決まった建物や停留所がある。「大きな商店の店長たちは最も人の多い場所に販売所を開いていて、労働者が仕事から家に帰る時、この屋台を素通りすることはない。運転手も立ち寄る」。「有蓋トラックのドアを開けると、アルコール飲料の他には何もなかった。人々が仕事へ行く時と仕事から帰る時にこのトラックは活動を始めている」。われわれのところへ女性が近づいてきて、「警察職員がいるのを見て彼女は「いつわれわれのところからこれは撤去されるのか！　夫が酔わされ、息子が酔わされている！　われわれの苦情は役に立たない」と言った。これは魂の叫びだ」と職員は述べた。さらに「この会議場より少し広いだけ」の広場で八軒の屋台がアルコール飲料だけを売っていること、商業管理局長が「われわれは販売したし、今後も販売する。これをやめることはできず、他の解決策はない」と述べたことも紹介した。「われわれが思うに、クルスク州執行委員会の職員は密造酒製造および過度の飲酒との闘いに具体的に取り組む義務を忘れていた」(ГАРФ: 13/1238/160–165)。

この報告を受けて、幹部会議長はクルスク州執行委員会議長代理に「密造酒製造者にあなたがたは実にリベラルに対応している。不十分な教育活動と密造酒製造者へのリベラルな態度の結果、密造酒製造は大規模になっている」と指摘し、密造酒製造について幹部会令を出し、二つ目の幹部会令を出したが、密造酒が飲まれ続けている、「実現に向けた闘いが現地で展開されないならば、幹部会令にいったいどんな力が保たれるだろうか。……幹部会令に違反した事実をわれわれは素通りしてはならない」と述べた(ГАРФ: 13/1238/167–168)。

しかし、密造酒製造が止むことはなく、これへの「リベラルな」対応も跡を絶たなかった。

（2）人々の意識と態度

過度の飲酒や密造酒製造が蔓延した状況を人々はどのように意識していたのだろうか。ソ連科学アカデミー具体的社会調査研究所世論調査センターの調査結果を紹介しよう。

一九七一年二—三月の調査における「過度の飲酒の広がりの程度は不安を呼び起こすか」との問いには、全国の回答者一九七一人のうち「はい」が八〇%、「いいえ」が一三%だった。「はい」の回答は男女ともに八〇%、年齢別では一八—二四歳が八一%、二五—二九歳が七九%、三〇—三九歳が八〇%、四〇—四九歳が七九%、五〇—五九歳が八一%、六〇歳以上が七九%で(Грушин 2003: 367)、性別でも年齢でも偏りはなかった。

同年六—八月の調査では「どこで、何を、誰と飲んだか」が問われた(回答者一五一四人)。「どこで」では、「玄関口、中庭、通り」が二〇%、「家」一九%、「カフェ、バー、レストラン」一八%、「屋台、キオスク」一五%、「商店」一一%、「訪問先、隣人宅」一一%、「職場」が五%だった。「何を」では、「強い飲料(ウォッカ、コニャック)」が五二%、「アルコールを加えたワイン」四七%、「ビール」一九%、「デザートワインおよびワイン」七%、「自家製」二%、「工業用の代用品」が一%だった。「誰と」では、「仕事(学業)の同志たち」が三一%、「友人たち、隣人たち」二九%、「ひとり」二四%、「親類たち」九%、「知らない人たち」一〇%だった(Грушин 2003: 381)。

「どこで」の回答の「屋台、キオスク」「商店」では、おそらくウォッカ等を買ったその場で飲んでおり、「玄関口、中庭、通り」も、近くで買ったり持ち寄ったりして飲んだのだろう。「職場」では、勤務時間または休憩時間に飲んでいる可能性がある。「何を」の回答の「アルコールを加えたワイン」

は度数を高めたものであり、「自家製」は密造酒、「工業用の代用品」はメチルアルコールや変性アルコールなどだろう。「誰と」の回答の「知らない人たち」と飲んだ例は、商店の前や街頭で別々に飲んでいた人々が集まって「飲み会」となったのかもしれない。

このように性別と年齢の偏りなく八割の人が過度の飲酒の広がりに不安を感じていた一方で、問題視されていた飲み方をしている人々も少なからずいた。政権はこの状況を問題視し続け、「闘い」の強化を繰り返し訴えたが、改善の様子は見られなかった。

このためこの問題は、一九八五年三月に党書記長となったゴルバチョフにとって最優先課題の一つとなった。八五年五月一六日にソ連最高会議幹部会令「過度の飲酒との闘いの強化について」が発せられ、生産の場でのアルコール飲料の摂取または酔った状態での出勤に行政処分で三〇―五〇ルーブリが科されること、密造酒の製造または密売目的なしの所蔵には二年以下の矯正労働または三〇〇ルーブリ未満の罰金が科されることが定められた。未成年者を酔わせることに対する親およびその他の人物の責任、アルコール飲料の販売規則に違反した店員の責任も定められた(Шамба 1985: 149–150)。八七年五月二二日には「過度の飲酒およびアルコール中毒の克服ならびにこの活動の活発化のための党中央委員会諸決定の遂行過程について」の党中央委員会決定が、八七年五月二九日には「密造酒製造に対する責任について」のソ連最高会議幹部会令が出された(Справочник 1988: 414, 622)。

同種の決定が相次いで出されたことは、問題が解決していなかったことを示している。実際、一九八七年六月二九日のソ連最高会議で、最高会議幹部会議長グロムイコは次のように述べなければならなかった。わが国全体でアルコール製品の生産と販売が急激に削減され、労働規律の強化もなされているが、いくつかの地区では過度の飲酒との闘いが十分にはおこなわれていない。「この際、各地で現行法に反する何らかの異常な決定がしばしば採択されている」。「今年あちこちでワイン・ウォッカ等のアルコール製品の生産が増加しさえした。密造酒製造もおこなわれ、摘発された例は増えた」(BC 1987: 152)。

飲酒や密造酒の製造においても、政権が絶えず取り締まりを強化しようとしたにもかかわらず、各地の関係機関さえ規制を守らず、人々の間に「自由」が広く存在し続けていた。

第六節　神の名における「自由」

一九七七年制定のソ連憲法第五二条が「ソ連市民は、良心の自由、すなわち、あらゆる宗教を信仰し、またはいかなる宗教も信仰せず、宗教儀礼をおこなう、または無神論の宣伝をおこなう権利を保障される。信仰と結びつく敵意または憎悪を呼び起こすことは禁止される」と定めていたように(Конституции 2021: 60)、文言上は信仰の自由が保障されていた。

とはいえ、この条文に「無神論の宣伝をおこなう権利」が謳われていることからもわかるように、ソ連の政権は科学的無神論の宣伝と啓蒙によって人々を「宗教的偏見」や「宗教的遺物」から「解放」しようとしていた。

一九五四年一一月一〇日付党中央委員会決定「住民の間での科学的無神論宣伝の遂行における誤りについて」からは、党中央の指示と実情の一端がうかがえる。この決定によれば、宗教的偏見からの漸進的解放に向けられた唯物主義的世界観の科学的啓蒙的宣伝に際して「党は、信者の感情のあらゆる侮辱を避けることが不可欠だと常に考えていた」。しかし中央委員会は「最近あちこちの住民の間での科学的無神論の宣伝に重大な誤りが犯されていることを示す事実を握っている」。「宗教儀礼をおこなう聖職者と信者に対する侮辱的な攻撃が犯されている」。「反宗教宣伝におけるこの種の誤りは、宗教と信者への対応に関する共産党の綱領と政策に根本的に反し、信者の感情の侮辱は許されないことについての党の再三の指示に違反している」(KПCC 1985: 446–447)。

この決定は、宣伝活動の誤りをさらに批判して、次のように指摘した。「国の活動に活発に参加し、祖国に対する自身の市民としての義務を誠実に遂行しながら、依然として様々な種類の宗教信仰の影響下にある市民」が存在する。「こうした信仰を持つ人々に対して、党は思いやりのある注意深い態度を常に要求してきたし、今後も要求する。ましてや、あれこれのソヴィエト市民を宗教的信念に発する政治的な疑念の下に置くのは愚かで有害だ」。「信者と聖職者に対するあらゆる行政的方法と侮辱的攻撃は害のみをもたらし、彼らにおける宗教的遺物を確固とし強化することにさえつながり得る」。その一方で、決定は「反宗教宣伝において犯された誤りの修正は……科学的無神論の宣伝の弱化につながってはならない」、「共産党は科学的世界観の精神でソ連の人々を教育し……宗教イデオロギーとの思想的闘いをおこなう。科学と宗教の根本的な対立は明らかだ。……科学は宗教と相容れない」とも指摘した。そのうえで「これら全てを考慮して、党は、深い体系だった科学的無神論の宣伝の遂行を不可欠と考えるが、これに際して信者と聖職者の宗教感情の侮辱を許さない」と改めて確認した(KПCC 1985: 447–449)。

党中央委員会の雑誌『党生活』一九五七年第一二号に掲載された論文「科学的無神論の宣伝について」は、今紹介した中央委員会決定の指示を確認したうえで、「住民の一定部分の間では宗教的偏見がなおも強い。宗教は、人々の意識における最もしぶとく、確固とした、このため克服が困難な過去の残滓の一つである。宗教は、信じている人間の社会的振る舞いにも影響を及ぼしている」と認めた。そして、反宗教宣伝をおこなうこととは、信者や教会・宗教セクトの聖職者にではなく、宗教的な思想に対してこの思想の影響下にある人々の自覚のために闘うこと、すなわち「科学的世界観を宣伝し、その立場から宗教的認識の破綻を明らかにすること」を意味していると指摘した（ПЖ: 1957/12/28, 30）。

しかし、多くの人々は科学的無神論を受けいれず、信仰を維持していた。さきほど確認したように、党中央委員会決定「住民の間での科学的無神論宣伝の遂行における誤りについて」は、祖国のために誠実に働きながら信仰を抱いている多くの人々がいると認めていた。一九六〇年に刊行されたシャフナザーロフの著作でも「宗教の信仰はしぶとく、多くの信者は神への信仰と共産主義社会建設への参加との間にいかなる対立も見ていない」と指摘されていた（Шахназаров 1960: 80）(9)。六三年八月一五日のロシア共和国最高会議幹部会に向けた報告書には、聖職者やセクトの布教者は「共産主義と宗教、科学と宗教は両立可能だ」と信者に吹き込んでおり、たとえば司祭ゴロソフは「全ての使徒は聖人であるだけなく勤労者でもあった。彼らは労働を愛していた。使徒パウロは「働かざる者食うべからず」と布教した」と述べたとの指摘がある（ГАРФ: 13/1849/124）。

その一方で、宗教セクトの信者の中には、神のため以外の労働を拒否した人々もいた。フィッツパトリックによれば、戦前にはセクト信者は軍役とコルホーズへの加入を避けたが、一九五〇年代末には国家または社会の施設における「あらゆる」仕事に反対していた。こうした人々は仕事についての提案を見ることさえ拒み、労働の尊さに関する助言を聞くことを拒否し、改心を説く人々に対して神の法からの教訓を読み聞かせたという。本章第二節の1で見た「反寄生者法」には宗教セクトへの言及はなかったが、投機や「非合法な」商売への参加といった寄生的活動のリストの最後に「およびその他の反社会的活動」との文言があり、これがセクト信者を「寄生者」とする前提となったという。セクトの指導者については、合法的な職に就いていてもただの見せかけで、実際には支持者から金を集めて生計を立てているとみなされた。ロシア共和国司法省の報告では、宗教セクトの指導者と活動家は実にしばしば「信者を欺くことで暮らしている」かどで告発されていた。ロシア共和国各地の検察による六〇年代初めの事実上全ての報告でセクト信者が言及され、寄生者とされていた。しばしばこれは、コルホーズに加わることを忌避し、分与地や手工業で生計を立てている農民だった。こうした人々が寄生者とされた判決のいくつかは最高裁で無罪とされたという(Фицпатрик 2008: 247–248, 251; Fitzpatrick 2006: 403–404, 406)。

セクト信者の存在と彼らへの対応がロシア共和国最高会議幹部会で取り上げられた例も紹介しよう。一九六二年一〇月二六日のロシア共和国最高会議幹部会では「クラスノヤルスククライにおける「社会的に有益な労働を忌避する者」との闘いの強化に関する決定の説明と執行について」の審議がなされ、セクト信者も話題となった。

まずクラスノヤルスククライ執行委員会副議長グロモフが報告し、寄生者とされた六二四四人が他の地域から送られてきたと述べた。その中には「土地や住居を用いた勤労外収入のかどで七二人、投機のかどで三七人、非合法の宗教セクトを率いたかどで四一人、宗教的信条により働かないかどで二八六人、禁じられた手工業や私企業活動のかどで五七九人、その他の反社会的行為で四九二〇人」がいた。グロモフは、こうした人々は主に北方の地区に送られて木材調達作業や農業などに従事するが、「送られた者の多くは誠実に仕事をせず、社会秩序をひどく侵している」と述べ、他の地域から寄生者を送るのをやめるよう要請した。「彼らの存在は、当の寄生者にも周囲の人々にも何の益にもなっていない。大勢の寄生者の存在は、周囲の市民に悪影響を及ぼしている」。グロモフは、宗教的信条によって有益な労働を忌避する人々を送るのをやめることを検討してほしい、彼らは矯正されず、周囲の者に悪影響を及ぼしているとも訴えた(ГАРФ: 13/1294/199–200, 202, 205)。

法務部顧問のイリインは、クラスノヤルスクでの寄生者の配置はしばしば間違っている、四〇―五〇人のセクト信者が同じ地区へ送られる、こうした状況ではいかなる教育活動も肯定的な結果をもたらさないと批判した。「彼らは互いに支え合っていて、〔現地当局は〕彼らに何もすることができない。一人ずつばらばらにする必要がある」というのである。その一方でイリインは、抵抗せず働きもしないセクトの人々は、流刑を繰り返し、矯正されることはなく、国家に養われているとも指摘した(ГАРФ: 13/1294/209, 212–213,〔　〕内は松戸)。

幹部会書記はグロモフに対し、教育活動に取り組んでいないことについて答えてほしいと問うた。「教育活動に取り組む時間がないのか、あるいは何かの助けが必要なのか、それとも単にこの幹部会令の意義を軽視しているのか」。グロモフは「教育の影響を受けない人々がいる……。主に宗教セクトの人々だ。あるセクトの女性と二時間ほど面談したが、彼女は二時間ずっと「神の御意思」と言うだけで、それ以上は何も言おうとしなかった。こうした人々にはもっと断固たる方策をとるべきだ」と述べた。幹部会書記は納得せず、「あなたのところへ送られているのがおよそ尊い人々ではないことは理解している」が、教育活動に取り組んでいないとの質問に答えていない、あなたのところでは、ある女性がセクト信者を改心させ、セクトから抜けさせた肯定的な例がある、「あらゆる人間に影響を及ぼすことができる。全ては時間と粘り強さにかかっている」と追及した。これに対してグロモフは「彼らは多過ぎる。彼らを再教育するのは困難だ」、全ての力を寄生者だけに投入することはできないと応じた。「時間が足りず、人が足りない」。交通は非常に悪く、道はない。こうしたこと全てが教育活動の質に影響している。「教育活動が全くおこなわれていないと言うことはできない」(ГАРФ: 13/1294/214–215)。

こうしたグロモフの説明に対して幹部会員からは「何故教育活動をしないのか理解できない。全く理解できない」、「一人の人間でも、体系的に一人の寄生者に取り組むならば、成果を挙げられるだろう」、「セクト信者は立派な人間をセクト信者にしてしまう〔ので放置してはならない〕」。セクト信者に働くよう強制するのではなく、彼ら自身が働かざるを得ないようにする必要がある」といった発言が続いた(ГАРФ: 13/1294/216, 221,〔 〕内は松戸)。

こうしたやりとりからは中央の方針に地方の現場が対応し切れない様子がうかがえる。

一九六四年八月二五日のロシア共和国最高会議幹部会のためにオリョール州でおこなわれた点検の報告書には次のように記されていた。文化啓蒙施設の活動の弱さが宗教団体の影響力の強化につながっている。特に多大な活発さを示しているのが「バプテスト・分離派」だ。「彼らは、信者にとって義務的なのはただ「福音書の法であり、世俗権力の法ではない」と述べて、公然と立法組織に反対している」。正教会の聖職者も活発な活動を続けている。「彼らが特に注意を向けているのが子供の洗礼だ。一九六三年に新生児総数の四二・五％に当たる七〇〇〇〇人以上の新生児が洗礼を受けた」(ГАРФ: 13/1900/107)。

このように、教会とセクトの活動に対応できていないことが問題視され続けていたが、信仰自体は処罰されないと確認されることもあった。一九六五年二月二五日のロシア共和国最高会議幹部会では「信者に対する社会主義的適法性侵害の事実について」の審議がなされた。幹部会議長イグナトフは「宗教、これは人民にとってアヘンだ。教会の聖職者は多くの人々をしっかりとつかんでいる。このため地方での反宗教宣伝を強化する必要がある」、「罪を犯した者は、ソヴィエト法規の侵犯に関わる何らかの具体的な事柄のかどで裁かれる。信者であるか否かにかかわらずだ」と指摘したが、「しかし宗教的観点を有しているということだけで人々を裁いてはならない」とも述べていた。ロシア共和国検事も「信念に対しては裁かれない」と確認した。幹部会副議長アハゾフも「法律違反の事実を具体的に審理する必要があるということに同意する」、「セクト信者へのアプローチを厳格化する方針は示されるべきではない。地方のソヴィエト機関に対して個々の教会団体の登録を妨げないよう義務づける必要がある」と述べたが、そのうえで「それと同時に、反宗教宣伝を強化する必要がある。セクト信者との闘いを傍観していることはできない。セクト信者から犯罪者が現れるかもしれないからだ」とも主張した。イグナトフが「各セクト信者は、ソヴィエト権力に対する抗議の独自の形態だ」と述べると、アハゾフは「セクト信者自身が、ソヴィエト権力に対する抗議の形態であると認めている」と応じたが、審議をまとめる形で幹部会書記が「セクト信者との闘いではあらゆる可能な手段を用いる必要がある。しかし同時に、法律違反を犯さないようにする必要がある」と確認した(ГАРФ: 13/1941/453, 455)。

これらの発言ではセクト信者であっても信仰自体で処罰してはならないことが確認されていたが、このやりとりは「信者に対する社会主義的適法性侵害の事実について」の審議に際してのものであり、実際には信仰自体によって処罰された例もあったことがわかる。それでも信者の多くは、信念に基づいて振る舞う「自由」を行使し続けていた。

(1) 一ルーブリは一〇〇コペイカ(スミスの本では「コペック」と表記されている)。当時のソ連の商店では、現金を扱う店員を限定するため一つのレジ(スミスの本では「勘定場」)が複数の売り場を担当するのが通例だった。客は売り場で商品の価格を確認し、レジで支払いをしてレシートをもらい、そのレシートを売り場に渡して商品を受け取る。

(2) 男性は六〇歳以上、女性は五五歳以上で年金生活に入った者も、年金が不十分なため物乞いや小商いをすると「寄生者」とみなされた(Фицпатрик 2008: 249; Fitzpatrick 2006: 404)。

(3) 全ソ労働組合中央評議会の一九四八年の決定によれば、サナトリウム等の保養施設の利用券の二〇%、休息の家〔観光と保養の施設〕の利用券の一〇%は労働組合によって勤労者に無料で提供された。残りは金額の三〇%を徴収する。病人の療養・保養施設への派遣は、無償、割引支払い、全額支払いの場合がある。当人が負担した残りの額の支払いは労働組合によっておこなわれた(Лысикова 2008: 201–202,〔 〕内は松戸)。

(4)『ニューヨーク・タイムズ』のスミス曰く、消費者物資の供給が予測しがたいためロシア人は一連の防御手段をあみだしてきた。その一つが他人のために買い物をすることである。モスクワのある中年の女性は、アメリカの主婦が車を共同で使い、毎日の食料品の買い出しを交代するように「サラリーマンが交代で買い物をする仕組を編み出している」と話したという(スミス 1978 上：60–62)。

(5) この状況は主として計画経済に起因したため、同様の状況は他の社会主義国にも見られた。例として東ドイツに関する石井聡の指摘を紹介しよう。生産現場は「すでに一九五〇年代初頭から、中央の計画・意図とはほど遠い弛緩した状態となっていた」。原因は、計画作成の不可能性、〔損失が出ても補塡される〕「ソフトな予算制約」、財の売り手市場的状態、中央当局の情報処理能力の限界、失業の可能性がないことなどで、「計画経済であるがゆえに生じた弛緩であったといえる」。「規律欠如の原因は、不十分な作業分配と個人の責任原則の欠如、職員の専門能力不足、資材不足、機械設備の停止時間の多さなどにある。たとえ労働者の多くが労働規律の必要性を意識したとしても、自然と規律が乱れてしまうような条件が存在している」。その結果、「労働者は、規定労働時間すべてにわたって労働しているわけではない」。遅刻、無断退社、クリスマスなどの行事のための早退、労働時間中の買い物などをする「ゆとり」が生まれ、濃密な人間関係、相互の助け合いの場ができ上がっていた。班の誰かが代表して行列に並び、買い物をするという面まで作業班を中心とする消費生活が浸透していた(石井 2016：68–71, 78, 〔 〕内は松戸)。

(6) 一九五八年一二月三〇日付で同一名称のロシア共和国閣僚会議決定が採択され、次のことを義務づけた。a) 肉製品、魚製品、野菜と果物および缶詰の販売店、小規模な市の小売網、食堂、カフェ、スナック、ビュッフェおよび地区百貨店でのウォッカの販売を禁止すること。б) 駅、埠頭、空港、駅前広場にある全ての商業企業と公共食堂(レストランを除く)でのウォッカの販売をやめること。в) 工業企業、教育施設、児童施設、病院、サナトリウムと休息の家、啓蒙企業と興行場に隣接する商業企業および……勤労者の休息の場におけるウォッカの販売を許さぬこと。г) 一〇時より前の朝の時間におけるウォッカの販売を禁止すること。д) ウォッカおよびその他のアルコール飲料の未成年者への販売を禁止すること。e）レストランで一人の客に対して一〇〇グラム以下のウォッカ提供の上限を定めること。ж）レストランで販売されるウォッカとコニャックに小売価格より五〇％高い価格を定めること(Собрание РСФСР 1968 : 279–280)。

（7）一九六二年一〇月二六日のロシア共和国最高会議幹部会でクラスノヤルスククライにおける「社会的に有益な労働を忌避する者」との闘いについて審議された際にも、法務部顧問が次のように述べていた。「現地で彼らは無秩序な生活を送っている。最初の金が入ると酒を飲む。ウォッカを買う金が尽きるとオーデコロンや歯磨き粉を飲む。寄生者の助けでクライはオーデコロンの全ての在庫を使い切った……」(ГАРФ 13/1294/210–211)。「トロイノイ・オーデコロン」は、食品を原料とするエチルアルコールが九六％〔邦訳では「九十五％」〕で、三％程度の香料成分は無害だったためよく飲まれ、六〇―八〇年代には酔っ払いに関する小話の主役となり、「アラン・ドロンはオーデコロンを飲まない」と歌われた(Сделано 2012 : 47 ; コレヴァ 2018 : 59)。

（8）守衛所は通例、企業の敷地の門や建物の入り口にあり、ここを通って出入りする。

（9）シャフナザーロフはこれに続けて「神秘の声に耳を傾け続けながら共産主義建設の自覚的参加者となることは不可能だ」と主張していた(Шахназаров 1960 : 81)。

第四章　「偽りの平穏」

第一節　社会秩序維持の努力と限界

一九五三年三月のスターリンの死後、国家保安省が内務省に統合されて内相ラヴレンティイ・ベリヤの権力基盤が強化されたが、同年六月にはベリヤが逮捕された。五四年三月一二日付で党中央委員会決定「内務省の主要課題について」が発せられ、国家保安機関が内務省から再び分離された。この決定では、犯罪、国家財産の不法領得、投機、無頼行為に対する警察の闘いがお粗末であること、警察職員による横暴、適法性の侵犯、根拠のない勾留、収賄およびその他の深刻な違反の事実があること、警察の活動の不十分さ、市民に対する粗暴さ、苦情に対する形式的官僚主義的態度の結果として、多くの警察職員が住民の間で権威を得ていないことが指摘された。五六年一〇月二五日付ソ連共産党中央委員会・ソ連閣僚会議決定「ソ連内務省の活動改善のための方策について」によって、内務省と警察がさらに改組され、その地方機関は、当該地域のソヴィエトの執行委員会に部局として従属することになった(Полиция 1995: 256, 258–259, 261)。

こうして各地のソヴィエトと執行委員会は、治安と適法性の遵守にも責任を負うことになった。地方ソヴィエトを統括する各共和国の最高会議幹部会も、各地の状況を点検し、問題があれば厳しく批判して、改善を求めるようになった。

しかし、劇的な改善はなく、以後も同様の決定が相次いで出された。一九五八年一月二九日付党中央委員会決定「警察における適法性侵犯の事実について」では、警察の活動に適法性の侵犯が依然としてあり、根拠のない逮捕や粗暴な態度が避けられていないと指摘された。六二年八月一七日付でもソ連共産党中央委員会・ソ連閣僚会議決定「ソヴィエト警察の活動改善のための方策について」が採択された(Полиция 1995: 263, 270)。

これと並行して、同志裁判所や人民自警団といった社会団体を「犯罪との闘い」に広範に引き入れる試みがなされ、懲罰ではなく教育によって犯罪を防いだり犯罪者を更生させたりしようとする取組みも大々的に推し進められた(松戸 2017a: 282–346)。

1　「共産主義社会に犯罪者の居場所は無い」

一九六一年一〇月に開かれた第二二回党大会では、八〇年までの二〇年間で共産主義を建設することを謳った党綱領が採択された。共産主義建設の進展に伴って、犯罪を生む客観的な原因が根絶され、党綱領に盛り込まれた「共産主義建設者の道徳律」を人々が内面化するため、「共産主義社会に犯罪者の居場所は無い」と考えられていた。

ただし、その実現は容易ではないとも認識されていた。第二二回党大会でフルシチョフは「わが国には共産主義を怠惰と無為の社会のように見ようとする人間がまだいる」、「共産主義の下では、人間は種も播かず、刈り取りもせず、ただピロシキを食べるだけであるかのように考えている人がいる」

と指摘し、「働かざる者食うべからず」の偉大な原則は共産主義の下でも有効であり、実際に全ての人々にとっての神聖な原則となる、「共産主義建設の現段階では、怠け者根性と寄生者根性、過度の飲酒と無頼行為、いかさまと飽くなき金銭欲といった資本主義の遺物に対して……さらに断固たる闘いをおこなうことが不可欠である」と強調していた（XXII съезд 1962 : 123）。

（1）「寄生者」による犯罪

第三章第二節の1で扱った「社会的に有益な労働」を忌避する者を取り締まる「反寄生者法」が制定されると、「寄生者」は「寄生的な生活」を送っているだけでなく犯罪者予備軍であり、実際に犯罪をおこなっているとして問題視されるようになった。

たとえば、一九七九年一二月一〇日のロシア共和国最高会議幹部会では「法秩序維持および違法行為との闘いに関する法の適用と遵守の実際について」の審議がなされた。この審議のためにアストラハン州でおこなわれた点検の報告書は次のように指摘した。「違法行為の予防で多大な意義を有するのは、社会的に有益な労働に従事していない人物を適切な時に発見し、彼らを就労させることだ」。多くの違法行為がまさにこうした人間によっておこなわれ、「一九七八―七九年に罪を犯した者の五人に一人はどこでも働かず、学びもしていなかった」。アストラハン州内務管理局は反社会的生活を送る者の発見と就労のための活動をいくぶん活発化させているが、「こうした人々が長い間、時には数年間、警察諸機関の視野の外にあり、適切な時期に彼らに予防的措置が取られず、その一部は罪を犯した例がある。ヴォロディンは一九七八年一月からどこでも働かず、反社会的寄生的生活様式を送り、そのことは内務諸機関には知られていなかった。一九七九年七月にヴォロディンは罪を犯した」。反社会的生活を送る者の再教育は多くの点で就労にかかっているが、「彼らを仕事に受けいれることをいくつかの企業の指導者が様々な公式の口実によって拒否している例がある」(ГАРФ: 13/4524/64)。

幹部会の審議ではソ連内務次官が報告し、「社会的に有益な労働に従事していない人物によって、犯罪の五分の一がおこなわれている……。このため寄生者との闘いはより攻撃的になされている。一九七八年および一九七九年の九か月間に浮浪者生活と乞食渡世のかどで一四万人が逮捕された」、「就労を悪質に忌避する人物に対して刑法の措置がより活発に適用されている……。一九七八年に二万九七六一人が刑事責任を問われた。これは前年よりも三〇%多い」と述べた(ГАРФ: 13/4524/246)。

ロシア共和国最高会議の法案準備委員会副議長ペトロフも、犯罪者のほぼ五人に一人が働きも学びもしていなかったことに言及し、「これが物語っているのは、内務諸機関はこうした人々の発見と就労のための活動を十分おこなっておらず、適切な時期に予防の措置を彼らに取っていないということだ」と指摘した。その例としてペトロフは「無頼行為のかどでの処罰を終えた後、ベクレムィシェフは長い間どこでも働かず、過度の飲酒を続け、寄生的な生活様式を送っていた。しかしペルミ州の内務諸機関によって彼に対して適切な時期に予防的な措置が取られることはなく、終局は、ベクレムィシェフが五人を殺害するというものだった」と述べた(ГАРФ: 13/4524/273-274)。

クイブィシェフ州党委員会第二書記ヴェトリツキーは、社会団体とともに浮浪者と寄生者の捜査を大規模におこなって成果を挙げたことを披露し、「こうした方策を広域でおこなうよう内務省に要請したい。いくつかの州を活動に引き入れるべきだ」、「こうした浮浪者、寄生者は移動している。今日はたとえばクイブィシェフ州からウリヤノフスク州へ、ペンザ州からオリョール州へ。もしまとめておこなうならば、もちろんより早く秩序をもたらす。これは効率がよい」と述べた(ГАРФ: 13/4524/277)。

この発言は、州の境を越えて広域に活動する犯罪者集団の存在を念頭に置いている。こうした犯罪者集団の存在についてはソ連内務次官も「国の一部の地域(スタヴロポリクライ、北オセチア自治共和国、チタ州)では、犯罪者の危険な武装集団が活動している」と認めていた。これに関連して幹部会員ゲットゥエフが「北オセチア自治共和国の領域で四人からなる武装した一味が摘発された」、「この人々は皆、再犯者で、二―三回ずつ刑務所に入り、中には四回入った者さえいる。パラドックスだ。われわれは矯正するために人間を刑務所に入れたのに、彼はそこから真の悪党として出てきた。一味は全く何の罪もない一二人を殺した」と指摘すると、幹部会副議長バシエフは「少しつけ加えたい。一味の指導者は出張裁判で宣言した。「戻ってきて、お前たちに思い知らせてやる!」と。そして思い知らせたのだ」と述べた。こうした指摘に内務次官は「ご存じの通り、犯罪者グループは内務省と検察の捜査機関の助けで速やかに発見され、逮捕された」と応じた。内務次官によれば、「悪党どもは武装抵抗し、警察勤務員を撃ったが、拘束され、裁判にかけられる。この一味の組織者はカバルヂノ・バルカル自治共和国の住人だが、北オセチア自治共和国の領域で罪を犯した」のだった(ГАРФ: 13/4524/242, 256)。

武装集団による犯罪についてはロシア共和国検事も指摘した。ロシア南部と中央部で状況が深刻に悪化し、国家施設と社会団体に対する襲撃が頻発している。「最も状況が悪いのは、ダゲスタン自治共和国とカバルヂノ・バルカル自治共和国、ヴォロネジ州、オレンブルグ州、トゥーラ州、クラスノダールクライだ」。「率直に言って、実に異常な複数の事例が明らかになっている。これに関連して思い出さずにはいられないのが、ある刑事事件だ」。そして共和国検事は指摘した。モスクワ州ポドリスク市に住む某イヴァノフは三度刑務所に入り、七年間どこでも働いていなかったが、プール付きの邸宅を自分用に建て、車を四台持っていた。彼は横領者の一味を組織し、〔需要に対して〕不足している自動車の予備部品の企業で長いこと大量の盗みをおこなっていた。盗まれた品は国営企業に売られた(ГАРФ: 13/4524/262, 264,〔　〕内は松戸)。

この審議のまとめとして幹部会議長ヤスノフは「ロシア連邦全体で言うならば、一定の活動がおこなわれている地区や州はあり、改善へのある程度の進歩がある」が、大多数の地域で犯罪が減っていないばかりか重大犯罪も含めて増えてさえいることは不安を呼び起こさざるを得ないと発言した。そしてソ連内務次官に対して「どうだろう……決定を検討し、採択しようか?」と問いかけた。「われわれはいくつもの決定を策定し、長年にわたってあらゆる方策をとっている」。しかし状況は悪い。「これ以上こうした状況を許すわけにはいかない」。「より厳しく問題を、それも内務機関に対してだけではなく提起する必要がある。なにしろ内務機関は今やわが国ではどこでも当該州・クライソヴィエトの管理局であり、自治共和国では内務省なのだ」。ここでヤスノフは出席者全員に呼びかけた。「自己批判しようではないか。私自身も例外にはしない」。ここには一六自治共和国の〔最高会議幹部会〕議長全員が出席し、いくつもの州とクライの党とソヴィエトの指導的職員が出席している、自治共和国、クライ、州で「ロシア連邦の最高会議幹部会員である指導的勤務員によって何がなされるか、誠実に話し合い、見ることにしようではないか?」。「われわれはこれを自分たちから始める必要がある。そのとき……他の人々にも完全に遠慮なく要求することができる」。「何人かの地方の同志がわれわれにあることを述べる。しかし実際には状況は全く異なる」。「状況が変わらない原因はいったい何かを問い質し、……答えを要求し、その後この指導者がしかるべき秩序をもたらす能力があるか否かの結論を出さなければならない」。「おそらく二、三年かかるだろうが、これに終止符を打つ必要がある。……これ以上許すことはできない」(ГАРФ: 13/4524/281-283, 285, 287.〔 〕内は松戸。通例、自治共和国の最高会議幹部会議長はロシア共和国最高会議幹部会の副議長となる)。

「寄生者」との闘いも犯罪との闘いも、関係する決定や幹部会令が何度も出され、不十分な活動が批判され、一層の改善が求められたが、状況が大きく改善することはなかった。

第二節　自由時間の増加と違法行為

まず一九六三年に『コムソモーリスカヤ・プラウダ』の世論研究所がおこなった都市住民の自由時間に関する調査を紹介しよう。ソ連全体から選択した各地の都市に計二二五〇人、モスクワ市、アルメニア共和国エレヴァン市、エストニア共和国タルトゥ市に計七五〇人を割り当て、前者から一九九三人、後者から七三八人(モスクワ市四八四人、エレヴァン市一七二人、タルトゥ市八二人)の計二七三一人の回答を得た(男四七・五%、女五二・五%)。回答した全国の一九九三人とモスクワ市の四八四人の「実際の労働日の長さ」に関する答えは、「六時間未満」が〇・七%、「六時間」三・八%、「七時間」四二・八%、「八時間」一八・一%、「九時間」が一二・七%だった。「稼ぐための追加労働への時間の消費」

についての回答は、「そのような消費はない」が八八・七％、「一―二時間」一一・三％、「二時間超」三・〇％だった。この回答者のうち、生産に従事している全国の一五七九人とモスクワ市の四〇二人の「往復の通勤への時間の消費」に関する回答は、「そのような消費はない」二〇・九％、「一時間未満」六五・二％、「一―二時間」一一・〇％、「二時間超」二・九％だった(Грушин 2001: 434-436, 445-446)。

この回答によれば、都市住民の大半の労働時間は短く、追加収入を得るために働く例は少なく、通勤時間も短いと言えるだろう。勤務時間外には社会活動や政治啓蒙活動に参加するよう奨励されていたが、同じ回答者による回答では、「社会活動」は、「毎日」が一六・六％、「少なくとも月に数回」七二・三％、「従事していない」二二・二％、「政治教育」は、「毎日」が三・〇％、「少なくとも月に数回」四一・六％、「従事していない」五七・二％、「自主学習」は、「毎日」が九・一％、「少なくとも月に数回」三六・八％、「従事していない」五八・二％だった(Грушин 2001: 451, いずれも合計が一〇〇％を超えるが、集計表の通り)。活動に割いた時間はわからないが、「社会活動」「政治教育」「自主学習」について「毎日」と答えた一六・六％と三・〇％と九・一％の回答者が全く重ならない場合でも二八・七％なので、多くの都市住民には相当な自由時間があったと考えてよいのではないか。なお、この調査は一九六三年におこなわれたが、六七年には多くの労働者と職員が週五日労働(週休二日)へ移行したため、自由時間はさらに増えた。

未成年者の労働時間はさらに短かく、自由時間は多かった。『モスクワ市ソヴィエト執行委員会通報』の解説によれば、週五日労働への移行の前後で未成年者の週の総労働時間は変わらず、一五歳以上一六歳未満は二四時間、一六歳以上一八歳未満は三六時間で、週六日労働では労働日は最大で四時間と六時間だったのが、週五日労働では五時間未満と七時間未満となった(一六歳以上一八歳未満は、週に三六時間労働のところ実際には三五時間働くことになるため、七週に一度は週六日労働とすべきだとされた)(Бюллетень: 1969/19/23)。

1　若者の違法行為

自由時間の増加は、違法行為を増やす方向に働いた。特に深刻だったのが、若者の違法行為だった。一九六九年九月二五日のロシア共和国最高会議幹部会に向けた報告書「週五日労働の状況での住民に対するサービスの組織に関するトゥーラ州の地方ソヴィエトの活動について」によれば、トゥーラ州には約九五〇〇の企業、組織、施設、経営があり、八六万八〇〇〇人が働いている。週五日労働に移行したのは約五五〇〇の企業と施設で、ほぼ七〇万人が働いている。週休二日の状況で勤労者は、余暇、勉強およびその他のための追加的な可能性を得た。この可能性を大多数の住民は自分と社会のために有益に用いているが、住民の一部、特に若者の一部は「余暇の日々を拙劣に、しばしば規律を乱す過ごし方をし」、様々な違法行為の増大につながっている。違法行為の多くは、金曜の午後、土曜、日曜におこなわれている(ГАРФ: 13/2916/58, 66)。

未成年者の中には学校に通わず、働きもしない者も少なからずいて、「犯罪者予備軍」となっていた。一九六三年六月のソ連共産党中央委員会総会でカザフ共産党中央委員会第一書記ユスポフは、カザフ共和国では「犯罪の四分の一が青年によってなされている」、毎年五―六千人の生徒が無頼行為や成績不良を理由に学校を追われ、「一〇―一一万の生徒が毎年留年している。その多くもその後学業を捨てている。しばしば九―一二歳の子供でさえ教育困難だとして学校から排除されている」と述べていた(Пленум 1964: 108–109)。

約一年後、一九六四年四月二七日のロシア共和国最高会議幹部会で「ヴォロネジ州における未成年者の無監護状態および違法行為の防止活動について」の審議がなされた際には、幹部会法務部の顧問が「勤労青年は仕事から戻ると居場所がない。通りに出るか、さらに悪いことには酒盛りをして時を過ごしている。大半の犯罪は、酔った状態でこうした若者によってなされている」、「彼らが少年を仲間に引き入れる」と指摘した。教育省次官は「わが国には働いても学んでもいない少年が二〇〇万人いる」と言い、社会秩序維持相は「昨年罪を犯した者の五人に一人は働いておらず、学んでもいなかった」ことを告げた(ГАРФ: 13/1884/126, 136, 138)。

さらに一年後の一九六五年四月二三日のロシア共和国最高会議幹部会では「未成年者の無監護と違法行為の防止に関するクラスノダールクライのソヴィエトの活動について」の審議がなされた。議事録によれば、六〇年と較べて少年の違法行為は二倍、実行者の数は五倍に増え、六四年に刑事責任を問われた少年の一四・五%は普通学校の生徒、一二・五%は職業技術学校の生徒、一九・四%は労働者で、三三・七%は働きも学びもしていなかった。速記録には「八年制学校を卒業した一五〇万人が仕事に就いていない」、「八学年を終えて職に就くことができない。三〇%の犯罪が、八学年を終えて就職できない人々によってなされている」との発言が記されている(ГАРФ: 13/1957/27–28, 320, 321)。

幹部会の審議ではこうした状況の改善が求められていたが、大きな改善は見られず、悪化した例さえあった。たとえば一九六九年九月二五日のロシア共和国最高会議幹部会ではゴーリキー州執行委員会議長代理グリシャノフが、州には一六―二九歳の若者が九五万人以上いて、七六万人は働き、一八万人は学んでいる、「多くの企業で若い労働者の養成計画、技能と一般教育水準の向上計画が策定され、実施されている」と述べつつ、「労働教育の改善、職業への愛着の発展、若者の教育と合理的な就業、労働法制の遵守、生活と余暇の条件の創出、若者の生産への固定に関して多くがまだなされていない」と認めていた。幹部会員の一人が、全体としては犯罪が減っているのに若者と未成年者の犯罪が増えていることをどう説明できるのかと問うと、グリシャノフは「これは、若者に対する活動に十分な注意が払われていないことで説明される」と答えていた(ГАРФ: 13/2916/157, 159, 161, 167)。

この日の幹部会ではチェリャビンスク州執行委員会議長も、州では夜間学校と通信制学校の生徒募集計画が毎年達成されず、約一〇万人の若い労働者が八年制教育を受けていない、「さらに悪いことに、近年これらの学校の生徒数が減っている。多くがふるい落とされ、昨教育年度だけで夜間学校と通信制学校から三〇%以上の生徒が退学した」と指摘し、「全ての犯罪の約半分がおこなわれる土曜、日曜、祝日に若者の余暇がどこでも巧みに組織されている状況からは程遠い」と述べていた(ГАРФ: 13/2916/173-174, 177)。

これらの発言の後にロシア共和国最高会議幹部会のソヴィエト活動部部長スタロヴォイトフが「若者に対する活動に関する問題は幹部会の議事日程に初めて載せられた。この問題全体を検討した経験は他の共和国にもまだない」と報告を始めた。「わが国は若者の国で、住民の半分は二六歳以下の人々だ」、「年長世代が経験することになった革命的鍛錬の学校を現在の少年少女の世代は終えていないという状況を考慮せずにはいられない。残念ながら、活気ある生活を喜んで避けて通り、居候気分で、国家に多くを求めるが社会と人民に対する自身の義務を忘れている一部の若者がいる」。「若者に対する活動の全面的な改善に関する問題は……最重要課題である」。「ゴーリキー州とチェリャビンスク州の地方ソヴィエトは、若者の生活、仕事、学習および育成の全ての側面に積極的に感化するための可能性をまだ完全には利用してはいない……」(ГАРФ: 13/2916/183-185)。

スタロヴォイトフの批判は続いた。チェリャビンスク州クィシュトィム市の二つの大企業の複数の寮には「お湯がなく、下着を洗う場所がなく、家具が足りず、教育活動をおこなう基本的な条件が欠如している」。企業の指導者は若者の生活に関心がなく、寮を訪れることはない。「これらの寮でしばしば酒盛りがおこなわれ、そこから犯罪へとつながっているのは不思議ではない。かつてクィシュトィム市ソヴィエト執行委員会は寮の若者に対する教育活動の問題を検討したが、決定遂行のために何もしなかった」。「若者の生活に経営指導者が注意を払わないこと、これに対するいくつかのソヴィエトの寛大さ、時には無関心が……若者の社会的な積極性の低下、仕事への不満の表明につながっている」。このように述べてスタロヴォイトフは、チェリャビンスク冶金工場の若い労働者の五八%が継続的な社会的任務を遂行せず、二七%が職務上の技能を高めず、二二%が職種の変更を要望した例を挙げた(ГАРФ: 13/2916/186, 188)。

幹部会員からも同様の発言が続いた。アミルハノフは「思うに、若者は今日、労働よりも楽しい生活のほうにわずらわされている。われわれ古い世代の人間は若者の世話を実に上手に焼いているが、彼らは三〇歳になっても赤ん坊のままだ」と不満を述べ、「時折、若者が労働で多大な成果を上げ、われわれは勤労集団で尊敬するが、彼の家庭生活はどうか、暮らしぶりはどうか、何に関心があるか、こういったことをしばしばわれわれは気にかけていない」、「彼らの生活について、彼らの家庭生活について、より完全に語る必要があるだろう」との考えを示した。アルマゾフも「若者に対する活動に関する問題は社会の将来にとっての深刻な問題だと考える」、「チェリャビンスク州とゴーリキー州について指摘された若者に対する活動の欠陥は他の州と共和国にもあると言わなければならない」、「若者に対する活動をしかるべき水準に高めることが不可欠だ。日中に何らかの活動がなされても、夜には若者はどこへも行き場がない。寮で何がおこなわれているか見てごらんなさい。そこには何もない。誰も寮の面倒を見ていない」と指摘した。シゾフも、寮の環境に特別な注意を向けるべきだ、「何故なら労働時間外での若者に対する教育活動は主として寮でおこなわれているからだ」と述べた(ГАРФ: 13/2916/198, 200–201, 203)。

審議のまとめとして幹部会議長ヤスノフは、ロシア共和国の地方ソヴィエトの代議員は一〇九万二〇〇〇人で、ゴーリキー州に二万八六三四人、チェリャビンスク州には一万八〇五〇人いる、「何故、彼らがもっと活発にこの活動に引き入れられる〔ようにする〕ことができないのか」と述べた。そして「この世代には大いなる未来——わが国における共産主義社会の建設が控えている。……このため若者に対する地方ソヴィエトの活動にしかるべき方向転換、急転をおこなう必要がある」、「寮における若者への生活サービスの問題を特に強調し、若者の生活改善により多くの注意を地方ソヴィエトが向けるよう、この問題をより切実なものとしたい」と確認した(ГАРФ: 13/2916/203–204, 206,〔　〕内は松戸)。

紹介した幹部会の審議では寮に注意を向ける必要性が主張されていたが、寮の問題は以前から指摘されていた。一九六一年五月二六日のロシア共和国最高会議幹部会での審議のためクルスク州でおこなわれた点検の報告書によれば、トラスト「クルスク住宅建設」の寮に住む労働者は、寮から二人が無頼行為の疑いで市警察へ連行されたことを知り、「ナイフ、ハンマー、バールで武装し、酔った状態で四〇人の徒党を組み、拘束された者を解放する目的で夜中の二時に市警察の建物へやってきた」。この寮では「若者の間でどんな文化・大衆活動も教育活動もなされず、トラストの指導者は誰も寮を訪れず、寮に住む労働者の生活条件の改善に関する配慮は示されていない……。この結果、寮では過度の飲酒、けんか、盗みが横行していた」。六〇年には、この寮に住む労働者四九人が刑事責任を問われ、三四七人が泥酔者収容所に入れられていた(ГАРФ: 13/1238/114)。

一九六六年三月一日のロシア共和国最高会議幹部会では幹部会議長イグナトフが「青年寮に上司は行きたがらない」、若者を見守るのは管理人の老婆、それから地区の警務主任だが、彼は恐る恐る寮に現れる、「地区警務主任には恐れる根拠がある。寮で切り殺されたり、拳銃で撃たれたりするかもしれないからだ。工場長は寮へ行かない。行っても日中だが、青年による全ての犯罪は夜か深夜におこなわれるのだ」と述べていた。幹部会副議長ガレシキンも「企業は勤務時間のみ労働者に責任を負い、ノルマを達成するかを見張っている。しかし、その労働者が寮や公共の場でどう振る舞っているかは企業の誰一人として知らない」と述べていた(ГАРФ: 13/2038/246, 253)。

寮に様々な問題があることは把握していながら、改善することができなかったのである。

若者の中でも特に注意が向けられたのが職業技術学校の生徒だった。生徒たちの犯罪が多く、未成年者の犯罪総数に占める割合も高かったためである。

一九七九年一二月一〇日のロシア共和国最高会議幹部会では「法秩序維持および違法行為との闘いに関する法の適用と遵守の実際について」の審議のまとめとして、幹部会議長ヤスノフが次の発言をしていた。「ロシア共和国職業技術教育委員会を決定に記す必要がある。われわれの決定には誤りについて書かれていない。しかしそこでは状況は極めて悪い。実際そこでは学校の生徒の間で極めて速いテンポで犯罪が増えている」。最近、教育施設・職業技術教育機関・人民教育機関に宛てて党中央委員会が決定を採択した。「党のこうした決議を歓迎する以外に、ソ連共産党中央委員会の決議を遂行するために実際に何がなされたかを問う、それも完全に問う機が熟している」(ГАРФ: 13/4524/283)。

こうした発言がなされたことには理由がある。この審議のために準備されたロシア共和国全体に関する報告書では「近年、罪を犯した少年少女の総数における職業技術教育の生徒の割合が増えている。一九七四年に二〇・七%だったのが、一九七八年には二六・四%だ。同じ時期にこの範疇の生徒はロシア共和国の少年少女人口のわずか六分の一だ」と指摘されていた。アストラハン州での点検の報告書では「注意すべきは、普通中等学校と職業技術学校の生徒の間での犯罪が依然として多いままだということだ。昨年その割合は一四・二%と三二・七%だった。すなわち彼らによって未成年の全ての犯罪の半分がおこなわれている」と指摘された(ГАРФ: 13/4524/51, 60)。

これらの報告書を踏まえた幹部会の審議ではソ連内務次官が、未成年者の犯罪の状況に対して内務省は特別の責任を意識しており、「いくつかの提案がロシア共和国教育省と職業技術教育委員会に対してなされた。これが必要なのは、今年に入ってからの六か月だけで一万〇八〇〇人の生徒と一万四三〇〇人の職業技術学校の生徒が犯罪に加わったからだ」と述べた。最高会議の法案準備委員会副議長は「特に不安を呼び起こすのが未成年者の間での犯罪の増加だ。この五年間に約一六％増えた。一九七八年には犯罪全体のほぼ六分の一が少年少女によっておこなわれた」、「この数年、罪を犯した少年少女の総数における職業技術教育機構の生徒の割合が増している」と指摘した(ГАРФ: 13/4524/246–247, 270)。

こうした指摘を受けて、幹部会議長ヤスノフの先の発言がなされたのだが、状況は改善されなかった。そのことは次の二通の報告書からわかる。一通は職業技術教育国家委員会の報告書、もう一通は最高会議幹部会の法務部と常設委員会活動部による報告書で、いずれも一九八一年五月一二日のロシア共和国最高会議幹部会における「職業技術学校の生徒の教育活動と法教育の状態について」の審議のために準備された。

職業技術教育国家委員会の報告書は「寮での教育活動がいくぶん改善した」と主張した。「おこなわれた活動の結果、寮に住む生徒の違法行為は毎年減っている。一九七七年に犯罪総数の一六・八％だったが、一九八〇年には一一・九％となった」。学校での授業については「委員会は法学基礎の教育水準向上に大きな意義を認めている」。「現在ロシア共和国の職業技術学校では二六四三の法知識大学〔法律を学ぶ組織〕が活動し、八三万四〇〇〇人以上の生徒が通っている」。約一万三〇〇〇人が社会秩序維持の活動に参加している。こうした活動は違法行為を減らし、「一九八〇年に四七五の職業技術学校で唯一つの違法行為もなされなかった」。このように肯定的な事例を列挙したのち、この報告書は「ソ連内務省のデータによれば、一九八〇年に未成年の生徒の違法行為は一九七九年と較べて四・八％増えた」と認めた(ГАРФ: 13/5241/64–66, 68,〔 〕内は松戸)。

法務部と常設委員会活動部による報告書は「寮に住む生徒に対する教育活動に深刻な手抜かりがある」と指摘して、問題点を列挙していった。ウドムルト自治共和国、アルタイクライ、イルクーツク州およびその他の複数の州の寮では生徒が反社会的な行為をしているが、「学校の指導部、教員および生産教育の班長が寮に行くことは稀だ」。学校の一部の指導者は生徒の反社会的行為について警察に知らせず、時には学校でなされた犯罪を隠していて、「こうしたおこないは、罰せられないとの意識を生み、しばしば彼らが重大犯罪をおこなうことにつながっている」。こうした事実はアムール州、ヴラヂーミル州、ブリャンスク州、ノヴォシビルスク州、チュメニ州、トムスク州、ヤロスラヴリ州およびその他の州にある。職業技術教育系列の学校の生徒による違法行為は「この数年増え続けている」。未成年者の犯罪に占める割合も増え、一九八〇年に三〇・九％だ(ГАРФ: 13/5241/72–75, 78)。

これらの報告書を踏まえて、一九八一年五月一二日のロシア共和国最高会議幹部会で職業技術教育国家委員会議長カマエフは、定員総数一九五万人の四〇四五の教育施設で「違法行為を増えないところで安定させることさえできなかった」、八〇年に違法行為は五・六％増加し、違法行為の一八％以上が授業や生産実習をサボっている時間になされたと認めた。そのうえでカマエフは「検察機関と内務省にお願いをしたい」と切り出した。「教育施設に一日もいられない生徒がいる」。ヤロスラヴリ市第二四職業技術学校の指導者は、生徒の一人を隔離するよう内務機関に三度要請した。「彼は誰の言うことも聞かず、皆を脅し、彼には神聖なものが何もない」。ようやく彼を隔離しようとした時、彼は武装し、寮に閉じこもり、射撃を開始して警察職員二人を殺した。キーロフ市第六職業技術学校では同様の生徒を隔離する要請が三度あった。要請は聞き入れられず、「彼がこの教育施設の生徒を殺した後にようやく彼は隔離された」(ГАРФ: 13/5242/53, 58, 61)。

続いて報告した幹部会法務部の副部長は「一九七九—一九八〇年度に一万二〇〇〇人超の生徒が教育の日課をひどく侵害したかどで除籍され、三万三〇〇〇人以上が自ら学校を去った」と述べたうえで、「教育に役立っていないのは、一部の技術・教育職員のあるまじき振る舞いだ」、過度の飲酒や他の違法行為をし、道徳的資質に関して若者の教師たり得ないと指摘した。「このようなダメ教師が学校で働いていることは次の数字が証明している」。八〇年だけで一〇〇〇人を超える職員が罪を犯した。これは七九年よりも二〇%多い。職業技術学校の生徒の違法行為は年々増え、未成年者の犯罪総数における割合も増えて、三分の一が職業技術学校の生徒によるものだ。このように述べて副部長は、「昨年、職業技術学校の生徒から一万の刀剣と火器が没収された。この武器の六〇%は、生産実習中に製造されるか、学校の生産工場で製造されるかした」とも指摘した[1](ГАРФ: 13/5242/68–69, 71)。

さきほど見た職業技術教育国家委員会の報告書では「法学基礎の教育水準向上に大きな意義を認めている」と指摘されていたが、幹部会の審議では司法相が「最新の例」として次のように述べた。チュヴァシ自治共和国カナシ市の職業技術学校では全ての若者が「法学基礎」で良と優の評価を得た。「しかしこの事実は生徒の振る舞いに肯定的には作用しなかった」。「この学校の若者のグループは、銃身を短くした小銃で武装し、市街で発砲し、何人かに怪我をさせた。……小銃は学校に保管されていた。多くの生徒がこの事実を知っていたが、自ら対処せず、管理部に知らせることもしなかった」

(ГАРФ: 13/5242/75)。

こうした例に見られるように、職業技術学校についても多くの問題があることが確認されていたが、十分な改善を遂げることはできなかった。

第三節　「見せかけの平穏」と「自由」

本書の対象時期のソ連では「犯罪との闘い」が重要課題であり続けたが、それ故に「見せかけの平穏」が作り出されることになった。犯罪が減少したという「成果」を示すために、「闘い」を担う機関によって様々な不正がなされたのである。

第三章第五節でも紹介した一九六一年五月二六日のロシア共和国最高会議幹部会における「密造酒製造との闘いに関するクルスク州の地方ソヴィエト執行委員会の活動について」の審議のための報告書では、次の指摘がなされていた。警察の資料によれば、六〇年に三六件の犯罪がおこなわれ、八件は解決されていない。「しかしこの資料は実際の状況を反映していない。全ての犯罪が登録されているわけではないためだ」。住民の苦情で指摘された七件のうち四件は登録されていなかった。六〇年に無頼行為で刑事責任を問われたのは一人だけで、残りの多くの事例は「警察に考慮されなかったか、根拠なく軽微な無頼行為とみなされた」。砂糖工場の自警団長を襲った悪質な無頼漢は、軽微な無頼行為に対する責任を負っただけだった(ГАРФ: 13/1238/108–109)。

「軽微な無頼行為」とは「無頼行為」の軽微なものではない。「無頼行為」が刑法に規定された犯罪であるのに対し、「軽微な無頼行為」は行政罰の対象で刑法犯罪ではない。無頼行為に当たる行為を軽微な無頼行為とすることで、統計上の刑法犯罪を減らしたのである。

一九六四年一〇月三〇日のロシア共和国最高会議幹部会で「ロシア共和国における前科の状況および犯罪との闘いの一層の強化策について」の審議がなされた際には、オレンブルグ州での点検の報告書とロシア共和国全体の状況に関する報告書が提出された。

オレンブルグ州での点検の報告書では次の指摘がなされていた。警察の活動における欠陥の一つは、犯罪の登録と立件の時機を失していることである。警察の職員が「犯罪を登録から隠蔽する例もある。この社会主義的適法性の最も重大な侵害は、とりわけ犯罪の増加に影響している」。犯罪を登録から隠蔽した結果、警察は何もせず、「犯罪者は犯行を続けている」(ГАРФ: 13/1910/92-95)。

ロシア共和国全体の状況に関する報告書によれば、「多くの自治共和国、クライおよび州で犯罪の記帳と登録からの隠蔽という反国家的実践が広まっている」。バシキール自治共和国、モスクワ州、ノヴゴロド州だけで一九六三年に六〇〇超の犯罪が記帳されず、四二七人の警察職員が犯罪の隠蔽で懲戒処分を受けたが、「多くの警察職員はそれでもなお犯罪の記帳に関する現行の規則をひどく侵害し続けている。これがなされるのはおそらく、見せかけの平穏を、犯罪摘発率の人為的上昇を作り出すためである」。マリ自治共和国イォシカール・オラ市の警察副部長の釈明書によれば、摘発率はありとあらゆる手段で打ち出され、内務省の大臣と刑事部長がほぼ毎日やってきて、毎月二〇日に前倒しで摘発率を計算することさえ強いているが、「市街では最近多くの市民への切りつけや公然窃盗が始まっている。特異なことに誰もこれを心配していない」(ГАРФ: 13/1910/114-115)。

一九六六年三月一日のロシア共和国最高会議幹部会では「ロストフ州における無頼行為との闘いの状況について」の審議がなされた。この審議のための点検の報告書には次の記述がある(以下に出てくる刑法第二〇六条は無頼行為に関する条文である)。

ロストフ州では無頼行為で刑事責任を問われた者の数が六一年から年々減っているが、「一九五六年一二月一九日付幹部会令「軽微な無頼行為に対する責任について」による行政責任を問われた者の数が増えている」。六一年に刑法第二〇六条で告訴されたのは三〇〇四件、六五年には一八三三件だが、軽微な無頼行為は二万〇九〇二件から三万四九〇九件に増えている。「このことを説明するのは、悪質な無頼行為との闘いの活発化ではなく、基本的に法の不適切な適用、おこなわれた犯罪に関する市民の訴えへの警察・捜査機関の反応の弱さ、無頼行為の発生についての医療機関の連絡に関する方策の不採用である」。「見せかけの平穏」を作り出すため、「無頼行為」を「軽微な無頼行為」に不適切に分類する方法によって「人為的にその水準を規制する警察機関もある。これによって多くの無頼行為が犯罪の状況を示す報告に含まれないのである」。六一年に無頼行為で刑事責任を問われた者一名に対して軽微な無頼行為の責任を問われた者は七名だったが、六二年には一対一一、六三年には一対一六、六四年には一対二〇、六五年には一対二一になった。ノヴォチェルカスク市で六五年に軽微な無頼行為とされた四六五件のうち三八四件は刑法第二〇六条の定める犯罪の要素を含み、二三人は悪質な無頼行為の要素を含んでいた。「軽微な無頼行為とするために警察職員が調書作成の際に事由を軽減し、違法行為を実際より小規模に記すこともある」(ГАРФ: 13/2038/47–48)。

シャフティ市で医療機関から警察に通報された無頼行為などによる重傷四六件のうち警察が調査し

たのは一七件だけで、二九件は登録さえされなかった。ノヴォシャフチンスク市では、傷害の被害の訴え一六件のうち警察で登録されたのは八件だけだった。ロストフ市で医療機関から警察に連絡された傷害の被害者八八七人のうち五二件を調べたところ、三七件は登録されず、捜査されていなかった。「同様の事実は州の他の市や地区でもあった」(ГАРФ: 13/2038/49–50)。

報告書は「傷害、無頼行為およびその他の重い犯罪について警察・捜査機関が刑事事件の手続開始を根拠なく拒否した例がある」、ロストフ市のオクチャブリ地区とレーニン地区の警察で三〇件ずつ刑事事件の手続開始が違法に拒否されていたとも指摘し、次の結論を示す。「このように、州における無頼行為との闘いの平穏な状況の見せかけは次の方法で作られた」。無頼行為を完全には登録しない、無頼行為を軽微な無頼行為に不適切に認定する、刑事事件の手続開始を不適切に拒否する、有責者を身柄引き受けまたは社会の審理に移すことで手続を中止する(ГАРФ: 13/2038/50–52)。

補足すると、身柄引き受けとは、罪を犯した者を勤労集団の監督と教育に委ねる制度で、社会の審理に移すとは、通常の裁判ではなく社会団体の一つである同志裁判所の審理に移すことを指す(松戸 2017a: 282–346)。いずれも刑法犯罪には算入されなくなる。懲罰ではなく教育や同志的批判による犯罪の防止や犯罪者の更生を目指した制度が、「見せかけの平穏」を作り出すために広く用いられていたのである。

警察職員によるこうした適法性の侵犯は公にも指摘され、その一因が警察の活動の不適切な評価方法にあることも言及されていた。たとえば『勤労者代議員ソヴィエト』一九六六年第一一号では、クイブィシェフ市ソヴィエトの社会主義的適法性・社会秩序維持に関する常設委員会の議長が次のように指摘していた。通りでふらつく酔っ払いを「見ないこと」、口汚い悪罵を「聞かないこと」、大喧嘩に「気づかないこと」を選ぶ人物が警察職員の中になおも見受けられるのは秘密ではない。「ある程度これは、警察の活動の評価に対する不適切なアプローチの結果である」。「刑事事件の告発、無頼行為の登録が少なければ少ないほど警察はより良く活動している」と考えられていたからだ。このため「職員の努力は、裁判所への事件の送致を避けることへ向けられる。現実にこれが意味するのは、犯罪や無頼行為が隠されるということだ」(Советы: 1966/11/29)。

こうした状況は改善されなかった。一九七五年三月一八日のロシア共和国最高会議幹部会に向けてスモレンスク州でおこなわれた点検の報告書には次のように記されていた。犯罪に関する通報への対応と刑事事件の着手が適切な時期におこなわれない例が複数の内務機関にある。市民ガイドゥコフの失踪に関する通報は、調べることなくロスラヴリ市内務部部長によって「ファイリング」を指示された。変死の兆候のあるガイドゥコフの死体が四か月後に発見されたが、刑事事件はさらに四か月着手されず、未解決のままだ。「十分に調査せず、時にはこじつけの理由で刑事事件の着手を根拠なく拒否する不道徳な実践が現在も除去されていない」。「内務機関の勤務員が犯罪を意図的に登録せず、犯人確定の手段をとらない例がある」。ロスラヴリ市内務部の活動の点検で、市民の通報に適切な時に対応せず、刑事事件の捜査を表面的におこなう多くの事実が確認された。刑事事件の打ち切りに関する根拠のない二〇の決定が指摘された。「それにもかかわらず、この三か月間に市内務部の活動改善に向けたいかなる手段も取られず、同様の事実が現在もある」。ソ連最高会議幹部会に宛てたロスラヴリ市住民の集団での訴えでは、市警察が適切な時期に対処しなかった犯罪の具体的な事実が挙げられている。連邦の検察庁と内務省による点検で、市民が訴えた事実は基本的に確認された。市では犯罪との闘いが弱まっており、犯罪に関する市民の訴えが登録から隠され、刑事事件の着手が根拠なく拒否される例がある。多くの執行委員会が犯罪の状況を分析せず、「犯罪の登録からの隠蔽や刑事事件の着手の根拠のない拒否に対して原則に基づく評価を与えていない」(ГАРФ: 13/3605/123–126)。

幹部会の審議で報告したスモレンスク州執行委員会議長フィラトフは、刑事事件の着手を根拠なく拒否する例があると認めたが、幹部会議長ヤスノフが「あなたの報告でそれほど落ち着いているのが理解できない。州の実情と合っていない」と批判を始めた。ロスラヴリ市での点検で、明らかな犯罪に関する刑事事件が根拠なく着手されない現象の大量さに注意が向けられた。「これは大規模な現象だ。ここから執行委員会は何かの結論を出したか。何も出していない。これについてはロスラヴリ市からソ連最高会議幹部会に手紙が届いた事実が証明している」。「刑事事件の着手の根拠のない拒否については、ロスラヴリ市に関して手紙で書かれているよりも多くを発見した。しかしあなたはこれについて黙っている」。「州執行委員会には、このために検事がいる、警察がある、彼らがこの問題に取り組まなければならないとの気分がある……」。ヤスノフのこうした追及を受けてフィラトフは「ロスラヴリ市の状況は実際にやっかいだ。あなたが述べたこと、報告書に書かれたことの全てはごく一部でしかない」と認めた(ГАРФ: 13/3605/290, 293–295, 297)。

現地で点検をおこなった幹部会法務部の職員は、スモレンスク州の「内務機関の多くの勤務員の無責任さについては、活動における欠陥克服の必要性に関する指示にもかかわらず、彼らは欠陥を克服していないばかりか、いくつもの場合に欠陥を強めてさえいることも証明している」と指摘した。この職員は言う。二年前に最高会議幹部会の作業班によって州の地方ソヴィエトと内務機関の活動における一連の欠陥が指摘された。しかし「この活動における改善はなく、時には悪化した」。一九七四年前半にスタヴロポリクライのゲオルギエフスク市における刑事事件着手の根拠のない拒否と犯罪の隠蔽に関する決定が採択された。「この決定、そしてソ連内務省とソ連検事総長の指令が全ての内務機関で審議された」。「一九七四年一一月にわれわれの作業班が、刑事事件の着手の根拠のない拒否と犯罪の隠蔽の多数の事実を明らかにした」。「しかしロスラヴリ市ではしかるべき結論が出されなかった」。七五年二月に検察庁と内務省の職員がそこへ行き、「刑事事件の着手の根拠のない拒否と犯罪の隠蔽の多数の事実が再び発見された。しかもわれわれの点検のあとに多くの犯罪が隠蔽されたのだ」。「州の多くの内務機関の拙劣な活動は市民の正当な不満を呼び、これについて彼らは様々な組織に書き送っている。犯罪の状況および犯罪との闘いに関する内務機関の不十分な活動に市民が不安を抱いている一方で、われわれは州の複数の地方ソヴィエトで同様の不安に出会っていない。幹部会の審議でのスモレンスク州執行委員会議長同志フィラトフの報告でも同じように感じた」(ГАРФ: 13/3605/307–309)。

幹部会議長ヤスノフも、スモレンスク州内務管理局長ダニロフを名指しして告げた。同志たちが出張して活動の欠陥を指摘した。あなたは彼らに同意したが、「状況は以前のままだ。今後もこのままでは済まされない。このため今日、幹部会の会合で問題が実に深刻に提起された」。ダニロフは「われわれはこの問題を幹部会議で二度検討し、犯罪の登録における違反隠蔽の事実によって内務部の何人かの職員が処罰された」と応じつつ、まだ全てがなされてはいない、「特にロスラヴリ市については」と認め、「私は、警察でいんちきをし、見せかけの平穏でごまかすことの支持者ではない」と訴えた(ГАРФ: 13/3605/310-312)。

続く質疑の中で人員の不足について訊ねられたダニロフは、一〇%不足している、警察全体で一八〇〇人なので不足は一八〇〇人だと答えたが、「州執行委員会への不満はあるか、彼らはあなたがたの仕事に援助しているか」との質問には「州執行委員会にいかなる不満も表明することはできない」と答えた。これを聞いたヤスノフは「あなたの州の内務機関の要員不足についてあなたは語った。何故その要望をソヴィエト機関にしないのか」と指摘し、州執行委員会も市執行委員会も内務管理局を自分の部局とみなしていないし、「あなたも現在まで州執行委員会よりも内務省へ要望するほうがよいと考えている。しかし一連の問題に関してあなたは内務省に要望すべきではない。州執行委員会とクライ執行委員会が自らそれを解決しなければならない。これについては実に具体的にわが党の中央委員会決定に記されている。それも一度ならず」とさらに言い募った(ГАРФ: 13/3605/316-318)。

その後発言したソ連内務次官は「ロシア共和国最高会議幹部会にも党機関にもソ連内務省にも、社会主義的適法性の遵守における欠陥に関するロスラヴリ市からの市民と勤労者の訴えの奔流が目立って増えている」と述べ、「ロスラヴリ市では内務管理局の局長が優秀な勤務員ではないことがわかり、われわれは彼を処分しなければならなかった」、「ロスラヴリ市では犯罪を隠蔽する慣習が他の市におけるよりも根付いている。現在そこでは事態が改められ始めているが、ごくゆっくりとだ」と指摘した(ГАРФ: 13/3605/328-329)。

ロシア共和国検事も、訴えと通報の登録は犯罪者の摘発と犯罪の予防における決定的な局面だが、

「この領域で地方の権力機関の影響が感じられない」と指摘した。点検によって犯罪の隠蔽が見つかったが、「残念なのは、……これらの事実に対して執行委員会がしかるべき評価を与えていないことだ。事実上執行委員会は局外に立ち、国家規律侵犯の事実からしかるべき結論を得ていない」。「スモレンスク州執行委員会で指摘された欠陥は他の州執行委員会にとっても典型的なもので、これらについて決定で述べられるならば他の州執行委員会にとっても大きな意義を持つことになる」。ヤスノフも「この問題はもちろんそれぞれの州、それぞれのクライに直接の関係を有している」と述べた(ГАРФ: 13/3605/337–339)。

それでも「見せかけの平穏」を作り出す試みは根絶されなかった。一九七九年一二月一〇日のロシア共和国最高会議幹部会での審議に向けてアストラハン州でおこなわれた点検の報告書では次の指摘がなされていた。市民の訴えによる刑事事件の着手を内務管理局が違法に拒否する例が、犯罪との闘いに否定的に影響している。内務諸機関の一部の勤務員は「犯罪の予防と摘発のための活動をしかるべく組織する代わりに、犯罪との闘いにおける見せかけの平穏を作り出す目的で、登録からの隠蔽、刑事事件の着手の根拠のない拒否とその打ち切りの方向に進み始めた」(ГАРФ: 13/4524/65)。

幹部会の審議ではソ連内務次官が「いくつもの共和国、クライ、州で……登録からの犯罪の隠蔽、刑事事件の着手の根拠のない拒否の事実も排除されていない」、「適法性侵犯、登録からの犯罪の隠蔽の事実のかどで内務諸機関から二八〇〇人を超える将校が解雇され、その一部はさらに法律の定める責任を問われた」と指摘した。ロシア共和国検事は、犯罪に関する訴えと通報に対する適切な反応の保障に深刻な誤りと欠陥があり、これらを完全には根絶していないと認める必要があると述べて、

「客観的に言って、これはしばしば犯罪分子に好都合となっている」と指摘した。今年の九か月間に「重大犯罪、特に危険な犯罪も含む九万超の犯罪が登録されず、しかるべき措置が取られなかった」。職務上の重大な違反、背任行為、偽造および改竄で内務諸機関の勤務員三二人が刑事責任を問われ、一四三人が解雇され、二七三〇人は懲戒処分を受けた。「法の侵犯者に対してリベラリズム、慣れ合う態度を示した検事たちは解職も含めて厳しく処罰されている」(ГАРФ: 13/4524/251-252, 261)。

このように、「見せかけの平穏」を作り出す違法行為は跡を絶たなかった。このことは、犯罪者を野放しにしたとともに、一般の人々の比較的軽微な違法行為を蔓延させることにもつながり、人々の「自由」の余地は広がっていた。

(1) 職場の資材を使って刃物や火器を作る例は以前から知られていた。ロストフ州での一九六六年の調査では、六五年に六〇超の自家製を含む二八五丁の銃と七〇超の刃物が警察によって没収されるか、市民によって自発的に引き渡されるかし、勤務中に工場の設備と材料を使って武器を作っている例があると指摘されていた(ГАРФ: 13/2038/50)。六八年七月一五日のロシア共和国最高会議幹部会でも、ロストフ州で調査した幹部会職員が次の指摘をしていた。六六年三月一日付ロシア共和国最高会議幹部会決定で、地方ソヴィエトの執行委員会は生産現場での武器製造を異常な事件と捉えることを義務づけられた。しかしこうした事実は存在し続けている。「プリボイ」工場の若い労働者は勤務時間に拳銃を製造した(ГАРФ: 13/2818/144)。職業技術学校の生徒たちは、生産実習で武器の製造も学んだのかもしれない。

終　章　ソ連における民主主義と自由

第一節　「ぬるま湯性」と「自由」

ソ連の政権は自由主義を否定し、それ故に自由民主主義も否定した一方で、「真の民主主義」であるはずのソヴィエト民主主義を実現しようとしていた。自由主義の否定に伴い、自由も制限されていた一方で、人民の権力という理念に基づいて参加が重視され、人々の提案や要望を汲み取る努力もなされていた。人々の側もこの点を理解しており、人々と政権の間には疑似的な「対話」をおこなう回路がいくつも存在し、実際に機能していた。

共産主義建設を目標に掲げ、人々を「共産主義建設者」に育てようとする政権の努力は無意味ではなく、「共産主義的な」労働態度を身につけた労働者がいた。「共産主義的な」労働と生活を実践してはいなくても、共産主義の理念自体には賛同する人々はさらに多かった。一九七〇年代前半に『ニューヨーク・タイムズ』モスクワ支局長を務めたヘドリック・スミスによれば、あるロシア人は「たとえ現在の生活が満たされたものでないとわかっていても、人々は共通の善のために働く、というわれわれの理念や社会主義の理念は、利益中心に動くあなたがたの理念よりはるかによい」と明言したという（スミス 1978下：13）。

本書の対象時期のソ連には、公には許されていない様々な「自由」も存在し、自由の制限を埋め合わせる役割を果たした。共産主義の理念自体に賛同する人々も含めて、事実上全ての人々が様々な場面で「自由」を行使したり享受したりしていたと言ってよい。

かつて塩川伸明は、社会主義国における大衆統合の主な要因として、理念による動員、実績による正統化、「ぬるま湯性」の三つを挙げ、「ぬるま湯性」について「これがあるからこそ体制を消極的にもせよ受容するということがありえた」と述べた。「ぬるま湯性」の一例として塩川は「商店の売り子は、社会的地位も賃金も低いが、不足物資を隠匿し、横流しできるという「特権」をもっており、市民は各自のもっているささやかな「特権」をコネによって融通しあうことができた」と記している。このため「ペレストロイカ前夜の時期に大多数の国民が爆発寸前の不満をかかえていたというわけではなく、むしろそれなりに体制に順応し、一定の満足を得てもいた」。「ぬるま湯性」の一つの現れである労働規律の緩さは「実績」を掘り崩すものであり、当局としては克服したいものだが、「大衆にとってはそれが救いになっている……」。「ぬるま湯性」は、相対的下層・弱者にとってある種の安楽な環境を提供し、大衆統合要因として役立ったというのである(塩川 1999: 185, 192–194)。

本書で言う「自由」は、こうした「ぬるま湯性」を人々の側からより積極的な意味合いで捉え直したという面がある。これもスミスによれば、店員への賄賂による入手、工場や商店からの窃盗・横領などの現象について友人は「これがわが国の社会主義を人間的にするのに一役買っている」と述べたという(スミス 1978 上: 83)。「自由」は、自由の制限や日常的な商品不足を埋め合わせ、「人間的」な暮らしを可能とする重要な要素だった。

生活に関わる多くの事柄が公的に営まれ、商品やサービスの不足が日常化した体制においては、不満や要望を政権に伝えることもまた政治となる。

東ドイツにおける請願制度に詳しい河合信晴は「独裁体制だからといって自らの声を押し殺して、体制を賛美する請願はまったくといっていいほどない。むしろ政府の政策に対する率直ないしは辛辣《しんらつ》な意見が見られる」と指摘している。「ごくごく身近な問題こそが政治問題として問われ続けていた。いわば、日常が政治化せざるをえなかったのである」。「人びとは政治的に無関心ではいられなかった。というよりも、そのような態度をとることは自分が生き残るためにできなかった。政府や社会主義統一党にはいつもいい顔をしながらも、裏では批判をするといった態度をとることは、自分が抱えている身近な問題を解決するためにはありえなかった」。物資が不足していたため、「人びとは他者との協力や共助が自らの生存を図るうえで必要だと、毎日身をもって体験していた」(河合 2020: 194-196, 263)。

ソ連においても、普通の市民がこのような意味での政治に日常的に関わり、互いに助け合い、「自由」を行使しながら暮らしていた。

第二節　体制に対する人々の意識と態度

1　体制に対する人々の態度

ソ連の政権は、人々が不満や要望を伝えることを奨励し、状況を改善すべく対応しようとしていた。こうした「対話」もまたソヴィエト民主主義の一環と位置づけられていた。

その一方で、「異論派」として知られる人々が抑圧されていた。「ブレジネフ時代には、民主主義が盛んに論じられた。鳴りもの入りで新憲法が採択された。同時に、体制側と異なる思想の持ち主に対してはそれまで例のない弾圧が行われた。そうした人たちは、監獄に送られ、精神病院に閉じ込められ、あるいは自宅軟禁された」(ゴルバチョフ 1996: 278)。米田綱路によれば、一九八二年にブレジネフが死去した時には「ディシデント〔異論派〕の活動は、度重なる弾圧によってほとんど火が消えたようになっていた」。八四年には「一九六八年以降初めて、有刺鉄線の外で公然と活動するディシデントがいなくなったとされる」。「さらに、ディシデントを助けた人たちも離れていった。逆に、ディシデントの要求など不公平な過激主義であり、ソヴェト体制に対する彼らの抗議は、ただ挑発や告発以外の何ものでもないと批判する友人たちも出てきた」(米田 2010: 423, 428,〔 〕内は松戸)。

とはいえ、異論派への支持が広がりを欠いた理由は、政権による弾圧だけではなかった。袴田茂樹は一九八七年に「ソ連国民も内心は体制に反対し……反共産党、反指導者の心理をもっているだろうと考えたら、大きな間違いとなる」と指摘している(袴田 1987: 90)。第二章第三節で紹介したように、一九七七年憲法に関する全人民討議を検討したストレカロフは「明らかに市民たちは(皆ではないが大半が)、「反ソ的言動」、異論派運動、ソヴィエト権力に忠実でない者全般に対して批判的で、これらを支持せず、社会と国家の集団的利益に従っていた」との評価を示している(Стрекалов 2018: 360)。

ソ連では自由が制限されていた。しかし、その体制を多くの人々が不自由だと感じていたと言い切ることは難しい。袴田は次の指摘もしていた。「ソ連国民の多くは、現在の体制が窮屈で厳し過ぎるどころか……余りにリベラルである、怠け者や規律違反者に対し寛大に過ぎると考えている。……体制は不正直者に対して余りにヒューマンであるとも言う。そして法や規則をくぐり抜けてしたたかに生きている一般庶民自身が、他方では上からの厳格な統制と取締りを強く望んでいるのだ」(袴田 1993: 50。初出は一九八三年七月)。

人々は確かに厳しい取り締まりを求めていた。たとえば一九七七年憲法をめぐる全人民討議では「社会的に有益な労働からのいかなる忌避も社会主義社会の原則と両立せず、無断欠勤の常習者、労働に拠らない収入の愛好者をより厳しく罰すべしと基本法に書く」という趣旨の数千の提案が送られていたという(Кузьмин 1987: 108)。『ニューヨーク・タイムズ』のスミスは、五〇代の工場長とソフホーズの会計士が次のように語ったと記している。工場長は、「若者が長髪で、汚ならしい身なりをしているのはけしからん、自分の工場の労働者が自由気ままに振舞って信頼がおけない」などと不満を述べ、「連中はみんな怠け者だ。今は規律も何もない。私たちには強力な指導者が必要だ。スターリン時代には、本物の規律があった。誰かが、かりに五分でも仕事に遅れてくるようなことがあれば……」と言って「ノドを切るまねをした」という。会計士は「大部分の国民が夢みているのは、スターリン、つまり彼の強力な支配力なのだ」、「不正を働き、人々を食いものにし、抑圧するケチなボスたちに虐待されているからだ。人々は、一人の強力な支配者が現われ、このケチな支配者たちに、罰を与えることを望んでいる」と述べたという(スミス 1978 上: 228–229)。

しかし、袴田も指摘したように、人々は厳格な規制を望みつつ、それをくぐり抜けようともした。党綱領で「共産主義建設者の道徳律」が示されると、人々はこれを無視したり、自らの目的を追求する手段、個人の利益を増進させる手段として用いたりした。自らの望みを実現するために、時には引っ繰り返して用いさえした(Field 2007: 79, 82, 102)。

スミスは「いちばん驚いたのは、ロシア人の生活の中にある……目に見えぬ無政府状態、つまり、規則づくめの制度《システム》の中に潜む、抑えがたいわがままな態度だった」とも記している。「全体主義国家という考え方は、ソビエト社会の鳥瞰図として政治学者に役に立つかも知れないが、人間的な要素を捨象している……」。「ロシア人の大多数は表向き規則どおりに行動するかも知れない。だが内心、彼らは自分たちのためにこうした規則を曲げたり、くぐり抜けたりするのに、たいへんな努力をし、ふだん見られぬ臨機応変の才を発揮していることがよくある」(スミス 1978 上: 13–14)。なお、スミスは「ロシア」と「ソビエト〔連邦〕」を交換可能な語として用いているため(スミス 1978 上: 2)、ここで言う「ロシア」「ロシア人」は「ソ連」「ソ連人」と読み替えることもできる。

「人間的な要素」の一例と言えるだろうが、共産主義理念、現存する体制、異論派などに対する人々の態度は実に様々だった。まず、ユルチャクが「特別な例外だったわけではない」と評するアンドレイとイーゴリの例を見よう(ユルチャク 2017: 126)。

アンドレイは「向かっている方向はおおむね正しく、好ましい道徳的原則に沿っており、だから未来にまっすぐ通じていると当時は思っていた」。共産主義の「理想そのものを信じていた」が、理想について回る「見せかけの形式主義を嫌悪していた」。レーニンの理想を形式主義から解放すれば「すべて上手く行くと思っていた」。アンドレイ曰く、「僕たちが育った環境では、レーニンは聖なるものだった。レーニンは清廉のシンボル、誠実と賢明の象徴。疑問の余地なしさ。僕たちの生活の問題点は、すべて後年のレーニン的原則の歪曲に原因があると思っていた。欠陥だらけの血まみれのスターリン体制や、あの低脳のブレジネフなどだね。自信があったんだ、僕たちがレーニンの真の思想に立ち戻れば、すべてがまた収まる場所に収まるってね。あのころ〔七〇年代末から八〇年代はじめ〕多くの人は、もしレーニンが生きていたら、起こっている悪いことをすべて正してくれると思っていた」。八〇年代半ばには党員になったアンドレイは「党は、なすべきことを本当に知っている唯一の組織だと無条件に信じていた」が、党を「誠実に働き、善良で賢明で思いやりのある」大多数の一般人と「内側から腐り、すばらしい思想や原則を歪曲した」党官僚に分け、「こういった官僚から逃れるか少しでもその影響を減らせるなら、党の活動は当然もっと良くなる」と信じていたという(ユルチャク 2017 : 121–123)。

アンドレイより少し年下のイーゴリは「心の奥底で社会主義の理想や価値観の数々を正しいと思っており、そうした理想を具体化するのは……コムソモールだった」、無意味なイデオロギーの形式を全廃して「ソ連的な生活の肯定的な価値を維持すべきだと思っていた」と述べたという。「僕がコムソモールに積極的だったのは、若者の前衛として生活を良くしたいと思っていたからだ」(ユルチャク 2017 : 125–126)。

これらはソ連消滅後のインタビューでの発言だが、アレクサンドルという人物は一九七五年五月一三日付の友人への手紙で次のように書いていたという。「僕は共産主義を信じてる。この信念は揺るがない。あまりに強い信念なので、あと数人におすそ分けできるくらいだ」。「共産主義の建設が、僕の一生の課題だ。だが建設するには知らなきゃいけない。理論が分かるだけじゃなく、理論に命を吹きこまなきゃいけない。だからコムソモールに入ったんだ。だからこれに関わるすべてが大事なんだ」(ユルチャク 2017: 313)。

ここで紹介したアンドレイとアレクサンドルは、第三章第三節で西側ロックの愛好者として紹介した人物である。政権は「退廃的な」西側のロックに否定的だったが、西側ロックを愛好することは共産主義理念やレーニンを信ずる妨げとはならなかったのである[1]。

ユルチャクは、一九六六年生まれのトーニャの例も紹介している。トーニャは八〇年代初めにコムソモールに入ったが、積極的ではなく、任務は逃げて回ったという。それでも社会主義の道徳的価値はおおむね重要かつ正しいと考えており、数々の理想の歪曲を目にする一方で、理想を地で行く実例も数多く目にし、いつも「世界一の国に暮らしている実感があった」という(ユルチャク 2017: 127–128)。

共産主義理念や党を信じていた人物からはスヴェトラーナ・アレクシエーヴィチも次の語りを聴き取っている。「わたしはソヴィエト人として生まれました。祖母が信じていたのは神さまではなく、共産主義だった。父は死の直前まで社会主義が戻ってくるのを待っていた」。「共産主義者のなかにはかしこくて正直な人が少なからずいました。誠実な人びとが。……田舎に行くとよくいるんです。わたしの父みたいな……。父は入党を認められず、党のせいで苦悩したけれど、党を信じていた。父の一日は党の機関紙『プラウダ』を開いてすみからすみまで目を通すことからはじまっていた。党員証を持たない共産主義者のほうが持つ人よりも多く、彼らは衷心からの共産主義者でした」。「デモ行進ではいつも「民衆と党は一体!」というスローガンがかかげられていた。このことばは……真実でした。……多くの人は良心に従って入党していた」。「わたしはソ連時代を誇らしく思っています」(アレクシエーヴィチ 2016: 48, 56–57, 60）。「わたしの父」が「冬戦争」に従軍して捕虜になり、捕虜交換後には「祖国を裏切った罪により」六年間の収容所生活を送っていたことは（アレクシエーヴィチ 2016: 48–50）、ここで付言するに値するだろう。

アレクシエーヴィチに対しては次のように語った人もいた。「いちばんよく覚えているのは、祝日と、その日を楽しみにしていたこと。……街におおぜいの人がでていた。拡声器がなにかしゃべっていて、それをまるごと信じている人がいるし、ところどころ信じている人、そしてまったく信じていない人がいる。でも、みんながしあわせそうだった」。ソ連の現実には「ゲームの共通ルールがあり、全員がそのルールに従ってゲームをしていたんです。……だれかが演壇に立っている。彼の演説はウソっぱち、みんなは拍手しているけれど、彼がウソをついていることを知っていて、彼のほうも知ってるの、自分がウソをついていることをみんなが知っているって」（アレクシエーヴィチ 2016: 190–191）。

ユルチャクは、一九七〇年代後半に大学生だったインナが「私たちは異論派のことは一度も話題にしませんでした。分かりきったことを、なぜ話すんですか。あんなもの面白くありません」と語ったことも紹介している。ユルチャクによれば、インナたちが「面白くない」と思ったのは「異論派の呼びかけだった」。チェコスロヴァキアのハヴェルの「真実に生きる」やソルジェニーツィンの「嘘によらず生きよ」との呼びかけを退け、インナたちは「軽やかに暮らし」、「とても楽しい生活をしていた」（ユルチャク 2017: 174, 178, 傍点は原文）。

一方、アレクシエーヴィチは「反体制派になる勇気がたりなかった、自分の信条のせいで収容所や精神病院で刑期をまっとうするには勇気がたりなかった」という語りも紹介している。この人物は続けて次のように述べたという。「わたしたちは台所にすわって、ソヴィエト政権の悪口をいい、口から出まかせの小話をしていた。地下出版の本を読んでいた」。「朝がくると……仕事にでかけ、ほかの人とおなじような、ふつうのソ連人になっていた。体制のためにせっせとはたらいていた」。「仕事が終わると……また台所でウォッカを飲みながら、禁じられているヴィソツキイの歌を聞いていた。妨害電波のザーザーという音のなかから「ボイス・オブ・アメリカ」をキャッチしていた」(アレクシエーヴィチ 2016: 68)。

この語りが得られたのはソ連消滅後ということもあり、この人物が実際に心情的には「反体制派」だったのかはわからない。こうした留保を付すのは、台所で体制や政権に批判的な話をし、禁じられたヴィソツキイの歌や「ボイス・オブ・アメリカ」を聞くことは「ふつうのソ連人」の振る舞いそのものだったからである。党綱領に関する一九六一年の全人民討議の時点でも、同一の人物が昼間には職場で党の路線を賛美し、計画より高い誓約を負うことを約束した手紙を送り、夜にはキッチンで反共産主義的な小話を語ることがあり得た(Фокин 2017: 126)。そして、こうした態度は「反体制」であることを意味しなかった。第二章第三節の3でも紹介したように、この全人民討議での人々の反応を検討したフォーキンは「多くの市民は、党が呼びかけたのとはやや異なる考えを持っていた。しかし、彼らは体制への反対者だったのではない」との評価を示している(Фокин 2017: 177)。ユルチャクが紹介した若者たちに見られたように、共産主義の未来を信じ、体制を支持しつつ、指導者を揶揄したり(「あの低脳のブレジネフ」とのアンドレイの発言を思い出してほしい)、西側の放送を聞き、ロックに熱中したりすることには何の矛盾もなかった。第三章第三節で見たように、サークル活動で、禁書だったソルジェニーツィンの作品を読み、キャンプファイアではソ連でほとんど活字になったことのないマンデリシターム、アフマートワ、グミリョフの詩を朗読し、ガーリチやヴィソツキーの歌をうたうのが「ふつうの生活」だったのである。

2　世論調査に見る人々の意識

『コムソモーリスカヤ・プラウダ』の世論研究所で活動したグルシンは、一九六〇年以降におこなわれた各種の世論調査と個々の自由記述に基づいて人々の意識を分析している。興味深い大部の分析からごく一部を紹介しよう(以下、太字強調は原文)。

領空を侵犯した米軍のU2型偵察機をソ連軍が撃墜した直後の一九六〇年五月一〇—一四日の調査では、五月一六日のソ米英仏首脳会談についての短い序文ののち「人類は戦争を防ぐことができるか」、「あなたの確信は何に基づいているか」、「平和を強化するためにまず何がなされなければならないか」の三問について回答を求めた。問一への回答は、「はい」九六・八%、「いいえ」二・一%。問二への回答は、「全世界における平和支持者の運動の広がり」四八・三%、「ソ連の経済的、政治的、防衛的な力」二六・一%、「社会主義陣営の経済的、政治的、防衛的な力」二一・四%。問三への回答は、「全面的かつ完全な軍縮に関するソ連の提案の全ての国による実現」六一・六%。グルシンは第二問と第三問の回答の「最も大雑把な通読でさえ」次のことを示すと言う。国家全体の活動でも自身の活動と生活でも「人々は総じて完全に満足している」。彼らの意識の重要な要素は「第一に、祖国、その成功、その防衛力、世界における主導力などに対する心からの誇りであり、第二に、国に現存する社会・政治体制と経済体制に対する完全な忠誠心だ」(Грушин 2001: 69–71, 84, 86, 88, 109)。自由記述もあるとはいえこの設問への回答に基づいてここまで言えるのかは気になるが、人類史上初の人工衛星打ち上げと月への到達をソ連が成し遂げたばかりの時期であり、ソ連の軍事力・防衛力、世界を主導する力への信頼が高かったことは確かだろう。

一九六〇年八―九月の調査での「この数年間であなたの生活水準はどう変わったか」との問いへの答えは、「向上した」七三・二%、「変わっていない」一九・八%、「下がった」七・〇%だった。グルシンは、大多数が完全に独立した自主的な意識を示しているとしつつ、ある種の常套句やプロパガンダへの依存も控えめにではあるが存在していたと認めているが、それでも次の評価を示している。生活水準改善の感覚は「他の感覚と較べて支配的であるだけでなく」、「全般的な、至るところにあるものだった」。「国に現存する体制に対して人民は完全に忠誠を抱いていて、ソ連共産党と社会主義国家の全般的な路線を完全に支持している」。「政権の全般的な政治路線だけでなく、この路線の実現に伴う具体的な措置の大部分も人民の側からの最も積極的な支持を受けている」(Грушин 2001: 113, 117, 125, 134, 138, 154)。

一九六一年一月におこなわれた「自身の世代についてどう考えるか」の調査では一万九〇〇〇通を超える手紙が届き、三〇歳以下で全ての設問に答えた一万七四四六人が抽出された。グルシンによれば、若者の意識は七つに分けられる。①「革命の活発な継承者」。②「人民への奉仕……に人生の意味を見出だしているロマン主義者」。共産主義建設と運命を結びつけているが、①より熱情はない。③「高度な職業専門性を目指している考案者」。体制に完全に忠実でイデオロギーと価値体系を共有するが、「高尚なテーマ」を避けようとする。④「単に暮らすこと」「皆と同じように暮らすこと」を望む「控えめな働き者―凡人」。⑤「自身の生活に満足せず、同年齢の者に失望している者」。多くは共産主義的理念に懐疑的である。⑥「ニヒリストおよび「享楽に浸る人」」。公然と共産主義の理念と実践に反して行動する。⑦「潜在的な異論派」(Грушин 2001: 159, 161, 187, 192, 194-202)。

一九六一年八―一一月には「共産主義的に働き、暮らす」ことを目指す共産主義労働運動に関する二つの調査がおこなわれた。グルシンによれば、共産主義労働運動に対する「実際の態度」には五つの類型があった。①「共産主義の活発な建設者と自認し、この運動の原則を心底共有し、実現しようとしている人々」。②「共産主義の活発な建設者と自認し、あれこれの(多くは客観的な)理由で運動に参加していないけれども、その原則を積極的に支持し、明確に肯定的な関心を抱いている人々」。③「共産主義へと向かうソヴィエト社会の発展という全般的な考え自体には疑いを持たず、さらにはこの過程に活発に参加する用意があるが、この運動の原則を共有せず、これに対して(公然または隠然と)反対の立場をとり、運動には現在も未来もないとみなしている人々」。④「運動に参加しているか、運動を支持しているが、……形式的に、言葉上だけで、共産主義を建設する真の意欲を全く持たずにそうしている人々」。⑤「この問題の完全な局外に立ち、通例、共産主義の勝利を全く信じず、どんなことがあっても「共産主義建設」の参加者だと自認せず、このためこのテーマでのどんな会話も積極的に忌避する人々」(Грушин 2001: 223, 227, 252)。

こうした類型化が妥当かは議論の余地があるが、類型化できるということは、人々の回答からは態度や熱意の差が読み取れることを示している。

その後おこなわれた各種の世論調査も用いてグルシンは次のように指摘する。「革命の活発な継承者」と「ロマン主義者」は、政権のどんなプログラムや活動にも常に喜んで「賛成」だった。こうした人々は「国家、それはわれわれだ」と確信していた。「高度な職業専門性を目指している考案者」、「働き者―凡人」、「自身の生活に満足せず、同年齢の者に失望している者」の一部を合わせると住民の多数派だったかもしれない。彼らは権力を静かに支持し、「選挙では全く良心的に政権に賛成投票した。恐怖のためではなく良心のために」。「失望している者」の残り、「ニヒリスト」・「享楽に浸る人」および「潜在的な異論派」は、政権に満足せず、少なくとも心中では支持しなかったが、あらゆるデータからフルシチョフ期にはこうした人々は少数派だった。党中央委員会、最高会議、政府に対する否定的態度は「単に表明されず、口に出されなかっただけでなく」、「社会生活に少なくとも相当な規模ではまさに存在していなかった」(Грушин 2001: 535-536)。

グルシンはさらに主張する。ソ連社会は「一つではなく二つの現実を備え……、その一つでは、他の社会の生活に似た通常の自然な生活が送られ、もう一つでは「クレムリンの夢想家」とその後継者によって生まれた夢想と構想が実現されていた」。前者では、人々は単に「働いて生活費を稼ぎ、子供を産んで育て、お互いに訪問し、ウォッカを飲んだ」。後者では「共産主義を建設していた」。住民は、競争に参加し、労働でより高い指標を達成し、新しい人間を育て、集団主義を強化していた」。第一の現実に生きた「ホモ・サピエンス」、第二の現実に生きた「ホモ・コムニスティクス」、双方で生きた「ホモ・ソヴィエティクス」に分かれていた。「ホモ・ソヴィエティクス」の大多数、特にその最後の世代は「無条件に自発的に」心から共産主義実現のプログラムに参加し、この参加から完全に実感できる満足を受けることも含めて「第二の現実」を受けいれていた。人々の意識では「普通の生活」と「共産主義のための闘い」が矛盾なく一体化していた(Грушин 2001: 544-546)。

グルシンによれば、ブレジネフ期に生じた「最も重大な変化は、共産主義理念の実現可能性に関する全人民の夢の完全な崩壊だった」。一〇—一五年ほどの間に人民、特に若者の語彙から「共産主義社会の建設」と関わる全ての言葉が事実上完全に消えた。「全てが良い方向へ向かっている」ことへの確信は痕跡も残らなかった。「ホモ・コムニスティクス」は目立って減り始め、「ホモ・ソヴィエティクス」で共産主義の勝利の可能性への確信を失った人々は大規模に「ホモ・サピエンス」へと移り始めた(Грушин 2006: 843, 858, 867)。

これに対しストレカロフは、どれほど心からのものだったか正確に知ることはできないと留保しつつ、一九七七年憲法の全人民討議における体制に肯定的な発言を紹介している。トリアッティ市のロブストフは「私は、労働者として、共産党員として、ソヴィエト国家の市民として、新憲法案に熱烈に賛成する。働く人の最も死活的な基礎に関わる、頼りになる物質的保障を提供する社会的経済的権利の広範な集合体がそこに定められているためだ。これに応えて全ての市民が、社会に対する、人民に対する自身の責任を感じなければならない……」と述べた。ケメロヴォ州のペレベイノスは「ソ連憲法の案は、我らが祖国の勤労者の巨大な政治的経済的成果の産物だ。この歴史的な文書の主要な定めは深遠で理路整然としている。われわれの集団はこれに熱烈に賛同し、第一〇次五か年計画の課題達成のための献身的な労働が実際の答えとなる」と述べた。タジク共和国ドゥシャンベ市のポスリヂは「……偉大な祖国の市民として私は、経済的社会的荒廃から発展した社会主義社会の建設までの巨大な歴史的道のりを辿った私の国に対する誇りと恍惚の感情に満ちている……」と新憲法制定を歓迎した(Стрекалов 2018 : 349-350)。

先に紹介した、西側ロックを愛好するアンドレイやアレクサンドルもペレストロイカに至るまで共産主義理念の正しさを確信していた。どれくらいの人々がそうだったかを明らかにすることはできないが、共産主義理念と体制への支持は相当に根強いものだったのだろう。ただし、こうした確信や支持は、「自由」を行使して「普通の生活」を送ることと矛盾なく両立していた。

第三節　ソヴィエト民主主義の「遺産」

ペレストロイカの過程で、共産党の指導的役割を定めたソ連憲法第六条が改正された。競争選挙もおこなわれ、共産党の候補者が多数落選した。共産党がソ連国民の支持を失っていたことは明らかだが、経済の悪化がその重大な一因だったことも確かである。

東ドイツ研究者の河合信晴によれば、ヤーラウシュの「福祉独裁」論では、ＳＥＤ〔ドイツ社会主義統一党〕は豊かな社会を実現するために人々に対して後見的・家父長的に振る舞い、社会福利の提供を丸抱えし、結果として社会の不満の全責任をＳＥＤが負うことになって、体制と社会の間の矛盾が広がったとされる(河合 2016 : 23,〔　〕内は松戸)。

ソ連共産党への不満も、人々の生活に党が全面的な責任を負っていたからこそ生じた面がある。社会保障が拡充され、生活が安定していた一九六〇―一九七〇年代のソ連では政権と人々の間に「暗黙の社会契約」が成立していたとも言われる。(2) 経済が安定して一定の生活水準が保たれていたならば、人々はその後も体制を受けいれて暮らし続けていたかもしれない。このように考えるならば、社会主義計画経済の機能不全こそが体制への人々の不満を強めたのであって、ソヴィエト民主主義が国民の支持を得られなくなったのではないと言える可能性が残るかもしれない。

しかし「全面的な民主主義が存在するのは、人間の活動の決定的な分野である生産の管理にも参加する可能性が勤労者に保障されているときのみ」であり、「ここに、形式的なブルジョア民主主義と社会主義的民主主義とを分かつ、主たる分水嶺の一つがある」と主張されていた以上(Кузьмин 1987: 41)、社会主義経済体制と切り離してソヴィエト民主主義を救い出すことはできない。

とはいえ、歴史から学べることは多く、ソヴィエト民主主義にも顧みるべきものが皆無なわけではない。ソヴィエト民主主義は「真の民主主義」たり得ず、ソ連国民の支持も失ったが、自由民主主義も完全無欠ではない。それどころか、自由民主主義が生き残れるか危惧されているのが現状である。(3) 自由民主主義こそが民主主義であり、この民主主義を守らなければならないと考えるのであれば、ソヴィエト民主主義に学べることがあるならば学び、自由民主主義の改善に用いるほうが有益だろう。

では、ソヴィエト民主主義から何を学べるのか。第一章と同様に、ここでも民主主義をめぐる歴史に立ち戻ることにしよう。

かつてC・B・マクファースンが世界には「三つの民主主義」があると指摘し、日本でも早くから注目された(一九六五年一―二月にカナダで放送された六回のラジオ講演の原稿が *The Real World of Democracy* との書名で六六年に出版され、翌年五月には邦訳が『現代世界の民主主義』との書名で岩波新書として出版された

（マクファーソン 1967：i, 163））。

藤原保信は、一九六六年初出の論評で、同年に出版されたマクファーソンの『民主主義の現実世界』（上述の *The Real World of Democracy*）を扱い、その主張を次のように整理した。「マクファーソンは今日の世界には三つの民主主義があることを指摘する。西欧の自由主義的民主主義、ソ連型の民主主義、および低開発国（underdeveloped countries）の民主主義がそれである」。「マクファーソンの意図したものは、いずれかの民主主義を不問のまま受け容れるのではなく、民主主義の現実とそれを動かしている理念とを明らかにし、それぞれの民主主義の長所とそのかかえている問題とを指摘し、そこからさらに未来社会の方向と平和共存への道を探し求めることであった」（藤原 1976：223–226）。

西尾敬義は『マクファーソンの民主主義理論』（一九八二年刊行）において、マクファーソンは『民主主義の現実世界』で「西側の自由民主主義を、共産主義型および低開発国型の非自由主義的な民主主義との比較によって位置づけ、その可能な将来を見通そうとした」と述べている。西尾の整理では、マクファースンは、人民による支配という本来の意味での民主主義がどのように、またどの程度継承されているかによって自由民主主義、共産主義型、低開発国型に大別し、「そのいずれも、究極的には同一の目標、つまり人間の能力の自由な発展のための条件を社会のすべての成員に対して平等に用意することをめざしているという点で、民主主義という名称を共有しうる」と指摘した。西尾は、マクファースンの立場がマルクス主義と自由民主主義との境界線上に位置し、「どちらかと言えばマルクス主義により一層接近している」と捉えつつ、マクファースンを「自由民主主義の代表的理論家の一人といえよう」と評価し、その問題意識は「西側の自由民主主義社会が、それ以外の東側社会ならびに第三世界と道徳的・倫理的な次元で競争しつつ、自らのよりよき価値や伝統を保持しつづけてゆくためには、それは今後いかなる方向に針路をとればよいのだろうか、というものであった」とまとめている(西尾 1982: 3–4, 47, 98, 149–150)。

このようにマクファースンは、ソヴィエト民主主義も民主主義だと認めたうえで自由民主主義を強化するためにソヴィエト民主主義からも学ぼうとした研究者として世界的に注目された。ソヴィエト民主主義が放棄された後も、マクファースンのこうした主張が完全に忘れ去られたわけではない。

フランク・カニンガムは『現代世界の民主主義』(原著・邦訳とも一九九四年刊行)で、マクファースンの『現代世界の民主主義』を書名に踏襲したことを明かしつつ、マクファースンがこの講演で、資本主義世界、社会主義世界、途上世界の民主主義を展望して「民主主義の進歩を展望するなかで、社会主義的平等を組み入れ、資本主義的政治文化と経済構造を乗り越えるべきである」と指摘したことを紹介し、「マクファースンの構想が時代遅れのものとなったわけでない」、「彼の方向こそが、民主主義にかかわる一連の争点にアプローチするにあたって、最善の出発点となり得るものと思える」と述べている(カニンガム 1994: ix)。

篠原一は、「フル・デモクラシーの時代」に突入するかに思われた二一世紀において自由民主主義が「正統性の危機」に陥っていると指摘し、自由民主主義に対する批判理論としての討議デモクラシーに注目した。そして、自由民主主義への批判から討議デモクラシーに至る過程には直接民主主義ないし参加デモクラシー理論が介在し、討議デモクラシーの内容にも大きな影響を与えている、「参加デモクラシー論においては、その原点として、ペイトマンとマックファーソンのもつ意味が大きい」

と指摘している(篠原 2007: 3–4, 15–16)。

自由民主主義への批判理論として唱えられるようになった討議民主主義や熟議民主主義について検討する用意は筆者にはないが、「単に投票するだけの民主主義」ではない、より実質的な民主主義のあり方を考えるのであれば、平等を重視し、「人民の権力」の理念に基づいて民意を汲もうとし、直接民主主義や参加を通じて「真の民主主義」を実現しようとしたソヴィエト民主主義には、方法についても限界についても、学べること、学ぶべきことがあるのではないだろうか。[4]

(1) アンドレイについてユルチャクは「おそらく頭の中で、レーニンの思想とレッド・ツェッペリンの音楽が矛盾することなく同居していた」と表現している(ユルチャク 2017: 307)。

(2)「暗黙の社会契約」との捉え方については、ソ連の社会政策史研究全般に位置づけた冬木里佳の整理が参考となる(冬木 2022)。

(3) 自由民主主義への危惧については、『民主主義の死に方』(レビツキー 2018)、『模倣の罠――自由主義の没落』(クラステフ 2021)、『侵食される民主主義』(ダイアモンド 2022)、『民主主義の危機』(プシェヴォスキ 2023)、『民主主義と資本主義の危機』(ウルフ 2024)といった、近年世界的に注目されて邦訳も出た本の書名を見ても明らかだろう。

(4) ソ連の政権が民意を十全に汲み取っていたと言うつもりはない。しかし、本書で見たように、そのための様々な制度を設け、機能させようとしていたことは事実である。こうした制度だけを見るならば、自由民主主義よりもソヴィエト民主主義の方に軍配が上がる可能性もあるだろう。それでも非自由主義的なソヴィエト民主主義は「真の民主主義」とはならなかった。この歴史上の事実は、民主主義を考えるうえで重要な意味を持つはずである。

松戸清裕
1967年生．東京大学大学院人文社会系研究科博士課程単位取得退学．北海学園大学法学部教授．ソ連史．著書に『歴史のなかのソ連』(世界史リブレット・山川出版社，2005年)，『ソ連史』(ちくま新書，2011年)，『ソ連という実験──国家が管理する民主主義は可能か』(筑摩選書，2017年)，編著書に『ロシア革命とソ連の世紀』(全5巻，編集委員，岩波書店，2017年)がある．

ソヴィエト・デモクラシー
──非自由主義的民主主義下の「自由」な日常

2024年7月17日　第1刷発行

著　者　松戸清裕《まつどきよひろ》

発行者　坂本政謙

発行所　株式会社 岩波書店
〒101-8002 東京都千代田区一ツ橋2-5-5
電話案内 03-5210-4000
https://www.iwanami.co.jp/

印刷・精興社　製本・牧製本

ISBN 978-4-00-023748-2　　Printed in Japan

事項索引

タ　行

ナ　行

ハ　行

マ　行

ラ　行

人名索引

ア　行

カ　行

サ　行

タ　行

参考文献

本文と註で典拠として記したものに限定した．典拠の表記は(著者の姓 刊行年: 頁)を基本とし，単一の著者の姓を示せない文献は(著者の一人の姓または書名の一部または略記 刊行年: 頁)とした(この場合は以下でも略記等が冒頭に記されている)．文書館史料，定期刊行物については必要に応じて定めた．

文書館史料

ГАРФ: Государственный архив Российской Федерации. Фонд А385.（典拠に記した数字は順に опись/дело/лист を示す）

РГАНИ: Российский государственный архив новейшей истории. Ф. 5, оп. 32.（典拠に記した数字は順に дело/лист を示す）

ロシア語文献

Аксютин Ю. В.（2004）*Хрущевская «оттепель» и общественные настроения в СССР в 1953–1964 гг*. М., РОССПЭН.

Аксянов Ф.（1968）*Прием трудящихся, рассмотрение их жалоб и заявлений в исполкоме местного Совета*. Фрунзе, Кыргызстан.

Бондаренко Т. С.（1989）*Синдром непогрешимости. Как с ним бороться?* М., Политиздат.

Брежнев Л. И.（1978）*Ленинским курсом. Речи и статьи*. Том 6, М., Политиздат.

Бюллетень: *Бюллетень исполнительного комитета Московского городского совета депутатов трудящихся*.（典拠に記した数字は順に年/号/頁を示す）

ВС（1983）*Восьмая сессия Верховного Совета СССР (десятый созыв). 16–17 июня 1983 г. Стенографический отчет*. М., Издание Верховного Совета СССР.

ВС（1987）*Седьмая сессия Верховного Совета СССР (одиннадцатый созыв). 29–30 июня 1987 г. Стенографический отчет*. М., Издание Верховного Совета СССР.

Горбачев М. С.（1987）*Перестройка и новое мышление для нашей страны и для всего мира*. М., Политиздат.

Гордеев В.（1969）*Рассмотрение писем и организация приема трудящихся в исполкомах местных Советов Алтая*. Барнаул, Алт. кн. изд.

Грушин Б. А.（2001）*Четыре жизни России в зеркале опросов общественного мнения. Очерки массового сознания россиян времен Хрущева, Брежнева, Горбачева и Ельцина в 4-х книгах. Жизнь 1-я. Эпоха Хрущева*. М., Прогресс-Традиция.

Грушин Б. А.（2003）*Четыре жизни России в зеркале опросов общественного мнения.*

Очерки массового сознания россиян времен Хрущева, Брежнева, Горбачева и Ельцина в 4-х книгах. Жизнь 2-я. Эпоха Брежнева (часть 1-я). М., Прогресс-Традиция.

Грушин Б. А. (2006) *Четыре жизни России в зеркале опросов общественного мнения. Очерки массового сознания россиян времен Хрущева, Брежнева, Горбачева и Ельцина в 4-х книгах. Жизнь 2-я. Эпоха Брежнева (часть 2-я)*. М., Прогресс-Традиция.

XX съезд (1956) *XX съезд Коммунистической партии Советского Союза. 14–25 февраля 1956 года. Стенографический отчет*. Том 1, М.

XXII съезд (1962) *XXII съезд Коммунистической партии Советского Союза. 17–31 октября 1961 года. Стенографический отчет*. Том 1, М.

XXIII съезд (1966) *XXIII съезд Коммунистической партии Советского Союза. 29 марта – 8 апреля 1966 года. Стенографический отчет*. Том 1, М.

XXV съезд (1976) *XXV съезд Коммунистической партии Советского Союза. 24 февраля – 5 марта 1976 года. Стенографический отчет*. М.（典拠に示した数字は，巻/頁を示す）

XXVI съезд (1981) *XXVI съезд Коммунистической партии Советского Союза. 23 февраля – 3 марта 1981 года. Стенографический отчет*. М.（典拠に示した数字は，巻/頁を示す）

XXVII съезд (1986) *XXVII съезд Коммунистической партии Советского Союза. 25 февраля – 6 марта 1986 года. Стенографический отчет*. Том 2, М.

Жидкова Елена (2008) Практики разрешения семейных конфликтов в 1950–60-е годы: обращения граждан в общественные организации и партийные ячейки. *Советская социальная политика: сцены и действующие лица, 1940–1985*. Под редакцией Елены Ярской-Смирновой и Павла Романова (Из библиотеки Журнала исследований социальной политики). М., : ООО «Вариант», ЦСПГИ.

Запорожец (2008) Запорожец О., Я. Крупец. Советский потребитель и регламентированная публичность: новые идеологемы и повседневность общепита конца 50-х. *Советская социальная политика: сцены и действующие лица, 1940–1985*.

Звягин Ю. Г. (1988) *Власть на селе*. М., Юрид. лит.

Зиновьев А. В. (1985) *Демократизм советской избирательной системы*. Л., Знание.

Зубкова Е. Ю. (2009) На «краю» советского общества. *Российская история*. №5.

Карпова Г. (2008) «Выпьем за Родину!» Питейные практики и государственный контроль в СССР. *Советская социальная политика: сцены и действующие лица, 1940–1985*.

Козлов Ю. М. (1959) *Прием и рассмотрение жалоб и заявлений трудящихся в органах советского государственного управления*. Второе, переработанное издание.

М., Госюриздат.
Конституции（2021）*Конституции от Ленина до Путина. Сборник основных законов РСФСР, СССР, РФ*. М., Проспект.
Коток В. Ф.（1967）*Наказы избирателей в социалистическом государстве (Императивный мандат)*. М., Наука.
КПСС（1985）*Коммунистическая партия Советского Союза в резолюциях и решениях съездов, конференций и пленумов ЦК*. Т. 8. М.
КПСС（1986a）*Коммунистическая партия Советского Союза в резолюциях и решениях съездов, конференций и пленумов ЦК*. Т. 9. М.
КПСС（1986b）*Коммунистическая партия Советского Союза в резолюциях и решениях съездов, конференций и пленумов ЦК*. Т. 11. М.
КПСС（1987a）*Коммунистическая партия Советского Союза в резолюциях и решениях съездов, конференций и пленумов ЦК*. Т. 13. М.
КПСС（1987b）*Коммунистическая партия Советского Союза в резолюциях и решениях съездов, конференций и пленумов ЦК*. Т. 14. М.
КПСС（1989）*Коммунистическая партия Советского Союза в резолюциях и решениях съездов, конференций и пленумов ЦК*. Т. 15. М.
Кузьмин Э. Л.（1987）*Демократия и конституции двух миров*. 2-е изд., доп. и перераб. М., Международные отношения.
Кулевиг Э.（2009）перевод с англ. С. Иванова. *Народный протест в хрущевскую эпоху. Девять рассказов о неповиновении в СССР*. М., АИРО-XXI.
Лебина Н.（2008）Антимиры: принципы конструирования аномалий. 1950–1960-е годы. *Советская социальная политика: сцены и действующие лица, 1940–1985)*.
Лысикова О.（2008）«Каждый трудящийся имеет право на отдых». Услуги советских курортов послевоенного периода. *Советская социальная политика: сцены и действующие лица, 1940–1985*.
Митин（1964）*Советская социалистическая демократия*. Под редакцией М. Б. Митина. М., Наука.
Николаева Л. В.（1964）*Свобода – необходимый продукт исторического развития*. М., Издательство Московского университета.
ПЖ: *Партийная жизнь*.（典拠に記した数字は順に年/号/頁を示す）
Пленум（1964）*Пленум Центрального Комитета Коммунистической Партии Советского Союза. 18 – 21 июня 1963 года. Стенографический отчет*. М.
Полиция（1995）*Полиция и милиция России: страницы истории*. М., Наука.
Пыжиков А. В.（2002）*Хрущевская «оттепель»*. М., ОЛМА-ПРЕСС.
РКК: *Рабоче-крестьянский корреспондент*.（典拠に記した数字は順に年/号/頁を示す）

Рослов П. Н. (1985) *Народовластие в развитом социалистическом обществе*. Харьков, Юридический институт.

Сборник (1975) *Сборник законов СССР и указов Президиума Верховного Совета СССР 1938–1975*. Том 1. М., Издательство «Известия Советов депутатов трудящихся СССР».

Сборник Каз (1981) *Сборник законов Казахской ССР и указов Президиума Верховного Совета Казахской ССР 1938–1981*. Том 2. Алма-Ата.

Сборник Ук (1980) *Сборник законов Украинской ССР и указов Президиума Верховного Совета Украинской ССР 1938–1979*. Том 2. Киев: Издательство политической литературы Украины.

Сделано (2012) *Сделано в СССР: символы советской эпохи*. Ред. В. Озкан. М., Мир энциклопедий Аванта+, Астрель.

Сизов С. Г. (2003) *Омск в годы «оттепели»: жизнь города в контексте эпохи (март 1953–1964 гг.)*. Омск, Издательство СибАДИ.

Смирнова К. С. (2012) *Местные Советы депутатов трудящихся в советском государстве периода «оттепели» (1953–1964 гг.): историко-правовое исследование*. Краснодар. Краснодарский университет МВД России.

Собрание РСФСР (1968) *Систематическое собрание законов РСФСР, указов Президиума Верховного Совета РСФСР и решений Правительства РСФСР*. Том IX. М., Издательство Юридическая литература.

Советы: *Советы депутатов трудящихся*. (典拠に記した数字は順に年/号/頁を示す)

Справочник (1988) *Справочник партийного работника*. Вып. 28. М., Политиздат.

СССР (1958) *СССР Административно-территориальное деление союзных республик на 1 января 1958 года*. издание девятое. М., Издательство «Известия Советов депутатов трудящихся СССР».

Стрекалов И. Н. (2018) *Последняя конституция Советского Союза. К вопросу о создании*. М., Алгоритм.

Фицпатрик Шейла (2008) «Паразиты общества»: как бродяги, молодые бездельники и частные предприниматели мешали коммунизму в СССР. *Советская социальная политика: сцены и действующие лица, 1940–1985*.

Фокин А. А. (2017) *«Коммунизм не за горами». Образы будущего у власти и населения СССР на рубеже 1950–1960-х годов*. М., Политическая энциклопедия.

Чегринец С. В. (2013) *Демократия в СССР (1978–1991 гг.)*. Красноярск: ПИК «Офсет».

Чуева Екатерина (2008) «Мир после войны»: жалобы как инструмент регулирования отношений между государством и инвалидами Великой Отечественной войны. *Советская социальная политика: сцены и действующие лица, 1940–1985*.

Шамба Т. М. (1985) *Советская демократия и правопорядок*. М., Мысль.
Шарафетдинов Н. Ф. (1989) Из хроники политических компромиссов эпохи современных реформ. *Пульс реформ. Юристы и политологи размышляют*. М., Прогресс.
Шахназаров Г. (1960) *Коммунизм и свобода личности*. М., Молодая гвардия.
Энтин В. Л. (1989) Бремя решений. *Пульс реформ. Юристы и политологи размышляют*.
Яковлев А. М. (1989) Конституционная социалистическая демократия: надежда или реальность? *Пульс реформ. Юристы и политологи размышляют*.
Ярская-Смирнова (2008) Ярская-Смирнова Е., П. Романов, Н. Лебина. Советская социальная политика и повседневность, 1940–1980-е. *Советская социальная политика: сцены и действующие лица, 1940–1985*.

英語文献
Field, Deborah A. (2007) *Private life and communist morality in Khrushchev's Russia*. New York, Peter Lang.
Fitzpatrick, Sheila (2005) *Tear Off the Masks!: Identity and imposture in twentieth-century Russia*. Princeton, Princeton University Press.
Fitzpatrick, Sheila (2006) "Social Parasites: How tramps, idle youth, and busy entrepreneurs impeded the Soviet march to communism", *Cahiers du monde russe*. 47/1–2.
Friedgut, Theodore H. (1979) *Political Participation In the USSR*. Princeton, NJ, Princeton University Press.
Kotkin, Stephen (1995) *Magnetic Mountain: Stalinism as a Civilization*. Berkeley, University of California Press.
Kulavig, Erik (2002) *Dissent in the Years of Khrushchev: Nine Stories about Disobedient Russians*. New York, Palgrave Macmillan.

日本語文献
青木康(1997)『議員が選挙区を選ぶ ―― 一八世紀イギリスの議会政治』山川出版社.
アレクシエーヴィチ，スヴェトラーナ(2016)『セカンドハンドの時代 ――「赤い国」を生きた人びと』松本妙子訳，岩波書店.
石井聡(2016)「職場における「つながり」―― 工業企業現場の実態」川越修・河合信晴編『歴史としての社会主義 ―― 東ドイツの経験』ナカニシヤ出版.
宇野重規(2020)『民主主義とは何か』講談社現代新書.
ウルフ，マーティン(2024)『民主主義と資本主義の危機』小川敏子訳，日本経済新聞出版.

奥林康司(2005)『旧ソ連邦の労働』中央経済社.
カニンガム，F.(1992)『民主主義理論と社会主義』中谷義和・重森臣広訳，日本経済評論社(原著 1987).
カニンガム，F.(1994)『現代世界の民主主義 ── 回顧と展望』中谷義和訳，法律文化社(原著 1994).
河合信晴(2016)「東ドイツ研究の現在」川越修・河合信晴編著『歴史としての社会主義 ── 東ドイツの経験』ナカニシヤ出版.
河合信晴(2020)『物語　東ドイツの歴史 ── 分断国家の挑戦と挫折』中公新書.
河本和子(2012)『ソ連の民主主義と家族 ── 連邦家族基本法制定過程　1948-1968』有信堂.
河本和子(2017)「利益の同質性の中の齟齬 ── スターリン後のソヴィエト民主主義理念」松戸清裕責任編集『ロシア革命とソ連の世紀 3　冷戦と平和共存』岩波書店.
ギャンブル，アンドリュー(1996)「社会主義，ラディカル・デモクラシー，政治の階級性」デヴィド・マクレラン，ショーン・セイヤーズ編著『社会主義と民主主義』吉田傑俊訳・解説，文理閣(原著 1991).
クラステフ，イワン，スティーヴン・ホームズ(2021)『模倣の罠 ── 自由主義の没落』立石洋子訳，中央公論新社.
ゴールドマン，ウェンディ(2017)「テロルと民主主義」松井康浩・中嶋毅責任編集『ロシア革命とソ連の世紀 2　スターリニズムという文明』岩波書店.
ゴルバチョフ，ミハイル(1996)『ゴルバチョフ回想録』上，工藤精一郎・鈴木康雄訳，新潮社.
コレヴァ，マリーナ，タチヤナ・イヴァシコヴァほか(2018)『メイド・イン・ソビエト ── 20 世紀ロシアの生活図鑑』，神長英輔・大野斉子訳，水声社.
佐藤卓己(2018)『ファシスト的公共性 ── 総力戦体制のメディア学』岩波書店.
塩川伸明(1999)『現存した社会主義 ── リヴァイアサンの素顔』勁草書房.
篠原一(2007)『歴史政治学とデモクラシー』岩波書店.
栖原学(2013)『ソ連工業の研究 ── 長期生産指数推計の試み』御茶の水書房.
スミス，ヘドリック(1978)『ロシア人』上・下，高田正純訳，時事通信社.
セイバイン(1977)『デモクラシーの二つの伝統〈社会科学ゼミナール 62〉』柴田平三郎訳，未来社(原著 1952).
セイヤーズ，ショーン(1996)「序章」デヴィド・マクレラン，ショーン・セイヤーズ編著『社会主義と民主主義』吉田傑俊訳・解説，文理閣.
ダイアモンド，ラリー(2022)『侵食される民主主義 ── 内部からの崩壊と専制国家の攻撃』上・下，市原麻衣子監訳，勁草書房.
田中正司(1983)『現代の自由 ── 思想史的考察』御茶の水書房.
辻村明(1967)『大衆社会と社会主義社会〔東大社会科学研究叢書 25〕』東京大学出

版会.
中澤精次郎／慶應義塾大學法學研究會編(1992)『ソヴィエト政治の歴史と構造 ── 中澤精次郎論文集』慶應義塾大學法學研究會.
中村逸郎(2005)『帝政民主主義国家ロシア ── プーチンの時代』岩波書店.
西尾敬義(1982)『マクファースンの民主主義理論』御茶の水書房.
袴田茂樹(1987)『ソ連　誤解をとく 25 の視角』中公新書.
袴田茂樹(1993)『ロシアのジレンマ ── 深層の社会力学』筑摩書房.
平館利雄(1961)『ソヴェト社会主義と自由』法政大学出版局.
ヒル，ロナルド・J. (1984)『ソ連の政治改革』菊井禮次訳，世界思想社.
プシェヴォスキ，アダム(2023)『民主主義の危機 ── 比較分析が示す変容』吉田徹・伊﨑直志訳，白水社.
藤原保信(1976)『正義・自由・民主主義 ── 政治理論の復権のために』御茶の水書房.
冬木里佳(2022)「ソ連社会政策史研究の現状と課題」『西洋史研究』新輯第 51 号.
マクファーソン，C. B. (1967)『現代世界の民主主義』粟田賢三訳，岩波新書.
待鳥聡史(2018)『民主主義にとって政党とは何か ── 対立軸なき時代を考える』ミネルヴァ書房.
松戸清裕(2015)「ソ連共産党第二〇回大会再考 ── 一九五六年七月一六日付中央委員会非公開書簡に注目して」池田嘉郎・草野佳矢子編『国制史は躍動する ── ヨーロッパとロシアの対話』刀水書房.
松戸清裕(2017a)『ソ連という実験 ── 国家が管理する民主主義は可能か』筑摩選書.
松戸清裕(2017b)「冷戦と平和共存・平和競争」松戸清裕責任編集『ロシア革命とソ連の世紀 3　冷戦と平和共存』岩波書店.
松戸清裕(2017c)「統制下の「自由」 ── スターリン後のソ連における社会生活の一面」松戸清裕責任編集『ロシア革命とソ連の世紀 3　冷戦と平和共存』岩波書店.
松戸清裕(2018)「ソ連社会主義の経験 ── 社会主義経済体制と社会主義的民主主義に注目して」『比較経済研究』第 55 巻第 2 号.
松戸清裕(2019)「書評　アレクセイ・ユルチャク著(半谷史郎訳)『最後のソ連世代 ── ブレジネフからペレストロイカまで』」『ロシア史研究』第 103 号.
ミュラー，ヤン＝ヴェルナー(2019)『試される民主主義 ── 20 世紀ヨーロッパの政治思想』上，板橋拓己・田口晃監訳，岩波書店.
ユルチャク，アレクセイ(2017)『最後のソ連世代 ── ブレジネフからペレストロイカまで』半谷史郎訳，みすず書房.
吉田傑俊(1996)「解説にかえて ── 自由民主主義・民主主義・社会主義の現在」デヴィド・マクレラン，ショーン・セイヤーズ編著『社会主義と民主主義』文

理閣.
米田綱路(2010)『モスクワの孤独 ── 「雪どけ」からプーチン時代のインテリゲンツィア』現代書館.
レビツキー，スティーブン，ダニエル・ジブラット(2018)『民主主義の死に方 ── 二極化する政治が招く独裁への道』濱野大道訳，新潮社.